Colloquial
Hungarian

The Complete Course for Beginners

Carol H. Rounds and Erika Sólyom

Routledge
Taylor & Francis Group

LONDON AND NEW YORK

First published 1988
by Jerry Payne
Second edition published 2002
by Routledge
This edition published 2011
by Routledge
2 Park Square, Milton Park, Abingdon OX14 4RN

Simultaneously published in the USA and Canada
by Routledge
711 Third Avenue, New York, NY 10017 (8th Floor)

Routledge is an imprint of the Taylor & Francis Group, an informa business

© 2002, 2011 Carol H. Rounds and Erika Sólyom

British Library Cataloguing in Publication Data
A catalogue record for this book is available from the British Library

Library of Congress Cataloging-in-Publication Data
Rounds, Carol, 1959–
  Colloquial Hungarian: the complete course for beginners / Carol H. Rounds
and Erika Sólyom. — 2nd ed.
  p. cm. — (Colloquial series)
  Includes bibliographical references and index.
  (pbk: alk. paper) — (pck: alk. paper) — (ebk: alk. paper) — (cds: alk. paper)
  1. Hungarian language — Textbooks for foreign speakers — English.
  2. Hungarian language — Spoken Hungarian. I. Sólyom, Erika, 1969– II. Title.
  PH2129.E5R68 2010
  494'.51182421—dc22

ISBN: 978-0-415-56740-4 (pbk)
ISBN: 978-0-415-56741-1 (pack)
ISBN: 978-0-203-86035-9 (ebk)
ISBN: 978-0-415-56742-8 (CDs)
ISBN: 978-0-415-56743-5 (MP3s)

Typeset in Avant Garde and Helvetica
by Graphicraft Limited, Hong Kong

Printed and bound in Great Britain by
TJ International Ltd, Padstow, Cornwall

Contents

Preface

Magyar - Magyarok

Hungarian - Hungarians

Hungarian is a fascinating language quite different from most other European languages. It is the westernmost member of the Finno-Ugric language family, having Finnish, Estonian and several less-well-known languages as its distant cousins. In addition to the approximately 10 million speakers in Hungary proper, several million native Hungarian speakers dwell in the neighbouring countries of Romania, Slovakia, Slovenia, Serbia, Croatia, Austria and the Ukraine.

Hungarian is challenging for the adult language learner for two main reasons: English and Hungarian share very little common vocabulary, so each new word you learn will look very different from its English counterpart. Some loan words from English and other languages are easier to recognise than others: **bank, telefon, posta** are some obvious ones, but until you get the knack of Hungarian spelling, words like **szendvics** 'sandwich' and **menedzser** 'manager' may make you pause, though their origins are clear. English has even borrowed a word from Hungarian: 'coach' comes from **kocsi** (a word used nowadays in Hungarian to mean anything from 'coach' to cars or train carriages). Although more words from other European languages are being adopted by the Hungarian language all the time, the bulk of the vocabulary is as rich, varied and home-made as Hungary's folk traditions.

With a few exceptions, the written language mostly reflects the pronunciation of words; thus, from a phonetic point of view, Hungarian is quite easy to master. It is the structure of Hungarian that is the big challenge, as it shares few common elements with the Germanic, Romance and Slavic languages of its neighbours. Hungarian is a so-called 'agglutinative' language, meaning that several endings can be attached ('glued') to a root word to change not only its meaning in a sentence but also its role. Instead of using prepositions, Hungarian adds a case ending; and instead of expressing possession with a word such as 'my' or 'your', Hungarian adds an ending. You will see that your fluency in the language takes shape not only with the number of words you learn but also with how long you can make them!

After several millennia travelling across the steppes and central Eurasia, the Magyars settled in their current homeland in the centre of Europe in AD 896. From their earliest times and throughout known history they have always been in close contact (for better or worse) with a large variety of peoples and languages. In modern times – perhaps especially since the change of government in 1989 – Hungary can be considered the bridge between East and West from a political, economic, cultural and religious point of view. Linguistically, however, it stands quite alone in central Europe.

Colloquial Hungarian

Every step of the way, we have endeavoured to make this book lively, contemporary and relevant to the daily encounters of the language learner. Whether you have business or relatives in Hungary, or are desirous of studying its exquisite language and culture for other reasons, this book is meant to equip you with situational savvy, up-to-date vocabulary and expressions and a clear outline of the rules of the language and its structure.

We have included a variety of settings (in restaurants, hotels, family homes, shops, etc.) in order to introduce not just vocabulary but also other communicative strategies to use in any potential interaction. We consider several levels of politeness combined with formality and informality. Whether engrossed in conversation with an anonymous taxi driver or the man/woman of your dreams, it is import-ant from a communicative standpoint to set the correct tone by using the appropriate level of address. Thus you will be sure to engage your partners in dialogue and not embarrass them or yourself. You can rely on the family of characters in this book to lead you through both ordinary and extraordinary days and nights – just follow their lead, and follow their story through to the end.

Each chapter includes a setting with dialogues approached from different age and formality levels. The exchanges are taken from conversations you can expect to hear or have on any typical day in Hungary. (None of the characters in this book are based on real-life characters – any resemblance is pure coincidence.) The grammar and vocabulary explanations that follow are meant to give you a broad and simultaneously exact understanding of the grammatical material presented in the dialogue. A good approach to using this book to your best advantage is to go back over each chapter: reread the dialogues and reassess their use of the grammar points presented. No doubt each reading will reveal another layer of clarity; actively observe case endings, verb conjugations, word order. Follow the audio material closely; although to be understood you need not have a native accent or perfect grammar, the closer you are to attaining these the more engaging your dialogue will be. Remember that language learning is a combination of patience, repetition, desire, repetition, time and repetition.

And then go out and practise it: if you do not know any Hungarians today it is easy to meet one tomorrow. Best of all, spend some time interacting with the wit, charm, warmth, depth, sophistication and earthiness of Hungarians at home in Hungary. **Jó utat!**

Acknowledgements

I wish to thank the following people for their help in preparing this book. First and foremost, I thank my co-author, Erika Sólyom, whose fresh outlook gave me pleasant surprises at every turn. From the very beginning she has been the Kornél to my Dezső: a rewarding and refreshing collaboration all the way. My former teacher of Hungarian, Dan Abondolo, as well as my past and present students have done much to contribute to the grammatical approach adopted here and I am indebted to their teachings. I especially wish to thank John, Emerson and Marion for their unflagging support and great humour.

Carol Rounds

I wish to thank my co-author, Carol Rounds, for this wonderful collaborative experience. I thank Carol for her insight and support from the beginning to the very end. As for the preparation of the third edition, I especially thank her for being a great colleague and friend during the entire process, especially at the beginning. Back then, she showed me where the sunny sky was even though my eyes saw only rain falling on the ground. And there she was, holding an umbrella! I am also greatly indebted to the students and colleagues at the University of California's Education Abroad Program at Eötvös Loránd University in Budapest. Without the professional support of Antal Örkény, Hédi Turai and Péter Kenéz, my teaching Hungarian as a Foreign Language experience would not be the same as it is now. All my former students played an integral part in the new edition of our book. Their footsteps are echoed on the forthcoming pages. Special footsteps and acknowledgements belong to: Nish Gheewalla, Ben Harguth, Colin Quigley, Flavio Aita, Art Minas, Tyler Derheim, Bülent Şimşek, Joann Collier, Joanne Kim and Mo Akbar Sharifi. Finally, very special thanks go to my immediate family. Köszönet édesanyámnak és édesapámnak. To Faruk: for his love and patience. And most importantly to Jázmin: for being my understanding 'mamukám' whenever I had to go and type these pages instead of playing or painting that butterfly.

Erika Sólyom

Finally, we owe a common debt of thanks to Sophie Oliver and the rest of the editorial team at Routledge for their guidance and fortitude during the preparation of the first manuscript. We also thank Samantha Vale Noya and the rest of the editorial team at Routledge for all their help in the preparation of the third edition. Thank you for making this such a pleasant experience!

Carol Rounds and Erika Sólyom

Introduction

Hungarian is not at all difficult to pronounce, and you will find that, for the most part, the words are pronounced as they are written. The alphabet is almost the same as in English – although some diacritics are added over the vowels to indicate their pronunciation, and some letters look more like clusters of consonants than single letters. Once you memorise their sounds, however, you will find that the one-to-one correspondence of letters to sounds makes pronouncing Hungarian words easier than trying to figure out how some English words are pronounced. To add to the ease of pronunciation, all words have their stress on the first syllable – no exceptions.

The Hungarian alphabet (CD1; 2)

The Hungarian alphabet is composed of the following forty-four letters:

a á b c cs d dz dzs e é f g gy h i í j k l ly m n ny o ó ö ő p (q) r s sz t ty u ú ü ű v (w) (x) (y) z zs

The marks above the vowels indicate that the vowel is pronounced longer than its counterpart without the marks – more on that in the pronunciation guide to follow. Some consonants consist of two letters; one consonant (**dzs**) consists of three. Although they are written with more than one letter, these consonants are considered individual letters of the alphabet. Unless found in the spellings of foreign words, the letters **q**, **w** and **x** are not used; the letter **y** is found only in old spellings (pronounced as the Hungarian letter **i**) and in the palatal series (as described below). One last word on spelling: the capital letters look the same as the lower-case letters, including all the diacritics and accents: **Á**, **É**, **Ő**, **Ü**, etc.

Consonants (CD1; 3)

Many of the consonants in Hungarian are pronounced as in English. The following is a guide to pronouncing those consonants that are different from English.

Hungarian		Meaning	Pronounced as in English
c	**cél**	aim	as in ca*ts*
	ecet	vinegar	
cs	**csal**	deceives	as in *ch*eese
	kocsma	bar	
g	**garázs**	garage	(always hard) as in *g*o
	igen	yes	
j	**jó**	good	as in *y*es
	hajó	boat	
r	**remek**	splendid	trill the tongue lightly on the ridge right behind your upper row of teeth
	barát	friend	
s	**só**	salt	as in *sh*e
	este	evening	
sz	**szia**	hi	as in *s*at
	asztal	table	
zs	**zseb**	pocket	as in plea*s*ure
	mazsola	raisin	

These are the palatal consonants (so-called because they are pronounced with the tongue gliding off the top of the palate): **(CD1; 4)**

Hungarian		Meaning	Pronounced as in English
gy	**gyűrű**	ring	similar to a **dy** sound
	magyar	Hungarian	as in *du*ring
ly	**lyuk**	hole	as in *y*es (thus the same as the Hungarian letter **j**)
	hely	place	
ny	**nyár**	summer	as in ca*ny*on
	lány	girl	

ty	**tyúk**	hen	similar to a **ty** sound as in s*tu*dio
	kártya	card	

Finally, when pronouncing **k**, **p** and **t**, try to release the consonant without the puff of air that an English speaker normally provides. These consonants are 'unaspirated' and pronounced more as the French would pronounce them.

Consonant length: long and short consonants (CD1; 5)

All consonants can be pronounced as long or short. Long consonants are written as double consonants and are pronounced approximately twice as long as short ones. When practising the pronunciation of long consonants, try simply to rest on the consonant without releasing it, then move on to the rest of the word. Listen for the difference in length and pay close attention; length of the consonant can change the meaning of a word, e.g., **szeretem** means 'I love him/her', but **szerettem** means 'I loved him/her'. You see how the difference in consonant length can change the tense of the verb – not to mention the state of affairs of your love story.

The length of consonants written with two letters is indicated in spelling by doubling only the first letter. For example, a long **sz** is written **ssz: vissza** 'back'; long **ny** is written **nny: lánnyal** 'with a girl', etc.

Listen carefully to the audio material to hear the differences in length of consonants in the pairs listed below:

ebem	my dog	**ebben**	in this
pocak	tummy	**cuccok**	things, stuff
hajam	my hair	**hajjal**	with hair
akar	wants	**akkor**	then
Tisza	Tisza (name of a river)	**vissza**	back
sietek	I am hurrying	**siettek**	they were hurrying
megy	(s)he goes	**meggy**	sour cherry
meny	daughter-in-law	**menny**	heavens

Voice assimilation

For some of the consonants of Hungarian, their status as 'voiced' or 'unvoiced' is important. (Voiced consonants use the vocal cords in their pronunciation, unvoiced consonants do not.) The following are the consonants affected by voice assimilation according to this feature:

voiced	**b**	**d**	**g**	**gy**	**dz**	**dzs**	**z**	**zs**	**v**
unvoiced	**p**	**t**	**k**	**ty**	**c**	**cs**	**sz**	**s**	**f**	**h**

The above consonants are at work in the rule of voice assimilation: if two consonants are next to each other within a word and they are different from each other with respect to the voiced/unvoiced distinction, the consonant on the right will influence the consonant to its left such that a voiced consonant will voice an unvoiced consonant and vice versa. Thus, for example, a (voiced) **z** to the left of an (unvoiced) **t** will be pronounced as its unvoiced counterpart **sz**, as in the word **azt** 'that, *acc.*', pronounced [**aszt**]; the (unvoiced) **t** to the left of a (voiced) **b** will be pronounced as its (voiced) counterpart **d** as in the word **kertben** 'in a garden', pronounced [**kerdben**].

As you can see from the chart above, the consonants **m, n, ny, l, r** and **j** are not affected by voice assimilation. Although the letter **h** can never be voiced, it can cause voiced consonants preceding it to become devoiced. Finally, although the letter **v** can be devoiced to **f**, it cannot trigger the voicing of an unvoiced consonant (i.e. **hatvan** 'sixty' is pronounced as written).

 Vowels **(CD1; 6)**

Like consonants, vowels can also be either long or short. Length is indicated by long marks over the vowel. For two sets of vowel pairs, **a–á** and **e–é** there is a difference not only in length but of quality in the vowel as well. For all other vowel pairs the difference is primarily of length. Perhaps the most important advice about pronouncing vowels is this: don't swallow them; give both long and short vowels their full due.

Vowel	Approximate pronunciation	Hungarian	English
a	**aw** as in *awl*	**fal**	wall
á	**aa** as in *baa*	**ár**	price; flood
e	a sound between the **a** in *bat* and the **e** in *bet*	**reggel**	morning
é	**ay** as in *say*, but without the **y**- sound (diphthong) at the end	**vér**	blood
i	**e** as in *he*	**ki?**	who?
í	a longer version of the above, as the **ee** in *green*	**víz**	water
o	**oh** as in *note*	**ok**	reason
ó	a longer version of the above	**jó**	good
ö	purse your lips as though to say **oh** but say **eh**	**zöld**	green
ő	a longer version of the above	**nő**	woman
u	**oo** as in *food*	**tud**	knows
ú	a longer version of the above	**út**	road
ü	purse your lips as though to say **oo** but say **ee**	**fül**	ear
ű	a longer version of the above	**fű**	grass

Intonation (CD1; 7)

Related to pronunciation is the rise and fall or melody of a phrase. You will find as you listen to the language that in the beginning, the phrases may have a 'flat' intonation. The more familiar you become with the spoken language, however, the more you will appreciate the subtleties of Hungarian intonation. As you start speaking the language, try to imitate the intonation as well as the pronunciation of the sounds – you may have to tone down the melodic line of your native language to accommodate Hungarian's subtle intonation. Keep the following intonation patterns in mind.

Declarative sentences have a primarily descending intonation:

Az újságok jobbra vannak.   The newspapers are to the right.
Szép idő van.   The weather is nice.

A phrase containing a question word has a higher rise on the question word:

Milyen idő van?   What is the weather like?
Hol vannak a gyerekek?   Where are the children?

A yes–no question has a rise–fall intonation pattern where a high rise in pitch is found on the penultimate syllable of the sentence, and there is a sharp fall on the last syllable:

Szép idő van?   Is the weather nice?
Eljössz ma este?   Are you coming tonight?

The intonation pattern may be the only way to differentiate between a statement and a question – the order of words doesn't change, only the intonation.

In yes-or-no questions with fewer than three syllables, the rise in intonation takes place on the final syllable followed by an immediate drop:

Ez az?   Is this it?

Kedves?   Is she nice?

The rise–fall intonation pattern is not easy the first few times. But keep practising: it doesn't take long for it to become quite natural. Most of all, try to avoid the (American) English tendency of rising high in intonation at the end of questions – or any other phrase.

Now let's get on to learning the rest of the language.

Unit One
Családok

Families

In this unit you will learn:

* to identify and ask questions about people and objects:
  Ki? Mi?
* to identify nationalities, countries, and professions
* the third-person singular and plural pronouns: **ő, ők**
* the definite and indefinite articles: **a(z)** and **egy**
* how to form the plural of nouns and adjectives

Dialogue 1

A külföldi család   The family from abroad **(CD1; 8)**

Zsolt asks Ildikó about the New York family visiting Hungary.

ZSOLT   Ki ő?
ILDIKÓ   Ő Fekete Gabriel. Tanár. Ő az apa.
ZSOLT   Az apa magyar?
ILDIKÓ   Igen. Budapesti.
ZSOLT   A *Gabriel* magyar név?
ILDIKÓ   Nem.
ZSOLT   Hogy mondják magyarul: *Gabriel?*
ILDIKÓ   Gábor.
ZSOLT   Óh, persze. Egy tipikus magyar név.
ILDIKÓ   Igen, tipikus férfi név.

ZSOLT	*Who is he?*
ILDIKÓ	*He is Gabriel Fekete. He's a teacher. He is the father.*
ZSOLT	*Is the father Hungarian?*
ILDIKÓ	*Yes. He's from Budapest.*
ZSOLT	*Is Gabriel a Hungarian name?*
ILDIKÓ	*No.*
ZSOLT	*How do you say Gabriel in Hungarian?*
ILDIKÓ	*Gábor.*
ZSOLT	*Oh, of course. It's a typical Hungarian name.*
ILDIKÓ	*Yes, a typical man's name.*

Vocabulary (CD1; 9)

a(z)	the	**ki**	who
apa	father	**külföldi**	foreign(er)
budapesti	person from Budapest	**magyar**	Hungarian
		nem	no
egy	one, a	**név**	name
fekete	black		
férfi	man	**ő**	he, she
Hogy mondják magyarul?	How do you (lit. they) say in Hungarian?	**óh**	oh
		persze	of course
		tanár	teacher
igen	yes	**tipikus**	typical

Dialogue 2

Foglalkozások   Professions (CD1; 12)

Zsolt continues his questioning . . .

ZSOLT	És ő? Ő is amerikai?
ILDIKÓ	Igen. Ő Max. Ő amerikai egyetemista.
ZSOLT	És ki ez?
ILDIKÓ	Mike. Ő is amerikai. Ő nem egyetemista, hanem fiatal zenész.
ZSOLT	Az anya Melanie? Ő is magyar?

Az anya Melanie.
Ő filmrendező.

A Gabriel név
magyarul Gábor.

Mike zenész.

Max egyetemista.

Angela amerikai.

ILDIKÓ   Igen, az anya Melanie, de ő nem magyar. Csak Gabriel
         magyar, Melanie pedig amerikai. Gabriel tanár, és Melanie
         filmrendező.
ZSOLT   Ez egy érdekes család.
ILDIKÓ   Szerintem is.

ZSOLT   *And him? Is he American too?*
ILDIKÓ *Yes. He is Max. He is an American college student.*
ZSOLT   *And who is this?*
ILDIKÓ *This is Mike. He is American, too. He is not a college student; rather, he is a young musician.*
ZSOLT   *Is the mother Melanie? Is she Hungarian, too?*
ILDIKÓ *Yes, the mother is Melanie, but she is not Hungarian. Only Gabriel is Hungarian, and Melanie is American. Gabriel is a teacher and Melanie is a film director.*
ZSOLT   *This is an interesting family.*
ILDIKÓ *I think so, too.*

Vocabulary

amerikai	American	**fiatal**	young
anya	mother	**filmrendező**	film director
csak	only	**foglalkozás**	profession, job
család	family	**hanem**	but, rather
de	but	**is**	also
egyetemista	college student	**pedig**	and, but, however
érdekes	interesting	**szerintem**	I think [that] . . .
és	and	**zenész**	musician
ez	this		

Dialogue 3

A Túró Rudi automata The Cottage Cheese Candy vending machine **(CD1; 14)**

An American student asks about what he sees at the university.

MIKE   Mi ez?
ZSUZSI Ez a büfé.
MIKE   Mi az?
ZSUZSI Az egy Túró Rudi automata.

MIKE	Érdekes. És mi ez?
ZSUZSI	Ez egy tanterem. Az pedig egy iroda.
MIKE	És *ez* mi?
ZSUZSI	Ez (egy) ceruza, és ez (egy) toll. Az pedig (egy) füzet. Ez (egy) asztal, az (egy) szék.
MIKE	Mi az ott?
ZSUZSI	Az ott a tábla, az az ablak, és az egy könyv. A könyv egy magyar-angol szótár.

MIKE	*What is this?*
ZSUZSI	*This is the snack bar.*
MIKE	*What is that?*
ZSUZSI	*That is a Túró Rudi vending machine.*
MIKE	*Interesting. And what is this?*
ZSUZSI	*This is a classroom. That, on the other hand, is an office.*
MIKE	*And what is this?*
ZSUZSI	*This is a pencil, and this is a pen. That, though, is a notebook. This is a table, that is a chair.*
MIKE	*What is that there?*
ZSUZSI	*That over there is the blackboard, that is the window and that is a book. The book is a Hungarian–English dictionary.*

Vocabulary

ablak	window		**iroda**	office
angol	English		**könyv**	book
asztal	table		**mi**	what
automata	vending machine		**ott**	there
az	that		**szék**	chair
büfé	snack bar		**szótár**	dictionary
ceruza	pencil		**tábla**	(black)board
füzet	notebook		**tanterem**	classroom
hol	where?		**toll**	pen

Language points

No verb 'to be'

The above dialogues illustrate the kind of sentences where there is no verb 'to be'. These are sentences in which the subject is the third person and is identified in the predicate as being an adjective or noun. Although there *is* a third person of the verb 'to be', it is used in other kinds of sentences – which you will meet in the next unit.

Third-person singular pronoun ő

The word **ő** means both 'he' and 'she'. If the context is clear, however, it may be omitted entirely:

Ő filmrendező?	Is she/he a director?
Filmrendező?	Is she/he a director?

Definite article a(z)

The definite article 'the' is **a** before words beginning with a consonant; it is **az** before words beginning with a vowel:

a tanár	the teacher
az anya	the mother

Indefinite article egy

The indefinite article **egy** translates as 'a, an' and is used similarly to the article in English. However, it need not be used as often as its English counterpart; it may be omitted when identifying someone or something:

Gabriel (egy) tanár.	Gabriel is a teacher.
Az (egy) toll.	That is a pen.

Making adjectives of place names

In Hungarian, it is common to describe a person's origin or current residence with an adjective. To form the adjective, simply add the letter **-i** to the end of the place name; the resulting adjective, with few exceptions, is never capitalised:

Amerika	**amerikai**	American
Budapest	**budapesti**	a person from Budapest
New York	**new york-i**	a person from New York
Róma	**római**	a person from Rome

The position of is, 'too', 'also'

The word **is** must always come immediately after the word(s) to which it refers: the new information in the sentence. It is pronounced as though it is a part of the preceding word, thus it receives no stress. Listen to the dialogue again for the correct pronunciation of **is**.

Ez szótár. Az is szótár.
This is a dictionary. That is a dictionary, too.

Gabriel magyar. Ő amerikai is.
Gabriel is Hungarian. He is American, too.

In the first sentence, the new information is not the notion 'dictionary', but 'that' as opposed to 'this'. In the second sentence the new information is the fact that Gabriel is not just Hungarian, but American too. He is a Hungarian American.

Hanem, pedig, de

In the dialogues you came across three different words that can all be translated 'but', though they all differ slightly from one another. **Hanem** is used as a corrective and always follows a **nem** clause:

Ő nem egyetemista, hanem zenész.
He is not a college student, but a musician.

Pedig means 'however, though, on the other hand' and is always found in the second position of its clause.

Az ott füzet, ez pedig könyv.
That is a notebook; this, however, is a book.

Of the three, **de** is most like the English 'but', and it offers a contrast and/or a new outcome or information regarding the previous clause:

Mike is kaliforniai, de nem santa barbarai.
Mike is also Californian but not from Santa Barbara.

Exercise 1

Translate into Hungarian:

1 Who is he?
2 What is this?
3 This is a notebook; that, however, is a book.
4 Anna is a teacher.
5 Ildikó is a mother and a musician, too.
6 He is an American student.
7 She is not a photographer but a film director.
8 That is the Hungarian–English dictionary.
9 This is not a pencil, but a pen.
10 Is this a classroom?

Exercise 2

Where are they from? Make up sentences along the following pattern:

Példa: John, London   →   **John londoni.**

1 Sevda, Isztambul
2 Mark, Kalifornia
3 Jackie, Amerika
4 Afinata, Afrika
5 Stefano, Róma
6 Pierre, Párizs
7 Ágnes, Szeged
8 Carol, Canada
9 Olga, Moszkva
10 Tamás, Sopron
11 István, Szombathely
12 Ildikó, Debrecen

Dialogue 4

Budapesti barátok Friends from Budapest
(CD1; 16)

Csilla asks about the family from Budapest.

CSILLA	Kik ők?
PÉTER	Ők a szülők.
CSILLA	Ők amerikaiak?
PÉTER	Nem, ők nem amerikaiak, hanem magyarok.
CSILLA	Ki ő?
PÉTER	Ő Szabó Zoltán.
CSILLA	És ez itt, ő Szabó Zoltánné?
PÉTER	Igen, ő Szabóné Egri Zsófia.
CSILLA	Ők tanárok?
PÉTER	Nem, nem tanárok. Zoltán jogász, Zsófia pedig antropológus.

CSILLA	*Who are they?*
PÉTER	*They are the parents.*
CSILLA	*Are they American?*
PÉTER	*No, they are not American, but Hungarian.*
CSILLA	*Who is he?*
PÉTER	*He is Zoltán Szabó.*
CSILLA	*And this one here, is she Mrs Zoltán Szabó?*
PÉTER	*Yes, she is Mrs Szabó, Zsófia Egri.*
CSILLA	*Are they teachers?*
PÉTER	*No, they are not teachers. Zoltán is a lawyer and Zsófia is an anthropologist.*

Vocabulary

antropológus	anthropologist	**-né**	Mrs
itt	here	**szabó**	tailor
jogász	lawyer	**szülő**	parent

Zoltán jogász.

Zsófia magyar.
Ő antropológus.

Lilla fiatal tanár.

 Dialogue 5

 Diákok és tanárok   Students and teachers **(CD1; 18)**

Mike is still discovering his surroundings.

MIKE	Zsuzsi!
ZSUZSI	Tessék.
MIKE	Mik ezek?
ZSUZSI	Ezek füzetek, újságok, papírok és ceruzák.
MIKE	Ezek is ceruzák?
ZSUZSI	Tessék?
MIKE	Ezek is ceruzák?
ZSUZSI	Nem, ezek nem ceruzák, hanem tollak. Azok ott az új diákok és tanárok – fiúk és lányok, férfiak és nők.
MIKE	De jó! Új ismerősök! Új barátok!
MIKE	*Zsuzsi!*
ZSUZSI	*Yes.*

MIKE	*What are these?*
ZSUZSI	*These are notebooks, newspapers, papers and pencils.*
MIKE	*Are these pencils, too?*
ZSUZSI	*Excuse me?*
MIKE	*Are these pencils, too?*
ZSUZSI	*No, these are not pencils, but pens. Those people over there are the new students and teachers, boys and girls, men and women.*
MIKE	*Great! New acquaintances! New friends!*

Vocabulary

barát	friend
De jó!	How great! That's great!
diák	student
férfiak	men
fiú	boy
ismerős	acquaintance
lány	girl
nő	woman
papír	paper
tessék	yes, I'm listening, go ahead
tessék?	excuse me, what did you say?
új	new
újság	newspaper

Language points

Vowel harmony

Vowel harmony is a concept and set of phonological rules that promises to be your first true challenge in learning Hungarian. English has nothing like it, but it is crucial to understand vowel harmony right from the beginning; without it, you won't be able to make a plural, conjugate verbs or do anything even slightly complicated. It is easy to learn – it's just a slightly different way of thinking about words and vowels.

In the preface we mentioned that Hungarian is a language that 'glues' words and their endings together. What we didn't mention is the vowel harmony that occurs while adding these endings. In a nutshell, **vowel harmony is the mechanism used to maintain the same or similar quality of vowel sound throughout individual words in Hungarian – no matter how many endings are attached to a word.** The process involves first determining what kind of vowels are in the root word and, second, choosing the ending that best matches the quality of those vowels. First, you need to know how to classify the vowels before you can make them harmonise.

Vowel classification

Hungarian vowels are classified according to *front* vs. *back* vowels and *rounded* vs. *unrounded* vowels. These terms come from describing the tongue position in the mouth and the roundedness of the lips, respectively.

Back vowels:	**a, á, o, ó, u, ú**
Front unrounded vowels:	**e, é, i, í**
Front rounded vowels:	**ö, ő, ü, ű**

Unless it is a foreign word or a recent loan word into Hungarian, most words contain only back vowels or only front vowels. Examples of back vowel words include **újság** 'newspaper', **magyar** 'Hungarian', and **angol** 'English'. Front vowel words include **egyszerű** 'simple', **ismerős** 'acquaintance' and **füzet** 'notebook'.

Neutral vowels

Even though the status of **e, é, i** and **í** is hotly debated in linguistic circles, for the purpose of vowel harmony let us consider them neutral; that is, although they are inherently front, they may (and often do) occur in back vowel words. In most cases, these 'mixed' words are considered back vowel words such as **papír** 'paper', **diák** 'student', **szomszéd** 'neighbour' and **fiú** 'boy'. If a word contains only neutral vowels, it is considered a front vowel word (though there are numerous exceptions – they'll be pointed out in the vocabulary lists).

Adding endings

Back vs. front vowels

Because vowel harmony is maintained throughout the whole word, most endings have front and back vowel variants, e.g., the dative case **-nak** (back vowel) and **-nek** (front vowel). Thus, if a word contains back vowels, it attaches back vowel endings; should the word contain only front vowels it can attach only front vowel endings.

Rounded vs. unrounded vowels

Although most endings have only front vs. back variants, several of them have three variants. For such endings (including the plural discussed below) there is one back vowel variant, but two variants for front vowel words: rounded and unrounded. You will use the rounded variant if the *last* vowel of a front vowel word is rounded; use the unrounded variant when the *last* vowel of a front vowel word is unrounded. An example of an ending with the three-vowel choice is the plural (**o/e/ö)-k** to which we now turn.

Exercise 3

Identify the following words as taking back vowel, front unrounded or front rounded vowel suffixes.

1 család	6 jogász	11 nyelv
2 diák	7 ablak	12 füzet
3 gyerek	8 szék	13 ismerős
4 zenész	9 fiú	14 asztal
5 tanár	10 lány	15 ez

The plural of nouns

The plural of nouns is formed by adding a **-k** to the end of a word. When added to nouns ending in the vowels **a** or **e**, the vowel is lengthened to **á** or **é**, respectively; when added to nouns ending in any other vowel, the vowel remains unchanged:

college student	**egyetemista**	**egyetemisták**
cup	**csésze**	**csészék**
parent	**szülő**	**szülők**

When adding the plural **-k** to nouns ending in a consonant, a linking vowel is needed. The linking vowel choice is **o/e/ö**; vowel-harmony rules determine which vowel is required.

If the noun is a back vowel word, the linking vowel **o** is required:

teacher	**tanár**	**tanárok**
table	**asztal**	**asztalok**

If the noun is a front vowel word and the last vowel is unrounded, the linking vowel **e** is required:

artist	**művész**	**művészek**
notebook	**füzet**	**füzetek**

If the noun is a front vowel word and the last vowel is rounded, the linking vowel choice is **ö**:

acquaintance	**ismerős**	**ismerősök**
fruit	**gyümölcs**	**gyümölcsök**

Summary: linking vowels for plural of regular nouns

Linking vowel choice o/e/ö

Back vowel word	Front vowel word	
↓	Last vowel is	Last vowel is
↓	unrounded	rounded
o	e	ö

This is the pattern for regular nouns; any exceptions are pointed out in the word lists. You have learned three nouns thus far that do not conform to the regular pattern: **férfi: férfiak, könyv: könyvek, toll: tollak.** In compound words, the last word of the compound dictates vowel harmony (e.g., **tankönyv** is comprised of the words **tan** 'learning' and **könyv** 'book' and adds endings rules for **könyv**). We will see some other patterns later for different noun classes and adjectives.

Exercise 4

Form the plural of the following nouns.

1 szék	6 filmrendező	11 gyerek
2 tanár	7 szülő	12 ablak
3 zenész	8 család	13 tábla
4 egyetemista	9 antropológus	14 füzet
5 csésze 'cup'	10 jogász	15 nyelv

Dialogue 6

A magyar nyelv szép   The Hungarian language is beautiful (CD1; 20)

Mike and his mother Melanie have a discussion about the Hungarian language.

MIKE	Milyen a magyar nyelv?
MELANIE	Szép! A magyar nyelv nagyon szép!
MIKE	Milyenek a magyar-angol szótárak?
MELANIE	Azok nagyon jók, de elég drágák!
MIKE	Milyen könyv ez?
MELANIE	Ez egy új és érdekes regény. Azok is regények. Azok is érdekesek, de nem újak.

MIKE	*What is the Hungarian language like?*
MELANIE	*Beautiful! The Hungarian language is very beautiful!*
MIKE	*What are Hungarian–English dictionaries like?*
MELANIE	*They are very good, but rather expensive.*
MIKE	*What kind of book is this?*
MELANIE	*This is a new and interesting novel. Those are novels, too. Those are interesting also, but they are not new.*

Vocabulary

drága	expensive, dear	**nagyon**	very
elég	rather, fairly	**regény**	novel
jó	good	**szép**	beautiful, nice
milyen	what kind of?		

Language points

The plural of adjectives

Adjectives preceding the nouns they modify do not agree in number; thus, there is no plural agreement in adjectives preceding a noun. However, adjectives forming the entire predicate must agree in number with their subjects; thus, if the subject is in the plural, the (predicate) adjective must be as well. It is only under these conditions that you will need to form the plural of adjectives.

As with the noun, the plural of adjectives is formed with a **-k**, although it is not attached exactly the same way as with nouns. When required, adjectives use the linking vowels **a** (for back vowel words) and **e** (for front vowel words). Note that for adjectives, there is only front/back vowel harmony with no unrounded/rounded distinction.

For adjectives ending in the vowels **a** or **e**, the vowel is lengthened to **á** or **é** when adding the plural **-k**.

dear	**drága**	**drágák**
black	**fekete**	**feketék**

For adjectives ending in **i/ú/ű**, a linking vowel **a/e** is required before the plural **-k**.

American	**amerikai**	**amerikaiak**
simple	**egyszerű**	**egyszerűek**
long	**hosszú**	**hosszúak**

Some adjectives ending in **ó/ő** take the linking vowel **a/e**, some do not and some take either ending; it is difficult to predict.

good	**jó**	**jók**
comprehensible	**érthető**	**érthetőek** *or* **érthetők**

Adjectives ending in a consonant form their plurals by using the linking vowel **a/e** before the plural marker **-k**. (Compare with nouns which use the linking vowel choice **o/e/ö**.)

tall **magas magasak**
interesting **érdekes érdekesek**

Thus far you have learned one exception to this rule, **fiatal: fiatalok**. Further exceptions will be pointed out in the word lists.
Examples (notice the patterns of agreement):

A füzet új.	The notebook is new.
A füzetek újak.	The notebooks are new.
Ez (egy) új füzet.	This is a new notebook.
Ezek új füzetek.	These are new notebooks.
Az asztal alacsony.	The table is low.
Az asztalok alacsonyak.	The tables are low.
Az (egy) alacsony asztal.	That is a low table.
Azok alacsony asztalok.	Those are low tables.

Exercise 5

Learn some common and useful adjectives – they are given in antonym pairs below. Form their plurals.

tall	**magas**	low, short	**alacsony**
long	**hosszú**	short	**rövid**
fat	**kövér**	thin	**sovány**
beautiful	**szép**	ugly	**csúnya**
cheerful	**vidám**	sad	**szomorú**
wonderful	**gyönyörű**	awful	**szörnyű**
fast	**gyors**	slow	**lassú**
expensive	**drága**	inexpensive	**olcsó**
good	**jó**	bad	**rossz**

Exercise 6

Translate into Hungarian.

1 The boys are cheerful.
2 Those are tall girls.
3 The books are expensive, but the newspapers are cheap.

4 These are awful!
5 They are interesting teachers.
6 The Hungarian language is not simple, but it is wonderful.
7 The blackboards are long and the tables are long too.
8 What are the children like? What are the parents like?

What is an adjective? What is a noun?

For the purposes of adding the plural, consider ethnonyms (the word for a person's ethnicity – not always identical with his or her nationality) as nouns unless they end in the letter -**i**. Any nationality or other identification of origin ending in the letter -**i** declines as an adjective.

Nouns: **magyar, angol, finn, horvát**, etc.
Adjectives: **budapesti, bostoni, amerikai, londoni, kanadai,**
             etc.

Exercise 7

Form the plural of the following ethnonyms.

African	**afrikai**	German	**német**
Brazilian	**brazíliai**	Italian	**olasz**
Canadian	**kanadai**	Japanese	**japán**
Chinese	**kínai**	Mexican	**mexikói**
Croatian	**horvát**	Polish	**lengyel**
Czech	**cseh**	Russian	**orosz**
English	**angol**	Senegalese	**szenegáli**
Finnish	**finn**	Swedish	**svéd**
French	**francia**	Swiss	**svájci**

Ki? Kik? Mi? Mik?

Note that the words **ki** 'who' and **mi** 'what' have regular plurals **kik** and **mik**. Compare the following sentences:

Ki ez?   Who is this?   **Kik ezek?**   Who are they?
Mi ez?   What is this?   **Mik ezek?**   What are these?

Cultural notes

Names

In Hungarian, names are in the reverse order compared to English. The person's family name (**vezetéknév** or **családi név**) comes first, and his or her given name (**utónév** or **keresztnév**) comes last. For example, 'John Smith' in Hungarian would be **Smith John** or with a more local flavor, **Kovács János**.

In addition to birthdays (**születésnap**), Hungarians also celebrate namedays (**névnap**). Each day in the calendar corresponds to one or more names. Women's first names, some of which have English equivalents, include: **Ágnes** (Agnes), **Anikó, Csilla, Emőke, Eszter** (Esther), **Hajnalka** (Dawn), **Hedvig, Ildikó, Judit** (Judith), **Katalin** (Catherine), **Lilla, Piroska, Szilvia** (Sylvia), **Zita, Zsófia** (Sophia), or **Zsuzsanna** (Suzanna). Male first names include: **Ákos, Antal, Botond, Gergely, Imre, István** (Steven), **Károly** (Charles), **László** (Leslie), **Mátyás** (Matthias), **Mihály** (Michael), **Pál** (Paul), **Sándor** (Alexander), **Szabolcs, Tamás** (Thomas), **Tibor, Zoltán** or **Zsolt**.

For married women, the assertion of her marital status is in flux. Traditionally, the **-né** suffix is added to her husband's name and indicates the 'Mrs' marital status. Accordingly, Mrs John Smith would be **Smith Johnné** or, as the Hungarians would say **Kovács Jánosné**. For short, you can simply say 'Mrs Smith': **Smithné** or **Kovácsné**. There are increasingly more alternatives in addition to this traditional practice. Married women may keep their maiden name (**leánykori név**), or they may combine it with their husband's first name as we saw in the dialogues. Thus, Mrs Zoltán Szabó (who may keep her maiden name, **Egri Zsófia**) may use the following names: **Szabó Zoltánné** or **Szabóné** or **Szabóné Egri Zsófia**. Moreover, it is not uncommon to see the combination **Szabó Zoltánné Egri Zsófia** or, more simply, **Szabó Zsófia**. With all these choices with names, good luck to the language learner and the genealogist!

Unit Two
Az egyetem és a diákok
The university and the students

In this unit you will learn:

* the verb 'to be': **van**
* more personal pronouns: **én, te, ön, maga, mi, ti, önök, maguk**
* word order, negation, questions
* formal and informal address

Dialogue 1

Az egyetem   The university **(CD1; 21)**

John and Réka discuss their surroundings as they take the tram to the university.

JOHN   Mi ez?

RÉKA   Ez egy villamos. Az pedig egy busz.

JOHN   A budapesti villamosok sárgák?

RÉKA   Igen, a régi villamosok is sárgák és az új villamosok is sárgák.

JOHN   A new york-i taxik is sárgák! [*turning his head to a tram stop*] Mi az?

RÉKA   Az a megálló. Nem a buszmegálló, hanem a villamosmegálló.

JOHN   Itt van az egyetem?

RÉKA   Igen, itt van balra.
JOHN   És mi van ott jobbra?
RÉKA   Nem tudom.
JOHN   A 'Nem tudom' hogy van angolul?
RÉKA   A 'Nem tudom' angolul: 'I don't know.'
JOHN   Köszönöm.
RÉKA   Szívesen!

JOHN   *What is this?*
RÉKA   *This is a tram. That, however, is a bus.*
JOHN   *Are the Budapest trams yellow?*
RÉKA   *Yes, the old trams are yellow, and the new trams are also yellow.*
JOHN   *New York taxis are yellow too. What is that?*
RÉKA   *That is the stop. Not the bus stop, but the tram stop.*
JOHN   *Is the university here?*
RÉKA   *Yes, it is here on the left.*
JOHN   *And what is that there on the right?*
RÉKA   *Nem tudom.*
JOHN   *What is* 'Nem tudom' *in English?*
RÉKA   *'Nem tudom' in English is 'I don't know'.*
JOHN   *Thank you.*
RÉKA   *You're welcome.*

Vocabulary (CD1; 22)

angolul	in English	**nem**	I don't know
balra	on/to the left	**tudom**	
busz	bus	**sárga**	yellow
egyetem	university	**szívesen**	you're welcome
hogy	how	**taxi**	taxi
jobbra	on/to the right	**van**	see Language point
köszönöm	thank you	**villamos**	tram
megálló	(bus or tram) stop		

Text 1

Az asztal The table **(CD1; 23)**

A villa és a szalvéta balra van. A kés és a kanál jobbra van. És vajon hol van a pohár? A pohár is jobbra van. A tányér középen van. Minden nagyon szép és régi.

The fork and the napkin are on the left. The knife and the spoon are on the right. And (I wonder) where the glass is? The glass is also on the right. The plate is in the middle. Everything is very beautiful and old.

Photo by Erika Sólyom. Courtesy of Louise Vasvári

Vocabulary

hol	where
kanál (pl. **kanalak**)	spoon
kés	knife
középen	in the middle
minden	every; everything
pohár (pl. **poharak**)	drinking glass
régi	old (*of inanimates*)
szalvéta	napkin
tányér	plate
vajon	I wonder
villa	fork

Text 2

A család   The family (CD1; 25)

A gyerekek elöl vannak, a felnőttek hátul vannak. Anya és apa jobbra vannak, nagymama és nagypapa pedig balra vannak. A gyerekek nagyon kicsik. A szülők nagyon fiatalok és vidámak. A nagyszülők már elég öregek.

The children are at the front, the adults are at the back. Mother and father are on the right, grandmother and grandfather are on the left. The children are very small. The parents are very young and happy. The grandparents are rather old (now).

Vocabulary

elöl	at the front	**kicsi (kis)**	small
felnőtt (pl. -ek)	adult	**nagymama**	grandmother
fénykép	photo	**nagypapa**	grandfather
gyerek	child	**nagyszülő**	grandparent
hátul	at the back	**öreg**	old (*of animates*)
hogy	how		

Text 3

Otthon   At home (CD1; 27)

András otthon van. Sára is otthon van. Ők bent vannak. A gyerekek pedig kint vannak. A kutya is kint van. Szép idő van.

András is home. Sára is home too. They are inside. The children, however, are outside. The dog is outside too. The weather is nice.

Vocabulary

bent	inside	**kutya**	dog
idő	weather; time	**otthon**	at home
kint	outside		

Vocabulary notes

vajon This word is added to the beginning of a question to add the meaning 'I wonder'.

kicsi/kis The longer word **kicsi** is used when not preceding and modifying its noun, e.g., **A gyerek kicsi.** 'The child is small.' The short form **kis** is used when it precedes the noun it modifies. **A kis gyerek kint van.** 'The small child is outside.'

Language point

There *is* a verb 'to be': van, vannak

In the previous unit, you learned that Hungarian does not use a verb 'to be' when a third-person subject is being described (in the predicate) as a noun or adjective, as, for example, one's nationality, profession or physical characteristics. However, as the above texts illustrate, you *must* use a verb 'to be' when it is modified by an adverb or adverbial (words that describe when, where and how). The third-person singular 'is' is **van**; the third-person plural 'are' is **vannak**. Compare the presence and absence of the verb in the sentences below; note the pre-verbal position of the adverb:

Az ablak elöl van.
The window is in the front. (+ adverb, + verb)

Az asztal hosszú.
The table is long. (– adverb, – verb)

A gyerekek otthon vannak.
The children are at home. (+ adverb, + verb)

A nagyszülők öregek.
The grandparents are old. (– adverb, – verb)

 Exercise 1

Translate the sentences and then make them plural as in the example:

The tram is yellow.   **A villamos sárga.**   **A villamosok sárgák.**

1 The bus stop is to the left.
2 The university is on the right.
3 The child is very young.
4 The grandmother is here.
5 The glass is in the middle.

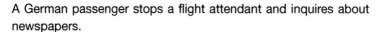

Dialogue 2

Újságok Newspapers **(CD1; 28)**

A German passenger stops a flight attendant and inquires about
newspapers.

NÉMET UTAS	Van itt német újság?
LÉGIUTASKISÉRŐ	Sajnos, nincs.
NÉMET UTAS	Ezek nem német újságok?
LÉGIUTASKISÉRŐ	Nem, ezek angol és francia újságok.
NÉMET UTAS	És azok?
LÉGIUTASKISÉRŐ	Azok magyar újságok. Jobbra vannak a magyar újságok és balra vannak a francia és az angol újságok.
NÉMET UTAS	És hol van a mosdó?
LÉGIUTASKISÉRŐ	Ott van elöl.
NÉMET UTAS	Köszönöm.
LÉGIUTASKISÉRŐ	Kérem.

GERMAN PASSENGER	*Are there any German newspapers here?*
FLIGHT ATTENDANT	*Sorry, there aren't any.*
GERMAN PASSENGER	*Aren't these German newspapers?*
FLIGHT ATTENDANT	*No, these are English and French newspapers.*
GERMAN PASSENGER	*And those?*
FLIGHT ATTENDANT	*Those are Hungarian papers. The Hungarian papers are on the right, and the French and English papers are on the left.*
GERMAN PASSENGER	*And where is the WC?*
FLIGHT ATTENDANT	*It's there up at the front.*
GERMAN PASSENGER	*Thank you.*
FLIGHT ATTENDANT	*You're welcome.*

Vocabulary

kérem	you're welcome (very formal)
légiutaskísérő	flight attendant
mosdó	rest room
nincs	*see* Language points
sajnos	unfortunately
utas	passenger

Dialogue 3

A tanterem The classroom **(CD1; 29)**

In the classroom, the teacher quizzes a student:

TANÁR	Ma mindenki itt van?
DIÁK	Igen, mindenki jelen van.
TANÁR	Hol van a tábla, és hol vannak a diákok?
DIÁK	A tábla elöl van, a diákok hátul vannak.
TANÁR	Hol vannak a lámpák, és hol van a padló?
DIÁK	A lámpák fent vannak, a padló lent van.
TANÁR	Hol vannak a könyvek és a táskák?
DIÁK	Azok itt vannak.
TANÁR	Van itt angol diák?
DIÁK	Van, persze, sok angol diák van itt.

TEACHER	*Is everybody here today?*
STUDENT	*Yes, everybody is present.*
TEACHER	*Where is the blackboard and where are the students?*
STUDENT	*The blackboard is at the front. The students are at the back.*
TEACHER	*Where are the lights and where is the floor?*
STUDENT	*The lights are up above. The floor is down below.*
TEACHER	*Where are the books and the bags?*
STUDENT	*They are here.*
TEACHER	*Is there an English student here?*
STUDENT	*Yes, of course, there are many English students here.*

Vocabulary

fent	above, upstairs
jelen	present, here
lámpa	lamp
lent	down, below
ma	today
mindenki	everyone
padló	floor
sok	much, many
tanterem	classroom
táska	bag, backpack

Language points

There is a verb 'to not be': nincs(en)/nincsenek

Although in the previous unit sentences were negated with the negative word **nem** 'not, no', to negate the word **van**, replace it with the word **nincs** (or, less commonly, **nincsen**); similarly, to negate **vannak**, replace it with **nincsenek**. It is helpful to think of **nincs/nincsenek** as a *negative verb* ('is not/are not'). In all other instances of negation, continue to use **nem**.

Affirmative: **Itt van egy újság.**
                        Here is a newspaper.

Negative: **Itt nincs újság.**
                        There is no newspaper here.

Affirmative: **A gyerekek otthon vannak.**
                        The children are at home.

Negative: **A gyerekek nincsenek otthon.**
                        The children are not at home.

'There is' and 'there are': van and vannak

In addition to its use with adverbs, the verb **van/vannak** is also used for the existential expression 'there is/there are'. Compare the following sentences and note the difference in meaning with the absence and presence of **van/vannak** and its negative counterpart **nincs/nincsenek**.

Az jó tankönyv.	That is a good textbook.
Rossz tankönyvek is vannak.	There are bad textbooks as well.
Az nem német újság.	That is not a German newspaper.
Ma nincs újság.	There is no newspaper today.

Time and weather expressions may use the existential construction as well:

Szép idő van.
The weather is nice. (Literally, 'There is nice weather today.')

Sok 'many'

The word **sok**, though its meaning is plural, is only followed by the singular. As you will see in later units, this is also true of any expression of quantity.

Sok gyerek van itt.   Many children are here.

Exercise 2

Answer the following questions negatively. Be sure to use the appropriate singular or plural forms. For example:

Van itt mosdó? Nincs.
Vannak itt gyerekek? Nincsenek.

1 Van itt amerikai utas?
2 Van ott antropológus?
3 Vannak itt magyar újságok?
4 Vannak ott londoni utasok?
5 A gyerekek otthon vannak?
6 Vannak itt fekete tollak?
7 Van itt érdekes regény?

Word order with van/vannak

Word order can be a bit complicated in Hungarian, but if you pay close attention to which word is immediately before the verb and learn which word to put there, you won't have any problems. When forming neutral sentences with the verb **van/vannak**, keep two rules in mind:

1 When affirming there is/there are something(s), place *what* there is/there are immediately before the verb:

Rossz tankönyvek vannak. There are bad textbooks.

2 Otherwise, when affirming when, where or how something(s) is/ are, place the *adverb* immediately before the verb:

A diákok otthon vannak. The students are at home.

Exercise 3

Translate the following sentences.

1 Where is the bus stop?
2 The Hungarian university students are on the right.
3 There are many American newspapers here.
4 There are good people and bad people as well.
5 Are the grandparents at home?

Word order with focus, negation and questions

The neutral word order described above can be disrupted by what is called a **focus** word (or words). Focus words include negation (**nem, nincs, nincsenek**), questions (**ki?, mi?, hol?**), answers to questions, and any stressed or emphasised word. If a sentence contains a focus word, that word must be placed immediately before the verb – 'kicking out' what would normally be there to a position immediately after the verb. In the following sentences, compare the word order of the neutral sentence with the sentence containing a focus element.

Neutral: **A gyerekek hátul vannak.**
The children are at the back.

Focus: **Ki van elöl?**
Who is at the front?

The question word **ki** has taken the position immediately before the verb, displacing the adverb to a position after the verb.

The words **nincs** and **nincsenek** are verbs and negation in one; thus, any word being displaced due to negation will be placed in a position after **nincs** or **nincsenek**:

Neutral: **A számítógép fent van.**
The computer is upstairs.

Focus: **A számítógép nincs fent.**
The computer is not upstairs.

If a sentence asks the question 'is there?/are there?', it almost always begins with the verb (as in English); here it is helpful to think of the verb itself as the question word. If the answer to this question is 'yes', you may reply **Van/Vannak** or **Igen**, if the answer is no, you must reply **Nincs/Nincsenek**.

Van itt német újság?   Is there a German newspaper here?
Van./Nincs.   Yes./No.

Negation *and* questions

Note that **nem**, **nincs** and **nincsenek** are often used to form (polite) questions, as in **Nincs itt újság?** or **Nincsenek otthon a gyerekek?** If the answer is no, you must reply **Nem**, **Nincs** or **Nincsenek**. However, if the answer is yes, begin your sentence with **De** (lit. 'but') instead of **Igen**: **De, van itt újság**; **De, otthon vannak**.

Exercise 4

Translate the following sentences.

1 Where are the grandparents? They are not here.
2 There are no French newspapers here. Yes there are!
3 There is no big classroom here.
4 There are no bad students but there are bad teachers.
5 The MALÉV flight attendants are not on the right but on the left.

Passenger Ticket and Baggage Check
Repülöjegy és Poggyászvevény

IMPORTANT – SECURITY NOTICE

- Always use your own bag and pack it yourself.
- Never leave it unattended.
- Never check bags in for other people, or carry something onto an aircraft for someone else.
- Check-in staff will ask you questions about your baggage. It is a criminal offence to give false information.

FONTOS – BIZTONSÁGI FIGYELMEZTETÉS! KÉRJÜK

- utazásához a saját bőröndjeit, táskáit használja, és azokat személyesen csomagolja be
- soha ne hagyja csomagjait őrizetlenül
- ne adja fel más csomagjait a repülőre, és ne is vigyen magával olyan holmit, amely nem az öné
- ha személyzetünk érdeklődik poggyásza tartalmáról – büntetőjogi felelőssége tudatában – őszinte válaszokat adjon

Subject to Conditions of Contract in this Ticket
Ezen jegyen szereplő fuvarozási feltételeknek megfelelően

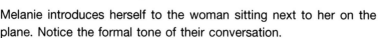

Szomszédok Neighbours **(CD1; 31)**

Melanie introduces herself to the woman sitting next to her on the plane. Notice the formal tone of their conversation.

MELANIE	Jó napot kívánok!
ÁGNES	Jó napot!
MELANIE	Melanie Cooper vagyok.
ÁGNES	Ágnes vagyok. Örülök, hogy megismertem.
MELANIE	Ön magyar?
ÁGNES	Igen, magyar vagyok. És Ön?
MELANIE	Én amerikai vagyok.

MELANIE   *Hello.*
ÁGNES   *Hello.*
MELANIE   *I am Melanie Cooper.*
ÁGNES   *I am Agnes. It is nice to meet you.*
MELANIE   *Are you Hungarian?*
ÁGNES   *Yes, I am Hungarian. And you?*
MELANIE   *I am American.*

Meanwhile, Mike talks to the young man sitting next to him. Notice the informal tone of their conversation.

MIKE   Szia, Mike vagyok. Te ki vagy?
TAMÁS   Tamás vagyok.
MIKE   Örülök, hogy megismertelek. Magyar vagy?
TAMÁS   Igen. És te?
MIKE   Én amerikai vagyok. Zenész vagyok. És te?
TAMÁS   Én orvos vagyok.
MIKE (*smiling*)   De jó, hogy van itt orvos!

MIKE   *Hi, I'm Mike. Who are you?*
TAMÁS   *I'm Tamás.*
MIKE   *Nice to meet you. Are you Hungarian?*
TAMÁS   *Yes. And you?*
MIKE   *I'm American. I'm a musician. And you?*
TAMÁS   *I'm a doctor.*
MIKE (*smiling*)   *It's great that there's a doctor here!*

Vocabulary

én	I		**szia**	hi (informal)
hogy	that (conjunction)		**szomszéd**	neighbour
orvos	doctor		**te**	you (informal)
ön	you (formal)			

Expressions

Jó napot (kívánok)!	Hello! Good day! (Formal)
Örülök, hogy megismertelek.	Nice to meet you. (Informal)
Örülök, hogy megismertem.	It is nice to meet you. (Formal)

Language points

Personal pronouns

Singular		Plural	
én	I	mi	we
te	you (familiar)	ti	you (familiar)
ő	he, she	ők	they
ön	you (formal)	önök	you (formal)
maga	you (formal)	maguk	you (formal)

In addition to the usual pronouns, there are several more pronouns that correspond to 'you' in English. These represent the layers of formal and informal address. See below for an explanation of their usage. For now, make sure to note that the formal forms (**ön/önök, maga/maguk**) are considered third-person pronouns. Thus, although they translate as 'you', they always use the third-person forms of the verb. As a result, the first few times you use them, you may feel as though you are speaking *about* somebody instead of addressing him or her directly.

A reminder: as we saw in the previous unit, personal pronouns may be omitted. They are required only when being referred to explicitly or contrasted with another pronoun.

Én nem vagyok jogász. Tanár vagyok.
I am not a lawyer. I am a teacher.

The rest of the verb 'to be'

The following gives all the present tense forms of the verb **van** 'to be'. They are placed within full sentences to demonstrate a neutral word order. Learn the pronouns along with the verbs.

Singular

(Én) amerikai vagyok.	I am American.
(Te) magyar vagy.	You (informal) are Hungarian.
(Ő) hátul van.	He/She is at the back.
(Ön/Maga) jól van?	Are you (formal) well?

Plural

(Mi) franciák vagyunk.	We are French.
(Ti) magasak vagytok.	You (informal) are tall.
(Ők) elöl vannak.	They are at the front.
(Önök/Maguk) jól vannak?	Are you (formal) well?

You can see that in the first and second persons you must *always* use the verb 'to be', no matter if the subject is being described as a noun or adjective in the predicate (compare this with the presence/ absence of **van/vannak**). Note too, that the predicate nouns and adjectives of plural subjects are also in the plural; thus, they maintain agreement in number with their subjects. Finally, note the word order of the above (neutral) sentences: always place a word meaning what/ what kind of (e.g., **magyar**), where (e.g., **elöl**), or how (e.g., **jól**) immediately before the verb 'to be'.

Exercise 5

Translate into Hungarian.

1 I am a doctor. I am short and thin.
2 You (sing., familiar) are an anthropologist. You are French. You are a woman.
3 You (sing., formal) are Hungarian. You are a college student.
4 He is an interesting man. He is at home.
5 She is a mother. She is Italian.
6 The lawyer is here. Everybody is present.
7 We are German. We are young. We are at the back.
8 You (pl. familiar) are children. You are Canadian. You are at home.
9 These are pens. Those are pencils. The textbooks are on the right, the novels are on the left.

Word order and the verb 'to be'

Compare the word order of the following sentences with respect to their neutrality vs. the presence of a focus element (negation, questions, answers, emphasis). Recall that focus elements must be placed in the position immediately before the verb, removing any word(s) that would otherwise be there (in a neutral sentence) to a post-verbal position.

Neutral:	**(Én) tanár vagyok.**	I am a teacher.
Negation:	**(Én) nem vagyok tanár.**	I am not a teacher.

Neutral:	**(Te) Tamás vagy.**	You are Tamás.
Question:	**(Te) ki vagy?**	Who are you?

Neutral:	**Az orvosok itt vannak.**	The doctors are here.
Question:	**Hol vannak az orvosok?**	Where are the doctors?
Answer:	**Az orvosok itt vannak.**	The doctors are here.

Neutral:	**(Ti) amerikaiak vagytok.**
	You are Americans.
Emphasis:	**Ti vagytok amerikaiak, nem ők.**
	You are Americans, not them.

Exercise 6

Negate the sentences in Exercise 5.

Exercise 7

Construct a 'Nice to meet you' dialogue, with formal language use, following the English example.

JULIA *Good day!*
ALEX *Good day!*
JULIA *I am Julia Taylor.*
ALEX *I am Alex Smith. Nice to meet you.*
JULIA *Are you American?*
ALEX *No, I am from Canada.*
JULIA *Are you from Toronto?*
ALEX *Yes, I am from Toronto. And you?*
JULIA *I am a Hungarian. I am not from Budapest but from Szombathely.*
ALEX *Oh, we are neighbours then* **(akkor)***! Nice to meet you.*
JULIA *Nice to meet you, too.*

Exercise 8

Construct the same dialogue as in Exercise 7 but this time use informal Hungarian.

Common greetings

Szia!/Sziasztok!	Hi./Bye. (Informal, said to one friend/ several friends.)
Szervusz!/ Szervusztok!	Hello/Goodbye (Informal, said to one friend/several friends, a bit old-fashioned.)
Csókolom!	Hello/Goodbye (Usually said only by a man to a woman or children to older people – it is both formal and friendly, expressing respect.)
Legyen szíves!	Please. (Formal, singular.)
Légy szíves!	Please. (Informal, singular.)
Köszönöm (szépen).	Thank you (very much).
Kösz./Köszi.	Thanks. (Informal.)
(Nagyon) szívesen.	You're (most) welcome.
Nincs mit.	You're welcome. (Lit. 'for nothing'.)
Kérem.	You're welcome. (Very formal, somewhat old-fashioned.)
Elnézést (kérek)./ Bocsánat(ot kérek).	Excuse me. (More formal with **kérek**.)
Pardon!	Excuse me! (Formal and informal.)
Bocs./Bocsi.	Excuse me. (Informal.)
Viszontlátásra!	Goodbye! (Formal.)
Viszlát!	Bye! (Formal and informal.)
Jó reggelt (kívánok)!	Good morning!
Jó napot (kívánok)!	Good day/afternoon!
Jó estét (kívánok)!	Good evening!

The above three greetings are all formal and even more formal with **kívánok**.

Jó éjszakát (kívánok)!
Good night! (Both formal and informal. Never as a greeting,
always as a farewell; more formal with **kívánok**.)

Jó éjt!
Good night! (Both formal and informal. Always as a farewell.)

As you can see, the words **szia, sziasztok, szervusz** and **szervusztok**
mean both 'hello' and 'goodbye'. Use these words only with people with
whom you are on a friendly basis as they are informal expressions. Use
szia or **szervusz** when greeting just one friend; use the plural forms
sziasztok and **szervusztok**, when greeting two or more friends.

Csókolom is an abbreviated form of **Kezét csókolom**, a rather
formal greeting that literally means 'I kiss your hand.' Although usually
this expression is reserved for men addressing women, you will also
hear children using **csókolom** with adults of either gender; adults
may also use it with much older adults.

When you wish to maintain a more formal relationship with people,
e.g., strangers, clients and officials, use the expressions **Jó napot
(kívánok)** and **Viszontlátásra** for hello and goodbye; this is always
polite.

And speaking of polite, don't be shy about using these expressions.
When entering small shops you will almost always be greeted with
Jó napot kívánok! Answer back with a quick, but polite, **Jó napot!**
When leaving the store it is common for both shopkeeper and cus-
tomer to exchange **Viszontlátásra!** A liberal dosing of **köszönöm** and
legyen szíves goes a long way in creating pleasant encounters.

Formal and informal address

One of the difficulties learners of Hungarian face is the intricacies of
the several forms of address that all translate as the English 'you'.
There is a general distinction between the formal (using the third-
person pronouns **maga/maguk** or **ön/önök**) and the familiar (using
the second-person pronouns **te/ti**) forms of address, but deciding
which one to use can be problematic as the rules are often violated
by natives and the system is ever-changing.

Use **ön/önök** when meeting people for the first time – especially
when in a formal, public or business setting. Use it when you are with

the elderly or with people of authority. If you are a man, use the formal with women unless they suggest otherwise. You will often find **ön** or **önök** capitalised – just as a matter of personal preference.

When in a familiar setting, use **te/ti** with your close family members, friends, peers and children as well as with animals and addressing God in prayers.

The use of **maga/maguk** is currently in flux in the language and is a delicate balance of familiarity and distance which has both positive and negative uses. The over-forty generation may still use these pronouns with family members (for example, grandparents), and it is considered a polite yet still familiar form of address. The under-thirty-five generation is unlikely to be familiar with this positive usage and is more accustomed to its more negative, derogatory usage, as when a stranger, addressing another, asks him or her why (s)he has just cut in ahead:

> **Maga mit képzel?**   What are you *thinking?*

Unit Three
Határátlépés

Crossing the border

In this unit you will learn:

- to ask for and give personal information
- the present tense indefinite conjugation
- the infinitive
- the class of **-ik** verbs
- how to perform 'in' a language: **-ul/-ül**
- how to state a preference: **inkább**
- demonstrative pronouns: **ez/az**
- colour terms

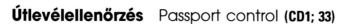

Útlevélellenőrzés Passport control (CD1; 33)

The border guard addresses Melanie.

ÚTLEVÉLELLENŐR	Jó napot kívánok!
MELANIE	Jó napot!
ÚTLEVÉLELLENŐR	Ez egy amerikai útlevél?
MELANIE	Igen, amerikai állampolgár vagyok.
ÚTLEVÉLELLENŐR	Ön nem magyar? Nagyon jól beszél magyarul, pedig a magyar nyelv nagyon nehéz!
MELANIE	Köszönöm.
ÚTLEVÉLELLENŐR	Minden rendben.
MELANIE	Köszönöm szépen.

ÚTLEVÉLELLENŐR	További jó utat! Viszontlátásra!
MELANIE	Viszlát!!

PASSPORT OFFICER	*Good day.*
MELANIE	*Good day.*
PASSPORT OFFICER	*Is this an American passport?*
MELANIE	*Yes, I'm an American citizen.*
PASSPORT OFFICER	*You're not Hungarian? You speak Hungarian very well even though the Hungarian language is very difficult.*
MELANIE	*Thank you.*
PASSPORT OFFICER	*All is in order.*
MELANIE	*Thank you very much.*
PASSPORT OFFICER	*Have a good trip. Goodbye.*
MELANIE	*Bye.*

MAGYAR KÖZTÁRSASÁG
REPUBLIC OF HUNGARY

ÚTLEVÉL
PASSPORT

Vocabulary

állampolgár	citizen
beszél	speaks
jól	well
Minden rendben.	Everything is OK.
nehéz (pl. **nehezek**)	difficult, hard; heavy
További jó utat!	Have a good (continuation of your) trip!
útlevél (pl. **útlevelek**)	passport
útlevélellenőr	passport officer
útlevélellenőrzés	passport control

Dialogue 2

Ki beszél jól magyarul? Who speaks Hungarian well? (CD1; 35)

Tamás just overheard Mike's mother talking to the passport officer and comments.

TAMÁS   Nagyon jól beszél magyarul!
MIKE   Igen, elég jól tud magyarul. És jól beszél németül is és franciául is.
TAMÁS   Te is beszélsz németül?
MIKE   Sajnos, nem. És te? Te tudsz németül?
TAMÁS   Nem, én most zongorázni tanulok. És te?
MIKE   Én sajnos nem tudok, de Angela most tanul zongorázni. Ő spanyolul is tanul. Gyengén beszél magyarul, de szeret magyarul olvasni.
TAMÁS   És Max?
MIKE   Hát, ő egyáltalán nem szeret magyarul beszélni. Ő inkább énekelni szeret. De csak angolul!
TAMÁS   És táncolni is tud?
MIKE   Igen, nagyon jól tud táncolni.
TAMÁS   [*smirking*]   Én is jól tudok táncolni – magyarul, angolul és még spanyolul is.

TAMÁS   *She speaks Hungarian very well.*
MIKE   *Yes, she does know Hungarian pretty well. And she speaks*
        German and French well too.
TAMÁS   *Do you speak German too?*
MIKE   *Unfortunately, no. What about you? Do you know German?*
TAMÁS   *No, now I'm learning to play the piano. And you?*
MIKE   *Unfortunately, I can't [play the piano], but Angela is learning*
        to play the piano. She is studying Spanish too. She speaks
        Hungarian poorly, but she likes to read in Hungarian.
TAMÁS   *And what about Max?*
MIKE   *Well, he doesn't like to speak Hungarian at all. He'd rather*
        sing – but only in English.
TAMÁS   *And can he dance, too?*
MIKE   *Yes, he can dance very well.*
TAMÁS   [*smirking*]   *I can dance well, too – in Hungarian, English and*
        even in Spanish.

Vocabulary

egyáltalán nem	not at all
elég	quite, fairly
énekel	sings
gyengén	poorly
hát	well . . .
inkább	preferably, rather
még . . . is	even, yet
olvas	reads
szeret	likes, loves
táncol	dances
tanul	studies
tud	knows, knows how, can
zongorázik	plays the piano

Language points

Indefinite verb conjugation

In the previous unit you learned to conjugate the irregular verb **van** 'is'. In this unit you will learn the endings for the present tense of regular verbs. Hungarian differentiates between two conjugations: indefinite and definite. You will learn the indefinite conjugation first. Verbs conjugate by adding an ending on the stem to indicate the subject of the sentence. The endings come in back vowel and front vowel variants, so if you have yet to master the rules of vowel harmony, this would be another good time to review them.

The stem of the verb is the form found in dictionaries – and the form found here in the vocabulary lists (with the exception of so-called **-ik** verbs discussed a bit later). The stem is identical to the third-person singular (he/she/it) form of the verb, or, to say it another way, there is no ending on the third-person singular form of the verb in the indefinite conjugation. Here then, are the endings for the indefinite present tense conjugation.

Indefinite present tense verb endings

Person	Back vowel	Front vowel	
		Unrounded	*Rounded*
én	-ok	-ek	-ök
te	-sz	-sz	-sz
ő/maga/ön	Ø	Ø	Ø
mi	-unk	-ünk	-ünk
ti	-tok	-tek	-tök
ők/maguk/önök	-nak	-nek	-nek

Attach the appropriate ending to the verb stem to conjugate the verb. Remember, since you do not have to use a pronoun, it is often only the conjugated verb that clearly expresses the subject of the sentence. Below are the conjugations for three verbs **tud** 'knows how, can, able to' (back vowel), **beszél** 'speaks' (front unrounded vowel) and **ül** 'sits' (front rounded vowel).

én	tudok	beszélek	ülök
te	tudsz	beszélsz	ülsz
ő/maga/ön	tud	beszél	ül
mi	tudunk	beszélünk	ülünk
ti	tudtok	beszéltek	ültök
ők/maguk/önök	tudnak	beszélnek	ülnek

Two alterations to the regular conjugation: -ol/-el/-öl **for the** te **ending**

If the verb stem ends in the letters **s**, **sz** or **z**, then the **te** ending is different. (This is because it is difficult to pronounce the regular ending **sz** sound immediately after the letters **s**, **sz** or **z**.) If the verb stem ends in **s**, **sz** or **z**, then the **te** ending is **-ol** (for back vowel words), **-el** (for front, unrounded vowel words) or **-öl** (for front, rounded vowel words). Thus, the **te** form for **olvas** 'reads' is **olvasol**; for **vesz** 'buys' is **veszel**, and for **főz** 'cooks' is **főzöl**. The rest of the conjugation is regular. For example:

	reads	buys	cooks
	olvas	**vesz**	**főz**
én	olvasok	veszek	főzök
te	olvasol	veszel	főzöl
ő/maga/ön	olvas	vesz	főz
mi	olvasunk	veszünk	főzünk
ti	olvastok	vesztek	főztök
ők/maguk/önök	olvasnak	vesznek	főznek

Verbs ending in -ít **or two consonants**

A rather large number of verbs end in **-ít** (for example, **tanít** 'teaches', **segít** 'helps') or two consonants (**ért** 'understands', **küld** 'sends'); these verbs need a linking vowel when adding on the **te**, **ti** and **ők** endings. The linking vowel choice is **a/e** for the **te** (**-asz/-esz**) and

ők (-anak/-enek) endings; the linking vowel choice for **ti** is **-o/-e/-ö** (**-otok/-etek/-ötök**). Look at the full conjugations below and compare the highlighted endings to the conjugations given above.

	teaches **tanít**	understands **ért**	sends **küld**
én	taní**tok**	ér**tek**	küld**ök**
te	taní**tasz**	ér**tesz**	küld**esz**
ő/maga/ön	tanít	ért	küld
mi	taní**tunk**	ér**tünk**	küld**ünk**
ti	taní**totok**	ér**tetek**	küld**ötök**
ők/maguk/önök	taní**tanak**	ér**tenek**	küld**enek**

Using the present tense

In English, there are several verb forms that are all used to express the present tense, for example, 'I read', 'I do read', 'I am reading.' Hungarian has only one present tense, and the subtle differences expressed in the English examples are accounted for in other ways (see, for example, Unit 7, in the section on co-verbs). You would never try to use a 'helping verb' in Hungarian to translate the English expression 'I am reading, writing, etc.' Just say **Olvasok**. 'I read/I am reading.' Or **Táncolnak**. 'They dance/They are dancing.'

The infinitive ending -ni

The infinitive form of the verb expresses 'to' with verbs; for example, **olvasni** 'to read', **írni** 'to write', **táncolni** 'to dance'. As in English, sometimes a Hungarian expression will contain two verbs: one is conjugated and one is in the infinitive. Observe the sentences below:

| **Szeretek táncolni.** | I like *to dance*. |
| **Tud énekelni.** | He knows how *to sing*. |

The infinitive is formed by adding the ending **-ni** to the stem of the verb. If the verb ends in two consonants, or **-ít**, however, the linking vowel **a** or **e** is required.

stem	infinitive	
tud	**tudni**	to know (how to)
tanít	**tanítani**	to teach
beszél	**beszélni**	to speak
ért	**érteni**	to understand
ül	**ülni**	to sit
küld	**küldeni**	to send

Expressing yourself in a language: -ul/-ül

The case ending **-ul/-ül** is added to the names of languages when you wish to express that you speak, read, write, know, understand or otherwise express yourself *in* a language. Tamás even jokes that he 'dances in Hungarian, English and Spanish'. Whether joking or not, add this case to the names of languages when using it to say what language you are using to speak, read, etc.

The **-ul/-ül** case has both a back vowel (**-ul**) and a front vowel (**-ül**) variant. Make sure to attach them to words with the same vowel harmony. As with the plural, when adding this case to words ending in **a** or **e**, always lengthen the **a** to **á** and **e** to **é**.

Tudok magyarul olvasni, és jól beszélek németül is.
I can read Hungarian and I speak German well, too.

Szeretek franciául énekelni.
I like to sing in French.

To state a preference: inkább

There is no Hungarian verb meaning 'to prefer'; instead, preferences are expressed with the adverb **inkább**. Often, the verb **szeret** is used with **inkább**:

Nem szeretek táncolni. Inkább énekelni szeretek.
I don't like to dance. I prefer to sing.

But **inkább** can work without **szeret** as well:

Inkább magyarul beszélünk.   We prefer to speak Hungarian.
Inkább olvasok.   I prefer to read.

When you wish to express one preference over another, you may combine an expression with **inkább** with another clause beginning with **mint** 'than'.

Inkább zongorázik, mint tanul.
She prefers to play the piano rather than to study.

Keep an eye out for the word order: place **inkább** plus your preference before the conjugated verb; if the conjugated verb *is* your preference, just place **inkább** before it.

Exercise 1

Write sentences stating that you speak the following languages.

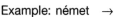

Example: francia → **Beszélek franciául.**

1	magyar	6	albán
2	német	7	román
3	angol	8	olasz
4	spanyol	9	török
5	portugál	10	japán

Exercise 2

Form sentences using the languages in the previous exercise to ask others about their language knowledge. Use both the formal and familiar forms as per the example.

Example: német →
(to a friend) **Tudsz németül?**
(to a stranger) **Tud németül?**

Exercise 3

Change the verb in the sample sentence using the verbs below. Use both the singular and plural familiar forms.

Example: beszél →
(asking a friend): **Beszélsz magyarul?**
(asking several friends): **Beszéltek magyarul?**

1	**ért**	understands	4	**tud**	knows how
2	**ír**	writes	5	**tanul**	studies
3	**olvas**	reads	6	**énekel**	sings

Exercise 4

Change the sentences in the previous exercise to the singular and plural formal forms.

Example: beszél →
(asking a stranger): **Ön beszél magyarul?**
(asking several strangers): **Önök beszélnek magyarul?**

Exercise 5

Translate the following into Hungarian.

1 You (**te**) speak Hungarian very well.
2 Are you (**ön**) Hungarian?
3 Do you (**ti**) speak German?
4 Do they study English?
5 Do you (**önök**) know how to dance?
6 We love to write.
7 Are you (**te**) learning to play the piano?
8 Everything is fine.
9 Have a nice trip!
10 I don't like to dance at all!
11 I prefer to speak Hungarian rather than English.

Dialogue 3

Poggyászkiadás Luggage claim **(CD1; 38)**

Mike has picked up most of his luggage, but a few items are still missing.

MIKE	A kézipoggyász és a nagy piros sporttáska itt van. Hiányzik még a másik barna bőrönd.
TAMÁS	Ott van a bőrönd!
MIKE	Melyik?
TAMÁS	Az a barna!
MIKE	Melyik barna? Azok a bőröndök feketék, nem?
TAMÁS	Nem minden bőrönd fekete. Ott hátul az a hatalmas bőrönd barna.

MIKE   Igen, ez az! Köszi. Ezek a bőröndök nagyon nehezek!

TAMÁS   Nem baj, ott van a taxiállomás.

MIKE   Milyen színűek itt a taxik?

TAMÁS   [*joking*] Fehérek, feketék, tarkák!

MIKE   Remélem, találkozunk még!

TAMÁS   Én is! Jó pihenést!

MIKE   Szia!

TAMÁS   Szia!

MIKE   *The carry-on luggage and the big red sportsbag are here.*
The other brown suitcase is still missing.

TAMÁS   *There is the suitcase!*

MIKE   *Which one?*

TAMÁS   *That brown one!*

MIKE   *Which brown one? Those suitcases are black, aren't they?*

TAMÁS   *Not every suitcase is black. There, at the back, that huge*
suitcase is brown.

MIKE   *Oh, yes, that's it. Thanks. These suitcases are very heavy.*

TAMÁS   *Don't worry, the taxi stand is over there.*

MIKE   *What colour are the taxis here?*

TAMÁS   *White, black, multicoloured!*

MIKE	*I hope we meet up again!*
TAMÁS	*Me too! Have a good holiday!*
MIKE	*Bye!*
TAMÁS	*Bye!*

Vocabulary

baj	problem, trouble
barna	brown
bőrönd	suitcase
fehér	white
hatalmas	huge, enormous
hiányzik	is missing
Jó pihenést!	Have a good holiday! (lit. 'Have a good rest!')
kézipoggyász	carry-on bag
másik	(the) other
még	still, yet
melyik?	which (one)?
milyen színű?	what colour?
nagy	big
piros	red
Remélem.	I hope (so).
sport	sport(s)
színű	(having a) colour, coloured
találkozik	meets, gets together
tarka	multicoloured
taxiállomás	taxi stand

Micro-dialogues

Zongorázol? **(CD1; 40)**
Sajnos, nem. Nem tudok zongorázni.

Hol vacsorázol?
Otthon vacsorázom.

Hol reggelizik Gábor?
Gábor minden reggel itt reggelizik.
Hol találkoztok?
Itt találkozunk.
Milyen az a férfi?
Az a férfi okos és kedves.
Milyenek ezek a gyerekek?
Ezek a gyerekek aranyosak.
Milyen a magyar zászló?
A magyar zászló piros-fehér-zöld.
Hol laksz?
Itt lakom.
És ti hol laktok?
Mi is itt lakunk.

Do you play the piano?
Unfortunately, no. I don't know how to play the piano.

Where do you eat dinner?
I eat dinner at home.

Where does Gábor eat breakfast?
Gábor eats breakfast here every morning.

Where will you meet?
We will meet here.

What is that man like?
That man is smart and nice.

What are these children like?
These children are cute.

What is the Hungarian flag like?
The Hungarian flag is red, white and green.

Where do you live?
I live here.

And where do you guys live?
We also live here.

Vocabulary

aranyos	cute, darling	**reggelizik**	eats breakfast
kedves	nice, kind	**vacsorázik**	eats dinner
lakik	lives, dwells	**zászló**	flag
okos	smart	**zöld**	green
reggel	(in the) morning		

Language points

The group of -ik verbs

The **-ik** verbs constitute a large class of Hungarian verbs. They are so called because the third-person singular form (i.e. the dictionary form) ends in **-ik**. The stem to which all other personal endings are attached is found by removing the **-ik** ending. Thus the stem for the verb **reggelizik** 'eats breakfast' is **reggeliz-**; for **zongorázik** 'plays the piano' is **zongoráz-** and so forth.

In the not-too-distant past, the **én** endings for the -ik verbs were **-om/-em/-öm**, and the use of the other **én** endings (**-ok, -ek, -ök**) were considered improper, non-standard and generally judged negatively. Today, although the **-om/-em/-öm** endings are still considered the standard, usage has been changing remarkably and the **-ok, -ek, -ök** endings are widely used.

The conjugation of **-ik** verbs therefore looks like this:

	to play the piano **zongorázni**	to eat breakfast **reggelizni**	to live **lakni**
én	zongorázom/ zongorázok	reggelizem/ reggelizek	lakom/ lakok
te	zongorázol	reggelizel	laksz
ő/maga/ön	zongorázik	reggelizik	lakik
mi	zongorázunk	reggelizünk	lakunk
ti	zongoráztok	reggeliztek	laktok
ők/maguk/önök	zongoráznak	reggeliznek	laknak

Ez **and** az

In the previous unit you learned to ask and identify objects and people with expressions like

Mi ez? Ez egy fekete csomag.
What is this? This is a black bag.

Ki az? Az egy kedves ember.
Who is that? That is a kind man.

Often you want **ez** or **az** to modify a noun directly. When **ez** and **az** modify nouns directly, however, you must observe two rules:

1 There is always a definite article after **ez** or **az**. Although this use of the definite article corresponds to nothing in English, it cannot be left out of Hungarian.

2 **Ez** and **az** must agree in number with what they modify. (Later, you will see that they agree in case, too.)

The following examples illustrate the agreement of **ez** and **az** with the nouns they modify and the placement of the definite article:

Ez a fekete csomag nehéz.
This black bag is heavy.

Ezek a fekete csomagok nehezek.
These black bags are heavy.

Az a történész magyar.
That historian is Hungarian.

Azok a történészek magyarok.
Those historians are Hungarian.

Remember: subjects and predicates agree in number; adjectives preceding the nouns they modify never agree in number; **ez** and **az** agree in number with what they modify. Observe the following chart for a detailed list of all the non-verbal sentence permutations you have learned so far:

Ez a banán.	**Ez az alma.**	This is the banana/the apple.
Az a banán.	**Az az alma.**	That is the banana/the apple.
Ezek a banánok.	**Ezek az almák.**	These are the bananas/the apples.

Azok a banánok.	**Azok az almák.**	Those are the bananas/the apples.
Ez (egy) banán.	**Ez (egy) alma.**	This is a banana/an apple.
Az (egy) banán.	**Az (egy) alma.**	That is a banana/an apple.
Ezek banánok.	**Ezek almák.**	These are bananas/apples.
Azok banánok.	**Azok almák.**	Those are bananas/apples.

Ez a sárga banán.	**Ez az olcsó alma.**	This is the yellow banana/the cheap apple.
Az a sárga banán.	**Az az olcsó alma.**	That is the yellow banana/the cheap apple.
Ezek a sárga banánok.	**Ezek az olcsó almák.**	These are the yellow bananas/the cheap apples.
Azok a sárga banánok.	**Azok az olcsó almák.**	Those are the yellow bananas/the cheap apples.

Ez (egy) sárga banán.	**Ez (egy) olcsó alma.**	This is a yellow banana/a cheap apple.
Az (egy) sárga banán.	**Az (egy) olcsó alma.**	That is a yellow banana/a cheap apple.
Ezek sárga banánok.	**Ezek olcsó almák.**	These are yellow bananas/cheap apples.
Azok sárga banánok.	**Azok olcsó almák.**	Those are yellow bananas/cheap apples.

Ez a sárga banán finom.	**Ez az olcsó alma finom.**	This yellow banana/cheap apple is delicious.
Az a sárga banán finom.	**Az az olcsó alma finom.**	That yellow banana/cheap apple is delicious.
Ezek a sárga banánok finomak.	**Ezek az olcsó almák finomak.**	These yellow bananas/cheap apples are delicious.
Azok a sárga banánok finomak.	**Azok az olcsó almák finomak.**	Those yellow bananas/cheap apples are delicious.

 Exercise 6

Translate the following phrases and sentences into Hungarian. Example:

a green apple   →   **(egy) zöld alma.**

1 a kind Greek
2 a tall American
3 the heavy bag
4 that heavy bag
5 This is a Hungarian passport.

6 This Hungarian passport is blue.
7 That is an Italian bag.
8 That Italian bag is red.
9 This difficult language is beautiful.
10 That difficult language is beautiful.

Exercise 7

Transform the singular phrases and sentences of Exercise 6 into the plural. Example:

green apples → **zöld almák**

1 kind Greeks
2 tall Americans
3 the heavy bags
4 those heavy bags
5 These are Hungarian passports.
6 These Hungarian passports are blue.
7 Those are Italian bags.
8 Those Italian bags are red.
9 These difficult languages are beautiful.
10 Those difficult languages are beautiful.

Exercise 8

Translate into Hungarian.

1 Zsolt speaks Hungarian fairly well.
2 Do you (**te**) know how to dance?
3 I prefer to read in French rather than in Spanish.
4 She doesn't like to play the piano at all.
5 Where do they live?
6 I hope Laci eats breakfast.
7 We meet at the front.
8 Judit doesn't speak Japanese.
9 What colour is the Italian flag?
10 I don't know what colour it is.

Colours

In the previous sections, you encountered some colour terms such as **piros** 'red', **zöld** 'green', **fekete** 'black', **fehér** 'white' and **barna** 'brown'. To enlarge your colour vocabulary, consider the additional colour terms: **sárga** 'yellow', **kék** 'blue', **szürke** 'grey', **vörös** 'red' and **lila** 'purple'. Note that the word **színű** 'having a colour' can be attached to nouns to form a new word meaning a particular colour as in **rózsaszínű** 'pink', from **rózsa** 'rose (flower)', **narancsszínű** 'orange' from **narancs** 'orange (fruit)'. For the colour orange, you can also use **narancssárga**. Colours can also be modified with the adjectives **sötét** 'dark' and **világos** 'light' as in **sötétbarna** 'dark brown' or **világoskék** 'light blue'.

Cultural notes

Itt a piros – hol a piros?

You may have wondered in the previous section why two different words are given for describing the colour red. Many people still wonder, few know it for sure, and even fewer non-native speakers get it right when to use **piros** or **vörös**. These colour terms are far from interchangeable. Try to use **vörös** when talking about things related to nature (e.g., geographical locations, various products, fruits, animals, different body parts, hair, etc.) or names of institutions:

vörös bor	red wine
vöröshagyma	(yellow) onion
vörös vér	red blood
vérvörös	blood-red
Vörös-tenger	Red Sea
vöröshangya	red ant
vörös haj	red hair
vörös hajú	red haired
vörös szakáll	red beard
vörös szakállú	red bearded
vörös orr	red nose
Vöröskereszt	Red Cross

Objects, ideas and categories related to politics, especially pertaining to socialism, Communism and the former Soviet regime:

vörös zászló or **vörös lobogó**	red flag
Vörös Hadsereg	Red Army
vörös nyakkendő	red tie (of the young pioneers)
Vörös Zászló Érdemrend	Order of the Red Banner

In other instances, feel free to use **piros**. The above are just rough guidelines but hopefully will help you with this Hungarian 'red madness'!

Unit Four
Bevásárlás

Shopping

In this unit you will learn:

- how to buy groceries
- numbers
- the accusative ending **-t**
- the future of **van: lesz** 'will be'
- **Tessék!**
- apologies and responding to apologies
- polite questions (**Mit parancsol?**)

Dialogue 1

Hentesáru Meat products **(CD1; 41)**

Zsófia and Lilla go to the grocery store to get some cold cuts.

ELADÓ [*to both*]   Tessék, mit parancsolnak?
ZSÓFIA   Szalámi van?
ELADÓ   Van téliszalámi és paprikás szalámi is.
ZSÓFIA [*to* LILLA]   Milyen szalámit akarsz? Téliszalámit vagy
              paprikást?
LILLA [*to her mother*]   Téliszalámit. Vagy te inkább paprikást akarsz?
ZSÓFIA [*to* LILLA]   Tulajdonképpen mindegy. Jó a téliszalámi is.
              A vendégek is szeretnek téliszalámis szendvicset
              enni.

ZSÓFIA [*back to* SALES CLERK] Akkor harminc deka téliszalámit,
　　　　　legyen szíves!
ELADÓ [*at the scales*] Harmincöt deka. Nem baj?
ZSÓFIA　　　Nem, nem baj.
ELADÓ　　　Tessék. Mást parancsolnak?
ZSÓFIA　　　Igen. Párizsi van?
ELADÓ　　　Sajnos, nincsen.
ZSÓFIA　　　Akkor egy szál gyulai kolbászt is, legyen szíves.
ELADÓ　　　Más valamit?
ZSÓFIA　　　Öt pár virslit is kérünk.
ELADÓ　　　Tessék. Még valamit?
ZSÓFIA　　　Köszönöm, mást nem kérünk.

SALES CLERK [*to both*] *How can I help you?*
ZSÓFIA　　　*Do you have any salami?*
SALES CLERK *We have winter salami and paprika salami.*
ZSÓFIA [*to* LILLA] *What kind of salami do you want? Winter or*
　　　　　paprika?
LILLA [*to her mother*] *Winter. Or do you prefer the paprika?*
ZSÓFIA [*to* LILLA] *Actually it's all the same to me. The winter salami*
　　　　　is good too. The guests like to eat winter salami
　　　　　sandwiches too.
ZSÓFIA [*back to* SALES CLERK] *Thirty decagrams of winter salami,*
　　　　　please.
SALES CLERK [*at the scales*] *Thirty-five decagrams. Is that all right?*
ZSÓFIA　　　*That's fine.*
SALES CLERK *Here you are. Would you like anything else?*
ZSÓFIA　　　*Yes. Do you have any bologna?*
SALES CLERK *Sorry, no.*
ZSÓFIA　　　*Well then, a link of Gyulai sausage as well, please.*
SALES CLERK *Anything else?*
ZSÓFIA　　　*We would like five pairs [paired links] of hot dogs too.*
SALES CLERK *Here you are. Anything else?*
ZSÓFIA　　　*Thank you, that will be all.*

Vocabulary

akar	wants
akkor	then, well then
baj	problem, trouble
bevásárlás	shopping
deka	decagram (10 grams)
eladó	sales clerk
eszik (infinitive: **enni**)	eats
gyulai kolbász	a kind of Hungarian sausage
hentesáru	meat products
kér	asks for, requests, would like
kolbász	sausage
más	other, else
mindegy	it's all the same (to me), it doesn't matter
paprikás	(something) containing paprika
pár	pair
parancsol	orders (*see* Cultural notes)
párizsi	bologna
szalámi	salami
szalámis	with salami, salami flavoured
szál (pl. **-ak**)	*here:* link
szendvics	sandwich
téliszalámi	'winter' salami
tessék	*see* Language points
tulajdonképpen	actually
vagy	or
valami	something
vendég	guest
virsli	frankfurter, hot dog

Dialogue 2

Zöldség-Gyümölcs Fruit and vegetables **(CD1; 43)**

Lilla is shopping at the fruit and vegetable stand.

LILLA	Jó napot kívánok!
ELADÓ	Jó napot! Tessék!
LILLA	Friss a tojás?
ELADÓ	Igen, természetesen.
LILLA	Egy tucat tojást, legyen szíves. Kérek még két fej salátát és három vöröshagymát.
ELADÓ	Tessék. Más valamit?
LILLA	Mennyibe kerül egy kiló cseresznye?
ELADÓ	Háromszázötven forint.
LILLA	Akkor kérek szépen két kiló cseresznyét is.
ELADÓ	Tessék. Jó lesz?
LILLA	Igen, köszönöm. Mennyivel tartozom?
ELADÓ	Ezerkétszáz forint lesz összesen.
LILLA	Elnézést, mennyi?
ELADÓ	Ezerkettőszáz.
LILLA	Tessék.
ELADÓ	Köszönöm.
LILLA	Viszontlátásra!
ELADÓ	Viszlát!

LILLA	*Good afternoon!*
SALES CLERK	*Good afternoon. How can I help you?*
LILLA	*Are the eggs fresh?*
SALES CLERK	*Yes, of course.*
LILLA	*A dozen eggs, please. I would also like two heads of lettuce and three onions.*
SALES CLERK	*Here you are. Anything else?*
LILLA	*How much does a kilogram of cherries cost?*
SALES CLERK	*Three hundred and fifty forints.*
LILLA	*Then may I also have two kilos of cherries, please?*
SALES CLERK	*Here you are. Will that be everything?*
LILLA	*Yes, thank you. How much do I owe you?*
SALES CLERK	*That'll be 1,200 forints all together.*

LILLA	*Excuse me, how much?*
ELADÓ	*One thousand, two hundred.*
LILLA	*Here you are.*
SALES CLERK	*Thank you.*
LILLA	*Goodbye.*
SALES CLERK	*Bye.*

 Vocabulary

cseresznye	cherry
fej (acc. **-et**)	head
friss	fresh
gyümölcs	fruit
jó	good
Kérek szépen . . .	May I please have . . . ?'
két/kettő	two
lesz (infinitive: **lenni**)	will be
Mennyibe kerül?	How much does . . . cost?
Mennyivel tartozom?	How much do I owe you?
összesen	all together
saláta	lettuce; salad
szépen	nicely, kindly
termèszetesen	of course, naturally
tojás	egg
tucat	dozen
vöröshagyma	(yellow) onion
zöldség	vegetable

 Language points

The accusative -t ending

The accusative **-t** is the ending attached to the direct object of a sentence. Although English has no such markings (with rare exceptions), direct objects in Hungarian must be marked with the accusative case: if there is no case ending on a word the word looks like a subject.

For example, in the sentence **Kérek még salátát és három vöröshagymát**, the subject is **én** 'I' (although here it is omitted); **kérek** is the verb, 'would like', and **saláta** 'lettuce' and **vöröshagyma** 'yellow onion' are the direct objects. You can clearly see that **salátát** 'lettuce' and **vöröshagymát** 'yellow onion' are marked with the accusative -**t**.

Forming the accusative of nouns is quite similar to forming the plural (Unit 1), thus much of the following will be a review – and we will compare the plural and accusative endings throughout this section to show where the similarities and differences lie.

For nouns ending in **a/e**: lengthen **a** to **á**, **e** to **é** and add -**t**:

		accusative	plural
lettuce	**saláta**	**salátát**	**saláták**
cherry	**cseresznye**	**cseresznyét**	**cseresznyék**

For nouns ending in any other vowel: simply add -**t**:

		accusative	plural
salami	**szalámi**	**szalámit**	**szalámik**
parent	**szülő**	**szülőt**	**szülők**

For nouns ending in the consonants **r**, **l**, **ny**, **n**, **j**, **ly**, **s**, **sz**, **z**, **zs**: there is no linking vowel, simply add the -**t**. This is the one area where the accusative is formed differently from the plural. (Remember for the plural, a linking vowel is *always* used after words ending in consonants.)

		accusative	plural
problem	**baj**	**bajt**	**bajok**
acquaintance	**ismerős**	**ismerőst**	**ismerösők**
Hungarian	**magyar**	**magyart**	**magyarok**
Pole	**lengyel**	**lengyelt**	**lengyelek**

For nouns ending in any other consonant: the linking vowel choice is **o/e/ö** before the accusative -**t**. Recall it is the final vowel that determines the rounded/unrounded vowel choice of **e** or **ö**.

		accusative	plural
day	**nap**	**napot**	**napok**
vegetable	**zöldség**	**zöldséget**	**zöldségek**
fruit	**gyümölcs**	**gyümölcsöt**	**gyümölcsök**

Use of the singular

Hungarian uses the singular after all expressions of quantity. So, although you went to the trouble of learning the plural forms in Unit 1, you must use the singular after numbers and other expressions of quantity:

Harminc deka téliszalámit kérek.
I would like 30 decagrams of winter salami.

Öt pár virslit is kérünk.
We would also like five links of frankfurters.

When referring to fruits and vegetables and some other products, it is common to use the singular – the plural usually is reserved for different varieties of fruits or vegetables.

Van cseresznye? Are there any cherries?
Friss a tojás? Are the eggs fresh?

Numbers

The cardinal numbers between 0 and 10 are given below.

0	**nulla**	6	**hat**
1	**egy**	7	**hét**
2	**kettő/két**	8	**nyolc**
3	**három**	9	**kilenc**
4	**négy**	10	**tíz**
5	**öt**		

The number **kettő/két** has a distribution in usage similar to the word **kics/kis**: use the smaller form before the nouns they modify and the longer form when not in a modifying position:

Két kiló cseresznyét kérek.
May I have 2 kilos of cherries?

Hány gyerek van ott? Kettő.
How many children are there? Two.

However, as you read in the dialogue above, the long form **kettő** may also be used in situations where some clarification is required as **két** can be confused easily with the number **hét**.

ELADÓ	Ezerkétszáz forint lesz összesen.
LILLA	Elnézést, mennyi?
ELADÓ	Ezerkettőszáz.

The numbers between 11 and 29 are simple to form – requiring only a slight change in the combinatory stem: the combinatory form **tizen** + **egy, kettő, három** . . . (one, two, three, etc.); the combinatory form **huszon** + **egy, kettő, három** . . .

11	**tizenegy**	21	**huszonegy**
12	**tizenkettő/tizenkét**	22	**huszonkettő**
13	**tizenhárom**	23	**huszonhárom**
14	**tizennégy**	24	**huszonnégy**
15	**tizenöt**	25	**huszonöt**
16	**tizenhat**	26	**huszonhat**
17	**tizenhét**	27	**huszonhét**
18	**tizennyolc**	28	**huszonnyolc**
19	**tizenkilenc**	29	**huszonkilenc**
20	**húsz**		

Finally, the numbers 30–99 are formed exactly as in English: the numbers 1 to 9 are added directly on to the numbers 30, 40, etc. The only difference is, the numbers from 1–999 are written as one word in Hungarian.

30	thirty	**harminc**
40	forty	**negyven**
50	fifty	**ötven**
60	sixty	**hatvan**
70	seventy	**hetven**
80	eighty	**nyolcvan**
90	ninety	**kilencven**
100	hundred	**száz**
1,000	thousand	**ezer**
1,000,000	million	**millió**

As a sample of numbers with multiple digits, consider the following set with variations for the digit 9.

9	**kilenc**
19	**tizenkilenc**
29	**huszonkilenc**
90	**kilencven**
99	**kilencvenkilenc**
190	**százkilencven**
199	**százkilencvenkilenc**
900	**kilencszáz**
909	**kilencszázkilenc**
990	**kilencszázkilencven**
999	**kilencszázkilencvenkilenc**
9009	**kilencezer-kilenc**
9090	**kilencezer-kilencven**
9099	**kilencezer-kilencvenkilenc**
9999	**kilencezer-kilencszázkilencvenkilenc**

Tessék! Tessék? Tessék tessék . . .

Tessék is a very short word, but it goes a long way! It is used in multiple contexts expressing any of the following:

- When someone calls your name, you may respond **Tessék!** to mean 'Yes, here I am, I'm listening.'
- When someone knocks on your door, you may simply answer **Tessék!** expressing 'Please come in.'
- When you answer the phone you may say **Haló, tessék** or, simply, **Tessék!**
- **Tessék!** can also come in handy when you are offering something – either some food or an object to someone, meaning, 'Please have some' or 'Please take it' or a seat to someone meaning 'Please take a seat.'
- It is also used in a store by shop assistants when offering their help to mean 'What can I do for you?' or 'How can I help you?'
- **Tessék?** as a question is used when you have not heard something clearly and would like the person to repeat what was said as in 'Pardon me?'

• You may also hear the repetitive expression **Tessék tessék**..., especially at a marketplace when vendors invite customers to their stands saying 'Please, come here, come here, have a look here...'

Exercise 1

Give the accusative of the following nouns.

1	nap	6	gyümölcs	11	bőrönd
2	ceruza	7	család	12	sporttáska
3	kolbász	8	nyelv	13	taxi
4	csésze	9	csomag	14	virsli
5	füzet	10	rend	15	ismerős

Exercise 2

Ask the shop assistant for the following items. Example:

Újság → **Kérek egy újságot.**

1 saláta
2 vöröshagyma
3 30 deka párizsi
4 kiló cseresznye
5 egy tucat tojás

Exercise 3

What's on your shopping list? Write your own dialogue reflecting your shopping needs.

$\overset{A}{\underset{C}{B}}$

Gyümölcsök Fruits

alma	apple
áfonya	blueberry
banán	banana
citrom	lemon

eper (acc. epret)	strawberry
körte	pear
málna	raspberry
narancs	orange
(őszi)barack	peach
ribizli	currant
sárgabarack	apricot
szilva	plum
szőlő	grape
vörösáfonya	cranberry

Zöldségek Vegetables

(zöld) paprika	(green) pepper
brokkoli	broccoli
burgonya	potato [the word usually found on menus]
fokhagyma	garlic
kaliforniai paprika	bell pepper
káposzta	cabbage
karfiol	cauliflower
krumpli	potato [the word usually used in speech]
paradicsom	tomato
sárgarépa	carrot
spenót	spinach
uborka	cucumber
zeller	celery

Húsfélék Meats

bárány(hús)	lamb
borjú(hús)	veal
csirke(hús)	chicken
marha(hús)	beef
pulyka(hús)	turkey
sertés(hús)	pork

kacsa	duck
hal	fish

Tejtermékek Dairy products

joghurt	yogurt
kefír	sour yogurt
körözött	cottage cheese with spices
sajt	cheese (e.g., **trappista, ementáli, karaván**)
tej (acc. **tejet**)	milk
tejföl	sour cream
tejszín	cream
túró	cottage cheese
vaj (acc. **vajat**)	butter

Exercise 4

The order of the sentences in the dialogue got mixed up a bit. Rearrange the order according to the second dialogue of the unit.

1 Tessék. Jó lesz?	A. Igen, köszönöm. Mennyivel tartozom?
2. Jó napot!	B. Kérek szépen egy kiló cseresznyét.
3 Hétszáznyolcvan forint lesz összesen.	C. Friss a tojás?
4 Igen, természetesen.	D. Jó napot kívánok!
5 Más valamit?	E. Egy tucat tojást, legyen szíves.

Dialogue 3

Pékség Bakery (CD1; 45)

Zsófia stops at the bakery to get some fresh baked goods.

ELADÓ	Jó napot kívánok!
ZSÓFIA	Jó napot! Kérek két kiflit, hat zsemlét és egy kiló barna kenyeret.
ELADÓ	Tessék. Mást parancsol?
ZSÓFIA	Mákos kifli van?

ELADÓ	Igen. Hányat parancsol?
ZSÓFIA	Öt mákos kiflit kérek.
ELADÓ	Tessék.
ZSÓFIA	Mennyi lesz?
ELADÓ	Ezerhetven forint.
ZSÓFIA	Tessék. Köszönöm.
ELADÓ	Én köszönöm! Viszontlátásra!
ZSÓFIA	Viszlát!

SALES CLERK	*Good afternoon!*
ZSÓFIA	*Hello. May I please have two crescent rolls, six round rolls and a kilo of brown bread.*
SALES CLERK	*Here you are. Would you like anything else?*
ZSÓFIA	*Do you have any poppy-seed rolls?*
SALES CLERK	*Yes. How many would you like?*
ZSÓFIA	*I would like five poppy-seed rolls.*
SALES CLERK	*Here you are.*
ZSÓFIA	*How much will that be?*
SALES CLERK	*One thousand and seventy forints.*
ZSÓFIA	*Here you are. Thank you.*
SALES CLERK	*Thank you! Goodbye.*
ZSÓFIA	*Bye.*

Vocabulary

hány?	how many?
kenyér (acc. kenyeret)	bread
kifli	crescent-shaped roll
mákos kifli	poppy-seed roll
mennyi?	how much?
pékáru	baked goods
pékség	bakery
zsemle	round crusty roll

Dialogue 4

Otthon At home (CD1; 47)

Mother and daughter are at home, getting ready for the arrival of their guests.

LILLA Mit csinálsz?
ZSÓFIA Egy kis rendet csinálok. Azután készítek szalámis szendvicseket, mert biztosan éhesek lesznek.
LILLA Jó, én pedig csinálok limonádét és főzök kávét.
ZSÓFIA És utána mit csinálsz?
LILLA Egy kicsit akarok sétálni, és közben veszek egy-két gyümölcsöt.
ZSÓFIA Veszel ajándékokat is?
LILLA Igen, veszek néhány ajándékot, csokoládét, és valahol keresek egy szép csokor virágot is.
ZSÓFIA Nagyszerű! Mikor leszel itthon?
LILLA Sietek!

LILLA *What are you doing?*
ZSÓFIA *I'm tidying up a bit. Then I am going to prepare some sandwiches because they will surely be hungry.*
LILLA *Good, I'll make some lemonade and brew some coffee.*
ZSÓFIA *And what will you do afterwards?*

LILLA   *I'll go for a little walk, and will buy one or two pieces of fruit.*
ZSÓFIA *Will you buy some gifts, too?*
LILLA   *Yes, I'll buy a few gifts, chocolate and I'll look for a nice bunch of flowers, too.*
ZSÓFIA *Wonderful! When will you be home?*
LILLA   *I'll hurry!*

Vocabulary

ajándék	gift
azután	then, after that
biztosan	surely
csinál	does, makes
csokoládé	chocolate
csokor (acc. **csokrot**)	bunch/bouquet
éhes	hungry
főz	cooks
gyorsan	quickly
gyümölcs	fruit
itthon	at home
kávé	coffee
keres	looks for
készít	prepares, makes
kocsi	car
közben	in the meantime
limonádé	lemonade
mert	because
mikor?	when?
nagyszerű	excellent, wonderful
néhány	several
rend	order
rendet csinál	tidies up

sétál	walks, strolls
siet	hurries
utána	afterwards
valahol	somewhere
vesz	buys
virág	flower

Language points

Future time with present tense

The future is often expressed using present-tense verb forms in Hungarian. Review these sentences from the previous dialogue:

Azután készítek szendvicseket.
Then I am going to prepare some sandwiches.

És utána mit csinálsz?
And what will you do afterwards?

Future time with lesz

Several dialogues in this unit include the verb **lesz**. This verb, though conjugated in the present tense, is the future form of the verb **van**; it means 'will be, becomes'. Look at some of the sentences from the dialogues again:

Ezerkétszáz forint lesz összesen.	That'll be 1,200 forints all together.
Mennyi lesz?	How much will that be?
Mikor leszel itthon?	When will you be home?

The verb **lesz** conjugates regularly in the present tense; the infinitive is irregular: **lenni**.

Reading telephone numbers

While in most parts of Hungary there are six-digit phone numbers, in Budapest the phone numbers consist of seven digits. The reading

out of phone numbers may vary – below are some examples used
by native Hungarians.

For example, 318-321 is read out as:

3-18 [*pause*] 3-21
három-tizennyolc [*pause*] három-huszonegy

3-18 [*pause*] 321
három-tizennyolc [*pause*] háromszázhuszonegy

Mobile phone numbers consist of a 06 code, followed by a two-digit
code (20, 30, 70) and a seven-digit phone number and are read out
as follows:

Example: 06-20-950-5999 is read out as:

0-6-20 [*pause*] 9-50 [*pause*] 59-99
nulla–hat–húsz [*pause*] kilenc–ötven [*pause*] ötvenkilenc-
kilencvenkilenc.

Exercise 5

Read out the following, making the appropriate grouping of digits in the
phone numbers.

Mi a telefonszám?
A telefonszám

1 424-471   4 06-20-584-8871
2 482-7578   5 06-30-377-9824
3 216-1673

Exercise 6

Solve the following and read it out loud according to the example (here,
meg means 'and').

Example: 13 + 12 = 25 (**Tizenhárom meg tizenkettő,**
                           az huszonöt).

A. 33 + 71 =
B. 9 + 7 =
C. 100 + 7 =
D. 72 + 81 =
E. 5 + 4 =

Cultural notes

Dekagramm, kilogramm, liter

In Hungary, many foods are measured by the kilogram, **kilogramm** or, more informally, **kiló**. Meat products and cheeses, however, are sold in decagrams (**dekagramm** or **deka** for short). When you buy liquids, you'll use the **liter** 'litre' measurement.

Parancsol

Parancsol literally means 'orders' and 'demands', and it is used by salespeople with clients in very polite questions as the equivalent for 'Would you like . . . ?' **Mit parancsol?** is the singular form; **Mit parancsolnak?** is the plural. Both are translated into English as 'What would you like to have?' or 'What can I do for you?' Although the shopkeeper will likely use this form with the customer, the customer never does, i.e. he or she does not make *demands*; rather, he or she will *request* an item using the verb **kér**.

Apologies and responses

There are many ways to express apologies in Hungarian. The most common phrases are **Bocsánat**, **Bocs** and **Elnézést**. The two longer ones, **Bocsánat** and **Elnézést** can be used in both formal and informal contexts, while **Bocs** is used in informal situations exclusively. An even more informal **Bocsi** has been spreading rapidly since the late 1990s. The usual responses – in both formal and informal contexts – can be any of the following: **Semmi baj** or **Nem baj** (lit. 'No problem'), **Semmi gond** (lit. 'No trouble'), **Nem történt semmi** (lit. 'Nothing happened').

Unit Five
Taxi!

Taxi!

In this unit you will learn:

* to conduct basic phone conversations
* to order and take a taxi
* to shop for computers
* to tip
* the definite conjugation
* the accusative of the personal pronouns

Dialogue 1

Haló! Hello! **(CD1; 49)**

Zsófia calls for a taxi to take her to Ferihegy airport.

6×6 TAXI	Haló, Hatszor Hat Taxi, jó napot kívánok!
ZSÓFIA	Haló, jó napot! Egy taxit kérek!
6×6 TAXI	A telefonszámot, legyen szíves.
ZSÓFIA	Kettő-tizenhat-negyvenkettő-húsz.
6×6 TAXI	Teréz körút harminc?
ZSÓFIA	Igen.
6×6 TAXI	Szabó névre?
ZSÓFIA	Igen.
6×6 TAXI	Azonnal küldöm az autót, asszonyom. Öt-hat perc és ott vagyunk.

ZSÓFIA	Rendben, köszönöm.
6×6 TAXI	Jó utat! Viszonthallásra!
ZSÓFIA	Viszonthallásra!

6×6 TAXI	*Hello, '6 times 6 Taxi', good afternoon!*
ZSÓFIA	*Hello, good afternoon! I'd like to order a taxi!*
6×6 TAXI	*The phone number, please?*
ZSÓFIA	*216-4220.*
6×6 TAXI	*30 Teréz boulevard?*
ZSÓFIA	*Yes.*
6×6 TAXI	*For the name Szabó?*
ZSÓFIA	*Yes.*
6×6 TAXI	*I'll send the car right away, madam. We'll be there in five or six minutes.*
ZSÓFIA	*All right, thank you.*
6×6 TAXI	*Have a good trip! Goodbye!*
ZSÓFIA	*Goodbye!*

Vocabulary

asszonyom	ma'am
autó	car
azonnal	immediately
Hatszor Hat Taxi	6×6 taxi company
Jó utat!	Have a good trip!
körút	boulevard [in Budapest, ringroad]
... névre	for the name of ...
perc	minute
telefonszám	phone number
viszonthallásra!	goodbye [*on the phone only*; coll.: **viszhall!**]

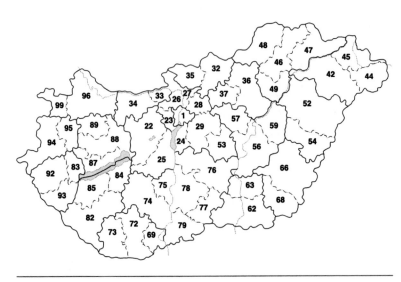

Map of Hungary showing telephone area codes

Dialogue 2

Boltok   Stores **(CD1; 51)**

Lilla runs into a friend before rushing to the airport.

LILLA   Szia, Eszter! Hát te? Mit csinálsz itt?

ESZTER   Egy amerikai diákot várok.

LILLA   Bent?

ESZTER   Nem, Ben már nincs itt. Johnt várom. Egy új amerikai diák.
          Ő is magyarul tanul itt. Ismered?

LILLA   Nem, nem ismerem.

ESZTER   Együtt megyünk vásárolni. John még nem ismeri nagyon
          Budapestet. Nem tudja, hogy hol vannak az olcsó, jó üzletek.

LILLA   Mit kerestek? Mit akar venni?

ESZTER   John nagyon szereti a műszaki árukat. Imádja a különböző
          számítógépeket, mobilokat, fényképezőgépeket. Én is
          szeretem ezeket a termékeket.

LILLA   Te is akarsz egy új kompjutert venni?

ESZTER   Á, dehogy, még nem. Most csak John vásárol, én pedig
          a kirakatokat nézem.

LILLA [*joking*]   Azok nagyon olcsók, nem?

ESZTER Persze! És ott mindig van árleszállítás!
LILLA Én inkább a könyvesboltokat és az antikváriumokat
szeretem. Nagyon élvezem azokat a régi könyveket,
a poros polcokat!
ESZTER Igen, tudom. Jól ismerlek. Egy igazi könyvmoly vagy!
LILLA [*laughing*] Na, megyek.
ESZTER Nagyon sietsz?
LILLA Igen. Most várjuk az amerikai ismerősöket. Anya nem
tudja, hogy hol vagyok és már biztosan sűrűn nézi az órát.
Pedig utálok késni! Apropó, óra . . . [*looking at her watch*]
Jajj, rohanok. Éppen most érkezik a gép! Majd este hívlak!
ESZTER Jó, akkor szia! Holnap találkozunk!

LILLA *Hi Eszter! You? What are you doing here?*
ESZTER *I'm waiting for an American student.*
LILLA *Ben?*
ESZTER *No, Ben isn't here anymore. I'm waiting for John. A new*
American student. He is also studying Hungarian here.
Do you know him?
LILLA *No, I don't know him.*
ESZTER *We are going shopping together. John doesn't know*
Budapest very well yet. He doesn't know where the good,
inexpensive stores are.
LILLA *What are you looking for? What does he want to buy?*
ESZTER *John really likes hi-tech products. He adores*
computers, mobile phones, cameras. I like these
products, too.
LILLA *Do you want to buy a new computer too?*
ESZTER *Ah, no, of course not, not yet. This time only John will*
do the shopping, and I will look in the shop windows.
LILLA *At least those are really inexpensive, aren't they?*
ESZTER *Of course! And there are always mark-downs!*
LILLA *I prefer bookstores and second-hand bookshops.*
I really enjoy those old books and the dusty shelves!
ESZTER *I know. I know you well. You're a true bookworm!*
LILLA *Well, I'm off.*
ESZTER *Are you in a big hurry?*
LILLA *Yes. We are expecting friends from America. Mother*
doesn't know where I am, and she must be looking

at the time by now. And I hate to be late!
That reminds me, the time. . . . Yikes, I'm in a rush.
The plane is arriving right now! I'll call you tonight!
ESZTER   *OK, well, bye then. See you tomorrow.*
LILLA   *Bye.*

Vocabulary

á	ah (*dismissively*)
antikvárium	second-hand bookshop
apropó	that reminds me, by the way
árleszállítás	price reduction
áru	product
bár	though
biztosan	surely
bolt	store
dehogy	of course not, not at all
együtt	together
engem	(*see* Language points)
épp(en)	just, exactly
érkezik	arrives
fényképezőgép	camera
gép	machine; *here*: plane
haló	hello (*on the phone*)
hív	calls
Holnap találkozunk!	See you tomorrow!
igazi	true, real
imád	adores, loves
ismer	knows, is familiar with
jajj	yikes; Oh no
késik	is late
kirakat	shop window
könyvmoly	bookworm
könyvesbolt	bookshop

küld	sends
különböző	different, various
lát	sees
majd	soon, later, then
már nincs/már nem	no longer
még nem	not yet
megy (inf: **menni**)	goes
mindig	always
műszaki	technical
na	well
nap	day
néz	looks at, watches
óra	clock
polc	shelf
poros	dusty
rohan	rushes
sűrűn	densely; *here*: frequently
szívesen	*here*: gladly, happy to
téged	(*see* Language points)
utál	hates
üzlet	store, business
vár	waits (for), expects
vásárol	shops (for)

Language points

Nagyon

This word translates roughly as 'very' or 'a lot', though its main function is to intensify the meaning of the verb:

Nagyon sietek.	I'm in a big hurry.
Nagyon vár.	He is anxiously waiting.
Nagyon szeretem Jánost.	I love János very much.

Megy 'goes'

The verb **megy** (infinitive: **menni**) is irregular; as it is a very common verb, make sure to memorise its conjugation early:

én **megyek**	mi **megyünk**
te **mész**	ti **mentek**
ő **megy**	ők **mennek**

Dehogy 'of course not' and dehogynem 'of course'

The word **dehogy** (or **dehogyis**) translates as 'of course not; not at all' – but only if the sentence it is responding to is in the affirmative.

Te is akarsz egy új kompjutert venni?
Do you want to buy a new computer, too?

Á, dehogy!
Ah, no, of course not!

Observe, however, how to respond when the question is formed in the negative:

Te nem akarsz egy új kompjutert venni, ugye?
You don't want to buy a new computer, do you?

Dehogynem!/Dehogyisnem!
But yes, of course I do!

In short, if the question is in the affirmative and you express your opposing (negative) view heartily, use **dehogy(is)**. If the question is in the negative and you express your opposing (affirmative) view heartily, use **dehogy(is)nem**.

The definite conjugation

The definite conjugation is used if the sentence contains a *definite direct object*. If there is no direct object or the direct object is not definite, the indefinite conjugation is used as described in Unit 3.

The object is considered definite if:

1 It is preceded by a definite article:

Kérem a számlát. I would like *the bill.*

2 It is modified by or consists solely of the demonstrative pronouns **ez/az**:

Ezt kérem. I would like *this (one).*
Látod azt a kocsit? Do you see *that car?*

3 It is a proper noun:

Szeretem Zsuzsát. I love *Zsuzsa.*
Jól ismerjük Budapestet. We know *Budapest* well.

4 It has a possessive ending:

Kérem a telefonszámodat.
I would like *your telephone number.*

5 It is a third-person pronoun:

Látom (őt/őket/magát/magukat/önt/önöket).
I see *him/her/it/them/you.*

The pronoun need not even be stated; the definite conjugation will supply the meaning of a third-person direct object (singular or plural) if context should dictate. This is a common use of the definite conjugation whose importance cannot be underestimated.

6 It is the reciprocal pronoun, **egymás** 'each other':

Látják egymást. They see *each other.*

7 It is the modifier **melyik**, or is preceded by **melyik**:

Melyiket kéred? *Which one* would you like?
Melyik könyvet kéred? *Which book* would you like?

8 Finally, the definite conjugation is commonly found with verbs in the main clause of a sentence when that verb introduces a subordinate **hogy** clause. A deeper understanding of this construction reveals that this is really an extension of (2) above, for it is understood (and often overtly stated) in the following sentence that the direct object of the verb in the main clause is **azt** such as in:

(Azt) Látod, (hogy) ott van a gép?
Do you see (that) the plane is there?

(Azt) Tudja, (hogy) mikor érkezik a gép?
Does she know when the plane will arrive?

The above is tricky because you need not always say either **azt** or **hogy** even though they are the elements that contribute to the need for the definite conjugation. Watch for the definite conjugation before **hogy** in the dialogues – you will see many examples.

To form the definite conjugation, similar to the indefinite conjugation, the verb endings are attached directly to the verb stem and follow vowel harmony rules. The following are the personal endings for the present-tense definite conjugation.

Vowel harmony

| | Back | Front | |
		Unrounded	Rounded
én	-om	-em	-öm
te	-od	-ed	-öd
ő/maga/ön	-ja	-i	
mi	-juk	-jük	
ti	-játok	-itek	
ők/maguk/önök	-ják	-ik	

For verbs with stems ending in **s**, **sz**, **z** and **dz**, an additional regular change occurs with the definite conjugation endings beginning with **j**: the **j** turns into the final consonant of the verb stem:

s + j = ss
sz + j = ssz
z + j = zz
dz + j = ddz

For example:

olvas + ja = olvassa	S/he reads it.
vesz + jük = vesszük	We buy it.
hoz + játok = hozzátok	You bring it.
edz + jük = eddzük	We train him.

Now, let's review some examples from the dialogues to see the use and formation of the definite conjugation. The number following the sentence refers to the numbered examples above of instances where the definite conjugation is required.

Ma várjuk az amerikai ismerősöket. (1)
We are expecting the friends from America today.

Én is szeretem ezeket a termékeket. (2)
I also like these products.

Johnt várom. (3)
I'm waiting for John.

Ismered? (5)
Do you know him/her?

Anya nem tudja, hogy hol vagyok. (8)
Mother doesn't know where I am.

Exercise 1

Say whether the object is definite or indefinite.

1	egy autót	6	a kirakatot
2	azokat	7	őt
3	Esztert	8	önöket
4	újságot	9	számítógépeket
5	a New York Times-ot	10	egymást

Exercise 2

Fill in the correct form of the verb in parentheses.

1 Én (*küld*) a könyvet.
2 Anya (*vár*) egy ismerőst.
3 Te kit (*keres*)?
4 Mikor (*érkezik*) a gép?
5 Ki (*néz*) az órát?
6 Te (*olvas*) a Magyar Narancsot?
7 Ma este mi nem (*néz*) TV-t.
8 Te most mit (*tanul*)?
9 Ő nem (*tud*), hogy hol vagyunk.
10 Ti jól (*lát*) egymást?

Accusative of personal pronouns

All personal pronouns have an accusative form. Like subject pronouns, however, they may be omitted entirely, though if the direct object is the third-person plural **őket**, it is usually *not* omitted. Although third-person direct object pronouns are considered definite and require the definite conjugation of the verb, *first- and second-person direct object pronouns are considered indefinite and therefore require the indefinite conjugation of the verb.*

nominative	accusative
én	engem
te	téged
ő/ön/maga	őt/önt/magát
mi	minket/bennünket
ti	titeket/benneteket
ők/önök/maguk	őket/önöket/magukat

Exercise 3

Fill in the correct form of the pronoun.

1 John nagyon szeret (me)
2 Ki keres (us)?
3 Nem látom (you, formal, singular)
4 Várjuk (him)
5 Eszter nem ismer (you, familiar, plural)
6 Eszter nem ismeri (you, formal, plural)
7 Ben várja (you, formal, plural)
8 Ildikó nem (you, familiar, singular) keres, hanem (him).
9 Melanie imádja (them).
10 Andrea szereti (him), ő pedig nem szereti Andreát.

The verb ending -lak/-lek

You must use this unique verb ending when the subject of a sentence is **én** and the direct object is **téged** 'you (sing., fam.)' or **titeket/benneteket** 'you (pl., fam.)'. The subject and object pronouns need

never be mentioned (though they may): the verb conjugation tells
it all:

Várlak (téged).	I'm waiting for you (sing).
Hívlak (benneteket).	I'll call you (plural).
Látlak (titeket).	I see you (plural).
Jól ismerlek (téged).	I know you (sing) well.

Exercise 4

Fill in the correct form of the verb.

1 Én (*keres*) téged.
2 Zsolt nem (*kér*) cseresznyét.
3 Eszter nagyon (*szeret*) táncolni.
4 Ti (*ismer*) Lillát?
5 Én (*imád*) a könyveket!
6 Én (*imád*) téged!
7 Te mit (*keres*)?
8 A gyerekek (*utál*) a brokkolit.
9 Ott vagytok, (*lát*) benneteket!
10 Ki (*szeret*) a Pasolini filmeket?

Exercise 5

Rearrange the words of the dialogue sentences to make sense.

1 szíves, a, legyen, telefonszámot
2 azonnal, asszonyom, autót, az, küldöm
3 öt-hat, és, vagyunk, perc, ott
4 jó, 6×6 Taxi, haló, kívánok, napot
5 jó, haló, kérek, napot, egy, taxit

Exercise 6

Based on the first two dialogues, fill in the missing words.

1 Haló, jó napot! Egy _____ kérek!
2 Azonnal _____ az autót, asszonyom.
3 Egy amerikai _____ várok.
4 John még nem ismeri nagyon _____.
5 John nagyon _____ a műszaki árukat.
6 Én inkább a könyvesboltokat és az antikváriumokat _____.
7 Most _____ az amerikai ismerősöket.

Dialogue 3

 Sietek ... I'm hurrying ... **(CD1; 53)**

The taxi is waiting downstairs for Mrs Szabó. It takes roughly thirty to forty minutes to get to the airport.

TAXISOFŐR	Jó napot!
ZSÓFIA	Jó napot!
TAXISOFŐR	Szabó Zsófia?
ZSÓFIA	Igen.
TAXISOFŐR	Reptéri transzfer?
ZSÓFIA	Tessék?
TAXISOFŐR	Reptéri fuvar lesz, ugye?
ZSÓFIA	Igen. Nagyon sietek!
TAXISOFŐR	[joking] Értem, asszonyom. De a rendőrt Ön fizeti!

After thirty minutes, they arrive at Ferihegy.

TAXISOFŐR	Nos, itt vagyunk.
ZSÓFIA	Mennyit fizetek?
TAXISOFŐR	Háromezernégyszázat mutat az óra.
ZSÓFIA	Tessék, itt van ötezer. Háromezernyolcszázból, legyen szíves.
TAXISOFŐR	Számlát parancsol?
ZSÓFIA	Igen, köszönöm.
TAXISOFŐR	Íme a visszajáró és a számla.
ZSÓFIA	Köszönöm szépen. Viszontlátásra!
TAXISOFŐR	Viszlát!

DRIVER	*Good afternoon!*
ZSÓFIA	*Good afternoon!*
DRIVER	*Mrs Szabó?*
ZSÓFIA	*Yes.*
DRIVER	*Airport transfer?*
ZSÓFIA	*Excuse me?*
DRIVER	*An airport ride, right?*
ZSÓFIA	*Yes. I'm in a big hurry.*
DRIVER	*I understand, ma'am. But you'll have to pay the police fine!*

After thirty minutes, they arrive at Ferihegy.

DRIVER	*Well, here we are.*
ZSÓFIA	*How much do I need to pay?*
DRIVER	*The meter shows 3,400.*
ZSÓFIA	*Here you are, a 5,000 bill. Please give me change from 3,800.*
DRIVER	*Would you like a receipt?*
ZSÓFIA	*Yes, thank you.*
DRIVER	*Here you are, the change and the receipt.*
ZSÓFIA	*Thank you. Goodbye!*
DRIVER	*Bye!*

Vocabulary

ért	understands	**rendőr**	policeman
fizet	pays	**reptéri transzfer**	airport shuttle
fuvar	ride	**sofőr**	driver
íme	here you are	**számla**	bill, receipt
mutat	shows	**ugye?**	isn't that right?
nos	well	**visszajáró**	change
óra	clock (*here*: meter)		

Dialogue 4

Számítógépvásárlás   Computer shopping (CD1; 55)

Eszter and John see Gyula in a computer store, looking at a notebook on display. The salesperson approaches him.

GYULA	Jó napot!
ELADÓ	Jó napot, uram! Ez a laptop érdekli Önt?
GYULA	Igen. Esetleg tud más, hasonló számítógépet is mutatni?
ELADÓ	Asztali számítógépet vagy kizárólag csak notebookot?

GYULA	Az asztali számítógépeket nem szeretem. Mindenképpen hordozható kompjutert akarok vásárolni. Egy átlagos laptopot keresek.
ELADÓ	Sokat használja a számítógépet?
GYULA	Nem nagyon. Inkább csak internetezem. Szeretek honlapokat böngészni, videóklippeket nézni és külföldi zeneszámokat is sokszor hallgatok. Sokat emailezem és a Skype-ot is gyakran használom.
ELADÓ	Melyik márkát szereti?
GYULA	Nem is tudom. Sajnos nem ismerem nagyon a számítógéppiacot. Engem nagyon érdekelnek az új, amerikai termékek.
ELADÓ	Akkor javaslom ezt a két modellt. Ez itt jobbra egy nagyon jó termék. És nem is olyan drága. Egy pillanat, azonnal hozom és mutatom a másik laptopot is.

GYULA	*Good afternoon!*
SALESPERSON	*Good afternoon, sir. Are you interested in this laptop?*
GYULA	*Yes. Perhaps you can show me another similar computer as well?*
SALESPERSON	*Would a desktop computer do, or are you looking exclusively for laptop?*
GYULA	*I don't like desktops. I want to buy a portable computer. I'm looking for an average laptop.*
SALESPERSON	*Do you use the computer a lot?*
GYULA	*Not really. I just use the Internet. I like to browse webpages or watch video clips, and I also often listen to music from abroad. I email a lot and I often use Skype, too.*
SALESPERSON	*Which brand do you like?*
GYULA	*I don't even know. Unfortunately, I am not really familiar with the computer market. I am really interested in the new American products.*
SALESPERSON	*Then I recommend these two models. This one here on the right is a very good product and is not too expensive. One moment, I'll get the other laptop immediately and show it to you.*

Vocabulary

A_CB

asztali	of a table
átlagos	average
böngészik	browses
emailezik	emails
érdekel	interests
esetleg	perhaps
gyakran	often
hallgat	listens (to)
hasonló	similar
használ	uses
honlap	homepage, web-page
hordozható	portable
hoz	brings
internetezik	uses/surfs the Internet
javasol	recommends
kizárólag	exclusively
kompjuter	computer
márka	brand
mindenképp(en)	in any case, by all means
modell	model
nem is	not even
olyan	as, so
piac	market
pillanat	moment
sokat	(adverb) a lot
sokszor	often, frequently
számítógép	computer
termék	product
uram	sir
vásárlás	shopping
videóklipp	video clip
zeneszám	piece of music; song

Language points

Sokat

Sokat is the adverbial form of **sok** 'a lot, many'. When used with a verb it means that the action of that verb is done a lot.

Sokat beszél.	He talks a lot.
Sokat tanulunk.	We study a lot.

Ugye

The word **ugye** may be attached to the end of a sentence as a question tag with the meaning, 'Isn't that right?', 'Don't you agree?' If you are familiar with the French *n'est-ce pas?* or the German *nicht wahr?* then you will already know exactly how to use **ugye**.

Fleeting-vowel verbs

Some verbs, so-called fleeting-vowel verbs, undergo a stem change where the final vowel of the stem is omitted. This omission occurs only when attaching a verb ending that begins with a vowel. If the verb ending begins with a consonant, the fleeting vowel stays put (thereby avoiding a cluster of three consonants in a row). Observe the definite conjugation of **javasol** and **érdekel**:

javasolni			**érdekelni**		
javasol – om	→	javaslom	érdekel – em	→	érdeklem
javasol – od	→	javaslod	érdekel – ed	→	érdekled
javasol – ja	→	javasolja	érdekel – i	→	érdekli
javasol – juk	→	javasoljuk	érdekel – jük	→	érdekeljük
javasol – játok	→	javasoljátok	érdekel – itek	→	érdeklitek
javasol – ják	→	javasolják	érdekel – ik	→	érdeklik

Since you will simply have to memorise which verbs follow the fleeting-vowel pattern, they are indicated in the glossary as such (fv).

Érdekel

In English, you might say that you are 'interested in' something or someone; in Hungarian, you will say that something or someone 'interests' you. The item of interest, therefore, is the subject and the one who is interested is the direct object:

Engem nagyon érdekelnek az új, amerikai termékek.
I am very interested in the new American products. (Literally, 'The new American products interest me a lot.')

Jánost nem érdeklik a műszaki áruk.
János is not interested in high-tech products.

Exercise 7

Look at the following hobbies and interests and form sentences based on the chart below.

Example: **Engem nagyon érdekelnek az afrikai táncok.**
I am very interested in African dances.

| engem
téged
minket,
   bennünket
titeket,
   benneteket
őt
önt, magát
őket
önöket,
   magukat | nagyon
nem nagyon
nem

egyáltalán nem | érdekel
érdekelnek

érdekli
érdeklik | a
az | új
régi
izgalmas
   (exciting)
unalmas
   (boring)
amerikai
európai
afrikai | foci (football)
számítógépek
jóga (yoga)
könyvek
antropológia
politika
pénz
népzene
   (folk music)
táncok |

Exercise 8

Give the correct form of the verb.

1 Te mit (*javasol*)?
2 Gyulát nem (*érdekel*) ez a könyv.
3 Engem nagyon (*érdekel*) a nyelvek.
4 Az eladó ezt a számítógépet (*javasol*).

5   Kik (*hiányzik*)?
6   Mit (*javasol*) a sofőr?
7   A gyerekeket egyáltalán nem (*érdekel*) ez a film.
8   Én nem (*javasol*) ezt a terméket.
9   Kik (*hiányzik*) ma?
10 Titeket (*érdekel*) ez a Bartók múzeum?

Exercise 9

Match the pairs of sentences that belong to each other.

1 Reptéri fuvar lesz, ugye?   A. Háromezernégyszázat
                                          mutat az óra.
2 Jó napot!   B. Igen, köszönöm.
3 Mennyit fizetek?   C. Köszönöm szépen.
4 Számlát parancsol?   D. Igen. Nagyon sietek.
5 Íme a visszajáró és a számla.   E. Jó napot!

Exercise 10

Here are the answers. What were the questions?

1 Á, dehogy, még nem. Most csak John vásárol.
2 Igen, de esetleg tud más, hasonló számítógépet is mutatni?
3 A PC-ket nem szeretem.
4 Nem nagyon, inkább csak internetezem.
5 Nem is tudom, nem ismerem nagyon a számítógépeket.

Exercise 11

Conjugate the verb, making sure to note whether the object is definite
or indefinite.

1   Tamás két szalámit (*kér*).
2   Én (*lát*) a rendőrt.
3   Te mikor (*vesz*) kenyeret?
4   Ti mit (*csinál*)?
5   (Mi) nagyon (*szeret*) Egert!
6   Te kit (*keres*)?
7   Ki (*készít*) a szendvicseket?
8   Mikor (*hív*) engem a gyerekek?
9   Zoltán minden reggel (*olvas*) az újságot.
10 (Te) melyik gyümölcsöt (*kér*)?

Exercise 12

Fill in the missing verbs.

1 _____ (I, ask) az utaslistát.
2 _____ (you, see) ezt a számlát?
3 _____ (we, love) az olasz szalámit.
4 Jól _____ (you, plural familiar, know) Londont?
5 Nem _____ (I, see) a számítógépet.
6 _____ (they, know), hogy mikor érkezik a gép?
7 Itt _____ (we, buy) a cseresznyét.
8 A német újságokat _____ (they, read)
9 Sokat _____ (you, sing., fam., use) a számítógépet?
10 Kit _____ (you, look for)?

Cultural notes

Taxi!

6×6 Taxi is one of Budapest's taxi companies. You may hail a cab on the street by raising your hand and shouting **Taxi!** or you may stop at a taxi stand (**taxiállomás**). Here you proceed to the first car in the line and ask the driver about its availability with the phrase **Szabad?** or **Szabad a taxi?** ('Is the taxi available?'). It is always advisable to ask the driver for the expected cost of the journey using phrases such as **Mennyibe kerül?** ('How much does it cost?'), **Mennyi lesz?** ('How much will it be?'). In addition to your fare, drivers may expect a **borravaló** ('tip', literally, 'for wine').

Tipping

Tipping is a common practice in Hungary and varies between 10 and 15 per cent. When tipping, the usual practice is to give the tip together with the amount of your bill, and if you do not need change back, you can simply say **Köszönöm** or the more informal **Kösz**, which automatically indicates that you do not expect any money back. If you pay with a large note and expect some change, then you must calculate the tip, add it to the bill and use the construction of '*final amount you would like to pay* + -**ból/-ből** *suffix* + **legyen szíves'** as presented in the dialogue: **Tessék, itt van ötezer. Háromezernyolcszázból, legyen szíves.** This means that your bill was 3,400 forints, you added 400 forints as tip, which makes the total amount 3,800 forints. When you say you would like to get back 'from 3,800' – it means that the driver will deduct this amount from the 5,000 forints bill given to him and will give 1,200 forints back as your change.

Unit Six

Tetszik neked Budapest?

Do you like Budapest?

In this unit you will learn:

- the dative ending: **-nak/-nek**
- possessive endings
- Hungarian currency
- kinship terms
- a new use for demonstrative pronouns

Dialogue 1

Érkezés Arrival **(CD1; 57)**

MIKE	Anya, örülsz ennek az utazásnak?
MELANIE	Igen, rettenetesen boldog vagyok. Még mindig nagyon tetszik nekem Magyarország!
MIKE	Nekem is!
MELANIE	Mike, nem segítesz nekem egy kicsit?
MIKE	Dehogynem, azonnal jövök. Látom, hogy nagyon nehezek ezek a bőröndök. Óh, de itt jön Zoltán is.
MELANIE	Nem, ő nem Zoltán.
MIKE	Akkor mit mutat nekünk ez az ember? Ismered?
MELANIE	Nem, nem ismerem. Ő egy taxis és azt mutatja, hogy merre van a taxi állomás. De nem akarok taxit hívni, inkább veszek egy telefonkártyát és telefonálunk Zsófinak és Lillának.

MIKE	Én tudok adni neked egy ötvenest. Elég lesz?
MELANIE	Nem hiszem. Nem tudsz még egy százast is adni?
MIKE	De, igen, tessék. Mit akarsz nekik mondani?
MELANIE	Csak azt akarom mondani Zsófinak, hogy itt vagyunk, és hogy nagyon várjuk őket.
MIKE	Azt hiszem, én már látom is őket! Nem látod, hogy ott integetnek nekünk?
MELANIE	Akkor írok apának gyorsan egy sms-t, hogy itt vannak és minden rendben. Biztos örül majd ennek az üzenetnek.

MIKE	*Mum, are you happy about this trip?*
MELANIE	*Yes, I'm terribly happy. I still really like Hungary!*
MIKE	*Me too!*
MELANIE	*Mike, can you help me out here a little?*
MIKE	*Of course, I'll be right there. I see that these suitcases are very heavy. Oh, but here comes Zoltán, too.*
MELANIE	*No, he's not Zoltán.*
MIKE	*Well then, what is this man showing us? Do you know him?*
MELANIE	*No, I don't know him. He's a taxi driver, and he's showing us where the taxi stand is. But I don't want to call a taxi. Instead, I'll buy a telephone card, and we'll call Zsófi and Lilla.*
MIKE	*I can give you a 50-forint piece. Will it be enough?*
MELANIE	*I don't think so. Can you give (me) another 100, too?*

MIKE   *Yes, here you are. What do you want to tell them?*
MELANIE   *I just want to tell Zsófi that we're here and we are
          anxiously waiting for them.*
MIKE   *I think I see them! Can't you see that they are waving to
          us there?*
MELANIE   *Then I'll quickly write Dad a text message that they are
          here and that everything is OK. He'll surely be happy
          about the message.*

Vocabulary

ad	gives
biztos	sure(ly)
boldog	happy
de, (igen)	(but) yes!
dehogynem	(but) of course
egy kicsit	(adverb) a little
elég	enough
ember	person, man
érkezés	arrival
hisz (inf. **hinni**)	believes, thinks
integet	waves (verb)
ír	writes
jön	comes
Magyarország	Hungary
merre?	where? which way?
még egy	yet another
még mindig	still
mond	tells, says
nekem, neked, etc.	to me, you, etc. (*see* language point)
örül	is glad, is happy
ötvenes	50-forint coin
rettenetesen	terribly, awfully
segít	helps

sms (pronounced: **esemes**)	text message
százas	100-forint coin
taxis	taxi driver
telefonál	calls, telephones
telefonkártya	phone card
tetszik	likes (lit. 'is pleasing to')
utazás	trip
üzenet	message

 Dialogue 2

 Házi feladat   Homework **(CD1; 59)**

John, a foreign student, needs help with his homework.

JOHN   Nekem nehéz ez a házi feladat!
PÉTER   Kinek nem? Minden egyetemistának nehezek a házi feladatok.
JOHN   Egyszerűen nem értem a nyelvtant! Nem tudsz segíteni nekem?
PÉTER   Sajnos, nem. Nem tudok külföldieknek jól nyelvtant magyarázni. De nem ismered Kovács Zsuzsát?
JOHN   Nem vagyunk közeli barátok, de ismerem.
PÉTER   Zsuzsa biztosan tud neked segíteni.
JOHN   Tényleg? Telefonálsz majd neki?
PÉTER   Persze. De adok neked egy másik nevet és telefonszámot is – biztos, ami biztos!
JOHN   Nagyon köszönöm!

JOHN   *This homework is hard for me!*
PÉTER   *Who isn't it hard for? Homework is hard for all the college students.*
JOHN   *I simply don't understand the grammar. Can you help me?*
PÉTER   *Sorry, I can't. I can't explain grammar well to foreigners. But don't you know Zsuzsa Kovács?*
JOHN   *We are not close friends, but I know her.*
PÉTER   *Zsuzsa can surely help you.*
JOHN   *Really? Will you call her?*

PÉTER   *Of course. But I'll give you another name and telephone number too – just to be on the safe side.*
JOHN   *Thank you very much!*

Vocabulary

biztos, ami biztos	just to be on the safe side
egyszerűen	simply
házi feladat	homework
közeli	close, near
magyaráz	explains
nyelvtan	grammar
tényleg	really

Language points

Another use of demonstrative pronouns

Hungarian often uses demonstrative pronouns to 'signal' ahead to what is about to be stated in the next clause of the sentence: observe from the previous dialogue:

Azt hiszem, én már látom is őket!
(lit.) I think I even see them already.

Although **azt** does not translate directly into English in the above, it means 'I think (*this following thing, that*) I even see them already.'
   In the sentence below, the pronoun is being used as a placeholder. Since answers must precede verbs, and whole sentences cannot be placed before verbs, when your answer is a whole sentence, you can use a pronoun as a placeholder for the sentence answer that comes in the following clause. Observe again from the previous dialogue:

Akkor mit mutat nekünk ez az ember?
Then what is this man showing us?

Ő egy taxis és azt mutatja, hogy merre van a taxi állomás.
He is a taxi driver and he is showing us (*this following thing*) where the taxi stand is.

The pronoun may also be omitted:

Nem látod, hogy ott integetnek nekünk?
Don't you see that they are waving to us?

Although the pronoun **azt** is omitted here, it is still understood by the use of the definite conjugation of **lát: látod.** In other words, **Nem látod (azt), hogy ott integetnek nekünk?**

The dative case -nak/-nek

The dative case is an ending meaning 'to', 'for'. It, like all the cases in Hungarian, is attached to the end of the word it refers to and is a substitute for the English preposition.

The dative case attaches directly to the end of the noun – even a person's name! If the noun ends in **a** or **e**, the vowel must be lengthened to **á**, or **é**; otherwise there are no changes to the stem. In keeping with vowel harmony rules, **-nak** attaches to back vowel words, and **-nek** attaches to front vowel words. If the word is in the plural, just attach the dative case after the plural ending.

Zsuzsa	Zsuzsának	to/for Zsuzsa
a család	a családnak	to/for the family
ki	kinek	to/for whom?
a gyerekek	gyerekeknek	to/for the children

The personal pronouns in the dative case:

nekem	to/for me	nekünk to/for us
neked	to/for you (sing.)	nektek to/for you (pl.)
neki	to/for him, her, it	nekik to/for them

The formal pronouns **ön, önök, maga, maguk** form their datives like regular nouns: **önnek, önöknek, magának** and **maguknak.**

Remember, the demonstrative pronouns **ez/ezek** and **az/azok** *must agree in case and number* with the noun they are modifying. Note how the datives of these pronouns are formed and how they are used in some expressions:

ez	ennek	ennek az embernek	to this person
ezek	ezeknek	ezeknek az embereknek	to these people
az	annak	annak a családnak	to that family
azok	azoknak	azoknak a családoknak	to those families

The dative case is an important one and has many uses. We'll start with just few of them here:

1 *Indirect object:* when you wish to indicate that an action is being done *to* or *for* someone, that person will be marked with the dative case:

Olvasunk Tamásnak.	We are reading *to Tamás.*
Adok neki egy telefonszámot.	I give a phone number *to him.*

2 Some Hungarian verbs require the dative case in instances that do not correspond to the English indirect object.

telefonál:	**Kinek telefonálsz?**	*Who* are you calling?
	Zsófinak.	*Zsófi.*
örül:	**Nagyon örülök az utazásnak.**	I am very happy *about the trip.*
	Örülök neked.	I am glad you're here/to see you.

The verb **tetszik** 'pleases' uses a dative construction. To say that you like something, you say that 'it pleases you'. For example, to say that you really like Budapest, you would literally say the translation of 'Budapest is very pleasing to me' where **Budapest** is the subject of **tetszik** and 'to me' is the dative case:

Nekem nagyon tetszik Budapest!	I really like Budapest!
Tetszik neked a film?	Do you like the movie?

Exercise 1

Change the following expressions into the dative case.

Example: az, tanár → **annak a tanárnak**

1 ez, bőrönd
2 ezek, csomagok
3 azok, turisták
4 az, lány
5 mindenki

6 a külföldiek
7 Zsuzsa
8 a gyerekek
9 Szabó úr
10 kik

Exercise 2

Translate the following into Hungarian.

Example: Who are you calling? → **Kinek telefonálsz?**

1 I am phoning Lilla.
2 I am very happy about the trip.
3 Are you writing to the children?
4 This is difficult for me.
5 This is terribly difficult for him.
6 What are they giving to you?
7 I really like this red bag.
8 Who doesn't like Budapest?
9 The father is reading to the boys.
10 What will you tell the teachers?

Jön `comes'

Another common irregular verb, **jön** (infinitive: **jönni**), demands memorisation of its present tense:

én **jövök**	mi **jövünk**
te **jössz**	ti **jöttök**
ő **jön**	ők **jönnek**

Exercise 3

Translate the following into Hungarian using **megy** and **jön**.

1 When is Tamás coming?
2 Ma'am, the taxi is here. I am coming right away!
3 Which way are you (sing.) going?
4 Where are the parents going?
5 Here comes Dad. Aren't you sending this text message to him?
6 How is your homework going?
7 Where is the aeroplane going?
8 I am going and will help him.

Cultural notes

The Hungarian currency is the **forint**, abbreviated as **Ft**. Forints come in coins (**pénzérme**) and banknotes (**papírpénz**). The design of most coins and banknotes changed after 1990, and the colourful notes depict Hungary's most illustrious politicians, poets and composers. At present there are 1, 2, 5, 10, 20, 50, 100 and 200 forint coins as well as 500, 1000, 5000, 10000 and 20,000 denominations in circulation. The names of the coins and banknotes can be expressed in two ways. You may add **forintos** after the numeric value of the money, e.g., **öt forintos** 'five-forint coin', **húsz forintos** 'twenty-forint coin', or, you may use the simplified phrases: **ötös** (5), **húszas** (20), etc.

In fact whenever you use a number as a name, the numbers have the **-s** ending as found in the following.

egy – egyes	**húsz – húszas**
kettő – kettes	**harminc – harmincas**
három – hármas	**negyven – negyvenes**
négy – négyes	**ötven – ötvenes**
öt – ötös	**hatvan – hatvanas**
hat – hatos	**hetven – hetvenes**
hét – hetes	**nyolcvan – nyolcvanas**
nyolc – nyolcas	**kilencven – kilencvenes**
kilenc – kilences	**száz – százas**
tíz – tizes	**ezer – ezres**

You can use these for public transportation, e.g., **kettes villamos** (tram number 2) and room numbers as well, e.g., **tizenötös tanterem** (classroom 15), **négyes szoba** (room 4).

Dialogue 3

Mikrodialógusok   Short conversations **(CD1; 61)**

Ki van itt?
A barátunk.

És hol van az ő barátja?
Nem tudom.

Az én állampolgárságom magyar. És a ti állampolgárságotok?
Én amerikai vagyok, ő pedig marokkói.

Mi a bajuk?
Nem jön a barátjuk.

Mi a telefonszámod?
216-42-24.

Hol van a pénze?
Az én pénzem itt van, de nem tudom, hogy az ő pénze hol van.

Mik ezek itt?
Ez a fényképezőgépem, az pedig a videókamerám.

Who is here?
Our friend.

And where is his friend?
I don't know.

My nationality is Hungarian. What are yours?
I am American, and she is Moroccan.

What is their problem?
Their friend is not coming.

What is your phone number?
216-42-24.

Where is his money?
My money is here, but I don't know where his money is.

What are these here?
This is my camera and that is my video camera.

Vocabulary

állampolgárság	citizenship
pénz	money
videókamera	video camera

Dialogue 4

Karácsony   Christmas (CD1; 62)

ZSOLT   Késő van már, nem akarsz aludni? Mit csinálsz?
SZILVI   Karácsonyi ajándékokat csomagolok a családomnak és
         a barátnőmnek.
ZSOLT   Mit kap a barátnőd?
SZILVI   Titok!
ZSOLT   És mit adsz a szülőknek? Nekem ez mindig nehéz dolog.
SZILVI   Édesanyámnak egy új digitális fényképezőgépet adok,
         apának pedig egy ezüst tollat.

ZSOLT	Ezüst tollat? Miért, kinek ír? Csak nem a miniszterelnöknek?
SZILVI	Egyáltalán nem vicces! Nagyon késő van már.
ZSOLT	És a nagymamád és a nagypapád mit kap?
SZILVI	A nagyszülők most nincsenek itt. Nekik majd küldök egy csomagot.
ZSOLT	A bátyádnak is csomagolsz ajándékot?
SZILVI	Persze! A bátyámnak egy szép határidőnaplót ajándékozom.
ZSOLT	És Luca mit kap?
SZILVI	Melyik Luca? A húgom vagy az unokatestvérem?
ZSOLT	Az unokatestvéredet nem is ismerem.
SZILVI	Lucának, a húgomnak egy játékzongorát adok.
ZSOLT	Annak biztosan örül. Nagyon szeret énekelni, ugye?
SZILVI	Persze! De a szomszédoknak ez abszolút nem tetszik.
ZSOLT	A szomszédoknak is veszel ajándékot?
SZILVI	Nem, nekik csak kellemes ünnepeket kívánok.

ZSOLT	*It's late already. Don't you want to sleep? What are you doing?*
SZILVI	*I'm wrapping Christmas gifts for my family and my girlfriend.*
ZSOLT	*What is your girlfriend getting?*
SZILVI	*It's a secret!*
ZSOLT	*And what are you giving your parents? That's always a hard thing for me.*
SZILVI	*I'm giving my mother a new digital camera and a silver pen to my dad.*
ZSOLT	*A silver pen? Why, who is he writing to? Not the Prime Minister?!*
SZILVI	*That's not funny at all! It's very late already.*
ZSOLT	*And what are your grandmother and grandfather getting?*
SZILVI	*My grandparents aren't here this time. I'll send them a package.*
ZSOLT	*Are you wrapping a present for your older brother, too?*
SZILVI	*Of course! I'm giving my brother a nice appointment book.*
ZSOLT	*And what is Luca getting?*
SZILVI	*Which Luca? My younger sister or my cousin?*
ZSOLT	*I don't even know your cousin.*

SZILVI *I'm giving my sister, Luca, a toy piano.*
ZSOLT *She will surely be happy about that. She really likes to sing, doesn't she?*
SZILVI *Of course! But the neighbours don't like it at all.*
ZSOLT *Are you buying the neighbours a present, too?*
SZILVI *No, I'll just wish them happy holidays.*

Vocabulary

abszolút (nem)	absolutely (not)
ajándékozik	gives as a gift
alszik (inf. **aludni**)	sleeps
barátnő	girlfriend, female friend
bátya	older brother
csak nem	you don't mean . . .!, not . . .!
csomag	*here*: package
csomagol	wraps
digitális	digital
dolog (pl. **dolgok**)	thing
édesanya	mother
ezüst	silver
határidőnapló	appointment book
húg	younger sister
játékzongora	toy piano
kap	gets, receives
karácsony(i)	(of) Christmas
kellemes ünnepek	happy holidays
késő	late
miért?	why?
miniszterelnök	prime minister
nagyszülők	grandparents
titok	secret
unokatestvér	cousin
vicces	funny

Language points

Singular verb with a plural subject

You may use the singular instead of the plural form of the verb if the subject of the sentence is a compound subject consisting of two singular items. Note, for example, the following sentence from Dialogue 4:

És a nagymamád és a nagypapád mit kap?
And what are your grandmother and grandfather getting?

If, however, the subject is grammatically plural, you must use the plural form of the verb:

A nagyszülők most nincsenek itt.
The grandparents aren't here this time.

Possession

Although English uses a separate word, 'my', 'your', etc., to indicate possession, in Hungarian you attach an ending to the word. So, for example, 'my friend' is **a barátom**, 'your friend' is **a barátod**, with possessive endings attached to **barát** 'friend'. As you can see in the examples just given, in addition to the endings, the definite article is (almost) always used in forming the possessive.

It is helpful to divide up nouns into two main categories when adding possessive endings: those that end in a vowel and those that end in a consonant. And keep vowel harmony rules in mind.

For nouns that end in a vowel, the possessive endings are the following: if the word ends in the vowel **a** or **e**, the vowel must be lengthened to **á**, **é**; other vowels remain unchanged. The following are the possessive endings attached to the words **táska** 'bag', **barátnő** 'girlfriend'.

my	-m	a táskám, a barátnőm
your (sing.)	-d	a táskád, a barátnőd
his/her/its	-ja/-je	a táskája, a barátnője
our	-nk	a táskánk, a barátnőnk
your (pl.)	-tok/-tek/-tök	a táskátok, a barátnőtök
their	-juk/-jük	a táskájuk, a barátnőjük

For nouns that end in a consonant, the possessive endings are the following – using the words **barát** 'friend', **pénz** 'money', **bőrönd** 'suitcase':

my	**-om,-em,-öm**	**a barátom, a pénzem, a bőröndöm**
your (sing.)	**-od,-ed,-öd**	**a barátod, a pénzed, a bőröndöd**
his/her/its	**-(j)a/-(j)e**	**a barátja, a pénze, a bőröndje**
our	**-unk,-ünk**	**a barátunk, a pénzünk, a bőröndünk**
your (pl.)	**-otok/-etek/-ötök**	**a barátotok, a pénzetek, a bőröndötök**
their	**-(j)uk/-(j)ük**	**a barátjuk, a pénzük, a bőröndjük**

As you can see, when nouns end in a consonant, the possessive endings for the third-person forms are not always predictable. You will have to listen to learn which words require the **j**- initial ending and which do not.

Here is one rule that always works: if a word ends in **c**, **cs**, **gy**, **j**, **ly**, **ny**, **s**, **sz**, **ty**, **z** or **zs** it never allows a **j**- initial possessive:

his/her luggage	**a poggyásza**	their luggage	**a poggyászuk**
his/her money	**a pénze**	their money	**a pénzük**
his/her daughter	**a lánya**	their daughter	**a lányuk**
his/her problem	**a baja**	their problem	**a bajuk**

Here is a strong tendency (though there are many exceptions): if a back vowel word ends in **b**, **d**, **g**, **p**, **t** or **k** it is very likely to take a **j**- initial ending in the third person:

his/her friend	**a barátja**	their friend	**a barátjuk**
his/her luggage	**a csomagja**	their luggage	**a csomagjuk**
his/her family	**a családja**	their family	**a családjuk**

Contrast and comparison

When you need to stress that something is *yours* or *his*, etc., you will need to use a pronoun before the possessed item to indicate this emphasis. The personal pronoun used is the same as the subject pronoun with one exception: to stress *their*, use the pronoun **ő** (not **ők!**).

Ez az én fényképezőgépem.	This is *my* camera.
Az az ő pénze.	That is *his/her* money.
Az az ő pénzük.	That is *their* money.

Likewise, if you are contrasting the possession of similar objects, the use of the personal pronoun serves to draw attention to this contrast:

A ti családotok nagy, a mi családunk pedig kicsi.
Your family is large, but our family is small.

Exercise 4

Translate into Hungarian.

1	our camera	6	my car
2	his money	7	her family
3	your (**te**) friend	8	our child
4	your (**ti**) problem	9	your (**te**) trip
5	their daughter	10	your (**ti**) telephone card

Possession and cases

Once you have formed the possessive, you can add any case on to it. For example, you will need to add the accusative case **-t** if the noun is the direct object.

When adding the accusative case, you must provide a linking vowel after all the possessive endings except for the third-person singular ending (which already ends in a vowel). The linking vowel choice is always **a** (for back vowel words) or **e** (for front vowel words). After the third-person singular possessive ending, just do what you've been doing all along: lengthen **a** to **á** and **e** to **é** and add **t**.

Keresem a csomagomat/csomagodat/csomagját/
csomagunkat/csomagotokat/csomagjukat.
I am looking for my/your (sing.)/his/her/our/your (pl.)/their bag.

Mutatja a képemet/képedet/képét/képünket/képeteket/
képüket.
She is showing my/your (sing.)/his/her/our/your (pl.)/their picture.

When adding most other cases to a possessed noun, you do not need a linking vowel at all – though you will always need to lengthen the final **a** or **e** of the third-person singular ending. Note how the dative case is added to a possessed noun:

a gyerekemnek	to my child	**a gyerekünknek**	to our child
a gyerekednek	to your (sing.) child	**a gyereketeknek**	to your (pl.) child
a gyerekének	to his/her child	**a gyereküknek**	to their child

Kinship terms and irregular possessives

Some common kinship terms form their third-person possessive forms irregularly.

		his/her	their
older brother	**bátya**	**bátyja**	**bátyjuk**
younger brother	**öcs**	**öccse**	**öccsük**
mother	**(édes)anya**	**(édes)anyja**	**(édes)anyjuk**
father	**(édes)apa**	**(édes)apja**	**(édes)apjuk**

The word **öcs** 'younger brother' has a highly irregular possessive declension:

az öcsém	my younger brother	**az öcsénk**	our younger brother
az öcséd	your younger brother	**az öcsétek**	your younger brother
az öccse	his/her younger brother	**az öcssük**	their younger brother

Exercise 5

Translate the sentences into English.

1 Nem látom a képünket.
2 Mutatok egy képet a londoni barátotoknak.
3 Keresem a csomagomat.
4 Nézem a vámhivatalnokunkat.
5 Mit mutasz Imrének?

Exercise 6

Translate the sentences into Hungarian.

1 Who are you calling? János.
2 Who are you guys reading to? To the kids.
3 Are you writing to your elder brother?
4 We are happy about the Budapest trip!
5 What is she saying to the teacher?

Hol? Hova? Merre?

They all can mean 'Where?' but are used under different circum-
stances. **Hol?** asks the question of where someone or something *is*;
Hova? asks where someone or something is going *to*, i.e. 'towards
where'; **Merre?** is used whether the object or person is in motion or
not and means 'where, which way, in what direction?'

Hol tudok telefonkártyát venni?	Where can I buy a phone card?
Hova sietsz?	Where are you hurrying (to)?
Merre van a taxiállomás?	Which way is the taxi stand?

Exercise 7

Insert the missing interrogatives: **hogy, hol, miért, merre, mikor, ki,
kik, mi, mik, milyen**:

1 _____ sietsz? Nem sietek.
2 _____ vagy? Köszönöm, jól.
3 _____ érkezik a gép? Épp most.
4 _____ ők? Ők amerikai turisták.

5 _____ van Magyarország?
6 _____ ez? Ez az én fényképezőgépem.
7 _____ állampolgár? Amerikai vagyok.
8 _____ ezek? Ezek az új könyvek.
9 _____ ez a turista? Ő Andrew Newman.
10 _____ van a kijárat? Ott van jobbra.

Exercise 8

Complete the sentences with the missing possessives.

1 Hol van (your plane ticket)?
2 (My teacher) magyar.
3 Hol van (his change)?
4 (Our bag) piros.
5 Szerinted hova megy (your girlfriend)?
6 (Your child) nagyon magas.

Exercise 9

Translate the following sentences into Hungarian.

1 Who is this? Your (**te**) elder sister?
2 No, this is my younger sister.
3 Where is your (**te**) father?
4 Where is your (**te**) grandfather?
5 When is your (**te**) cousin coming?
6 Our grandchild is very big.

Cultural notes

In Unit 1 you learned some basic kinship terms: **anya**, **apa**, **szülő** and **gyerek**. You may combine the word **édes** (lit. 'sweet') to **anya** and **apa** to get a more formal and respectful expression: **édesanya**, **édesapa**. Your sibling is called **testvér** (lit., 'body-blood'). Hungarian distinguishes not only the male and female siblings but also their age relative to you: an older brother is **bátya**, a younger brother **öcs**. Likewise, an older sister is **nővér**, a younger sister **húg**.

Grandparents are called **nagyszülők**. Your grandfather and grandmother are called **nagypapa** (or **nagyapa**) and **nagymama** (or **nagyanya**), respectively. They refer to their grandchild as **unoka**. This word combines with **testvér** for the word **unokatestvér** 'cousin'. Your aunt is **nagynéni**, and her husband is **nagybácsi** (uncle).

The shortened forms **bácsi** and **néni** are used to address or refer to your uncle and aunt by name, as in **Sanyi bácsi** 'Uncle Sanyi' or **Kati néni** 'Aunt Kati'. This same construction is commonly used – especially by children – to address older people who are not necessarily relatives.

Unit Seven
Az étteremben
In the restaurant

In this unit you will learn:

- the local case system: inside, outside, nearby
- the case system and motion
- common coverbs expressing motion
- the compass points
- how to get around Budapest
- what happens in a restaurant

Dialogue 1

Debrecenben vagyunk We are in Debrecen
(CD1; 64)

ANNA   Haló, tessék!
ZOLI   Szia, hol vagytok?
ANNA   Debrecenben vagyunk. És ti?
ZOLI   Mi még itthon vagyunk. Mit csináltok?
ANNA   Most egy kávéházban ülünk, utána pedig múzeumba
       megyünk.
ZOLI   Debrecenből hova utaztok?
ANNA   Egerbe.
ZOLI   És onnan hova mentek?
ANNA   Még nem tudjuk.

ANNA   *Hello!*
ZOLI   *Hi, where are you?*
ANNA   *We are in Debrecen. And what about you?*
ZOLI   *We are still at home. What are you doing?*
ANNA   *We are sitting in a café now, but afterwards we're going to*
        a museum.
ZOLI   *Where are you travelling to from Debrecen?*
ANNA   *To Eger.*
ZOLI   *And from there where are you going?*
ANNA   *We don't know yet.*

Vocabulary

kávéház	café	**utazik**	travels
múzeum	museum	**ül**	sits
onnan	from there		

Dialogue 2

Uszoda a Margitszigeten   Pool on Margit Island
(CD1; 66)

MIKE   Tudom, hogy holnapután a Balatonra utazol, de mit
        csinálsz holnap?
ZSOLT   Holnap reggel piacra megyek.
MIKE   És a piacról hova mész? Nem találkozunk?
ZSOLT   Nem, a piacról a postára megyek, utána pedig haza. Egy
        kicsit pihenek, délután pedig a Margitszigetre megyek úszni.
        Te nem akarsz jönni a szigetre?
MIKE   Van a Margitszigeten uszoda?
ZSOLT   Persze, nem is egy!

MIKE   *I know that the day after tomorrow you are travelling to*
        Lake Balaton, but what are you doing tomorrow?
ZSOLT   *Tomorrow morning I am going to the market.*
MIKE   *And where are you going to from the market? Will we meet up?*

ZSOLT   No, *from the market I am going to the post office, and afterwards home. I'll rest a bit and in the afternoon I'm going to Margit Island to swim. Do you want to come to the island?*

MIKE   *There's a pool on Margit Island?*

ZSOLT   *Of course – and not just one!*

Vocabulary

délután	(in the) afternoon	**posta**	post office
haza	towards home	**sziget**	island
holnap	tomorrow	**úszik**	swims
holnapután	day after tomorrow	**uszoda**	swimming pool
pihen	rests		

Dialogue 3

A bankautomatától jövök   I'm coming from the ATM (CD1; 68)

PETI   Hova készülsz?
EDINA   Lillához.
PETI   Ma este lesz a buli Lillánál?
EDINA   Igen. Te is jössz oda, ugye?
PETI   Igen, de délután még fodrászhoz is megyek.
EDINA   Hogy-hogy? Tegnap nincs pénz, ma pedig hirtelen van?
PETI   Most jövök a bankautomatától. Képzeld, van pénz a számlámon!
EDINA   Csak nem a bátyádtól?
PETI   De igen!

PETI   *Where are you getting ready to go to?*
EDINA   *To Lilla's.*
PETI   *The party at Lilla's is tonight?*
EDINA   *Yes. You're coming too, aren't you?*

PETI   Yes, but in the afternoon, I'm going to the hairdresser.
EDINA   What do you mean?! Yesterday (you have) no money,
        but today all of a sudden you do?
PETI   I've just come now from the ATM. Imagine! There's
        money in my account!
EDINA   Not from your brother?!
PETI   Oh yes indeed!

 Vocabulary

bankautomata/bankomat	ATM
buli	party
fodrász	hairdresser
hirtelen	suddenly
hogy-hogy?	what do you mean?
Képzeld!	Imagine!
készül	prepares/readies (for)
oda	towards there
számla	here: bank account
tegnap	yesterday

 Dialogue 4

 A Keleti pályaudvaron At the Keleti
railway station **(CD1; 70)**

UTAS	Jó napot! Elnézést, nem tudja, mikor érkezik vonat Szombathelyről?
JEGYPÉNZTÁROS	Intercity vagy gyorsvonat?
UTAS	Gyorsvonat.
JEGYPÉNZTÁROS	Sajnos, azt nem tudom. Ez itt az intercity jegypénztár és információ.
UTAS	És melyik vágányra érkezik az intercity vonat?

JEGYPÉNZTÁROS	A szombathelyi intercity mindig a kilencedik vágányra érkezik.
UTAS	Köszönöm!
JEGYPÉNZTÁROS	Kérem!

PASSENGER	*Hello. Excuse me, do you know when the train arrives from Szombathely?*
TICKET AGENT	*The intercity or the express?*
PASSENGER	*The express.*
TICKET AGENT	*Unfortunately, I don't know. This is the intercity ticket and information window.*
PASSENGER	*And which platform does the intercity arrive on?*
TICKET AGENT	*The Szombathely intercity always arrives on Platform 9.*
PASSENGER	*Thank you.*
TICKET AGENT	*You're welcome.*

Vocabulary

gyors	fast, express	**kilencedik**	ninth
információ	information	**pályaudvar**	railway station
jegypénztár	ticket window	**vágány**	platform
jegypénztáros	ticket clerk	**vonat**	train
keleti	eastern		

Language points

Local cases

Hungarian uses no prepositions. Instead, words like 'on', 'at', 'to', 'from' and 'near' are expressed with cases attached to the end of words. This unit looks at nine cases that stand for some of the most common English prepositions referring to location. We consider these cases in groups of three; the first set of three answers the question **hol?** 'where', the second set answers the question **hova?** 'where to', and the third set answers the question **honnan?**

'where from?'. You will notice further, that within these divisions, there are cases that apply to the 'inside' and 'outside' of and 'nearness' to a location.

Hol?

A person or object may be 'in', 'on' or 'near' a place, and the corresponding cases are:

in	-ban/-ben	Párizsban a csészében	in Paris in the cup
on, at	(o/e/ö)-n	az asztalon az egyetemen	on the table at the university
near	-nál/-nél	az ajtónál a liftnél	near the door near the elevator

Hova?

A person or object may move 'into', 'onto' or 'towards' a place:

into	-ba/-be	Párizsba a csészébe	(in)to Paris into the cup
onto	-ra/-re	az asztalra az egyetemre	onto the table to the university
towards	-hoz/-hez/-höz	az ajtóhoz a lifthez	towards the door towards the elevator

Honnan?

A person or object may move away from the 'inside' or 'outside' of, or 'nearness' to a place:

from, out of	-ból/-ből	Párizsból a csészéből	from Paris out of the cup
from, off	-ról/-ről	az asztalról az egyetemről	off the table from the university
away from	-tól/-től	az ajtótól a lifttől	away from the door away from the elevator

A systematic representation of these nine cases is outlined in the following table. Notice how the nine cases are arranged in columns and rows with respect to motion and the kind of space to be occupied:

		No motion	Motion towards	Motion from
Inside	▪	-ban/-ben in	-ba/-be into	-ból/-ből out of, from
Outside	▪	-(o/e/ö)n on, at	-ra/-re onto, to	-ról/-ről off, from
Nearby	▪	-nál/-nél at, near, by	-hoz/-hez/-höz towards	-tól/-től away from

More uses of the local cases

Inside

In addition to general inside locations, the inside local cases are used with most city and country names outside of Hungary (and a few in Hungary as well including **Debrecen, Eger, Szombathely, Sopron**):

Amerikába	to America	**Egerbe**	to Eger
Amerikában	in America	**Egerben**	in Eger
Amerikából	from America	**Egerből**	from Eger

Outside

In addition to the surfaces of objects, the outside local cases are used with most city and country names within Hungary (as well as the name of Hungary itself **Magyarország**). It is also common to use these cases with public means of transportation.

a villamosra	onto the tram	**Budapestre**	to Budapest
a villamoson	on the tram	**Budapesten**	in Budapest
a villamosról	off the tram	**Budapestről**	from Budapest

Nearby

In addition to expressing a person or object's nearness to a place, these cases are used with a person's home or place of business.

az orvoshoz	to the doctor's office
Ferenchez	to Ferenc's house
az orvosnál	at the doctor's office
Ferencnél	at Ferenc's house
az orvostól	from the doctor's office
Ferenctől	from Ferenc's house

As you may well imagine, these cases have many more idiomatic uses. Keep careful watch on the dialogues and reading exercises for new ways of using them.

'Here', 'there' and 'home' with the locative system

Some words do not take the case endings directly; these words are irregular in the case system, though the three parameters of motion are still maintained:

	No motion	Motion towards	Motion from
here	**itt**	**ide**	**innen**
there	**ott**	**oda**	**onnan**
home	**itthon/otthon**	**haza**	**itthonról/otthonról**

If the speaker is at home, he or she will use the terms **itthon** and **itthonról** to refer to being at home or leaving home. If, however, the speaker is at a location other than home, he or she must use the words **otthon** and **otthonról**. Any indication 'towards home' uses the word **haza**.

Exercise 1

Fill in the missing expressions with the appropriate endings.

Example: **ablak**	Hol? **ablaknál**	Hova? **ablakhoz**	Honnan? **ablaktól**
1 Párizs	_____	Párizsba	_____
2 ajtó	ajtónál	_____	_____
3 egyetem	egyetemen	_____	_____
4 vágány	_____	_____	vágányról
5 uszoda	uszodában	_____	_____
6 ott	ott	_____	_____
7 itthon	itthon	_____	_____
8 Budapest	_____	Budapestre	_____
9 pályaudvar	_____	_____	pályaudvarról
10 fodrász	_____	fodrászhoz	_____

Exercise 2

With the help of the previous exercise, translate the following into Hungarian.

1 We are going to Paris tomorrow.
2 Is the bag at the door?
3 I am coming from the university.
4 I am calling from the hotel.
5 Gabriel is on the phone.
6 I am calling from home.
7 Sándor is not going over there.
8 Are you (**ti**) going to the restaurant from there?
9 Where is Zsuzsi going from the museum?
10 Are they putting the book into the suitcase?

How to add cases

Adding the locative cases is easier than adding the plural or possessive endings because with one exception, they don't require linking vowels. When adding any case to a word ending in **a** or **e**, the vowel must always be lengthened to **á** and **é**, but otherwise the cases are simply attached to the end of the word. Of course, vowel harmony rules apply systematically.

Here are a few more facts about forming cases:

* The **-(o/e/ö)n** case uses the linking vowels indicated whenever attaching to words ending in a consonant.
* Neither adjectives nor articles agree in case with nouns; the case is added only to the last word of the phrase.
* To form the plural of the cases, simply form the plural of the word first, then add the case ending.

You can also add case endings to words marked with possessive suffixes. When adding cases to the third-person singular possessive suffix, don't forget to lengthen the final **a** or **e**.

Here are some more examples to illustrate how to add and add and add:

a magyar leckében
in the Hungarian lesson
lecke + ben

a magyar leckékben
in the Hungarian lessons
lecke + k + ben

a magyar leckémben
in my Hungarian lesson
lecke + m + ben

a magyar leckéjében
in his/her Hungarian lesson
lecke + je + ben

Exercise 3

Translate into Hungarian.

1 Are you (**te**) sitting in a comfortable chair?
2 Our guests are arriving from an interesting country.
3 There is no sugar in your coffee.
4 Where are they going from the marketplace?
5 We are sitting in Auguszt coffee shop in Pest.
6 Today I am having breakfast at home and will go to the university from home.

Dialogue 5

Ebben a zsebemben van a pénzem
My money is in this pocket of mine **(CD1; 72)**

MIKE   Hova mész ma este?
FERI   Egy pesti romkocsmába. Ismered a romkocsmákat?
MIKE   Persze! Mindenki ismeri Pesten a híres romkocsmákat!
       Jövök én is, nem baj?
FERI   Dehogy! Hozol térképet is?
MIKE   Tudom, ez egy kicsit furcsa mindenkinek, de mindenhova
       viszek térképet.
FERI   És hova teszed a térképedet?
MIKE   Ebbe a régi hátizsákba.
FERI   És a pénzed?
MIKE   A zsebembe.
FERI   És az útleveled hova teszed?
MIKE   Abba az övtáskába.

MIKE   *Where are you going tonight?*
FERI   *To a 'ruined' pub in Pest. Are you familiar with 'ruined' pubs?*
MIKE   *Of course! Everyone knows about the famous 'ruined' pubs*
       in Pest. I'll come, too, that's not a problem is it?
FERI   *Of course not! Will you bring a map, too?*
MIKE   *I know it is a little strange to everybody, but I take a map*
       everywhere.
FERI   *And where do you put your map?*
MIKE   *In this old backpack.*
FERI   *And your money?*
MIKE   *In my pocket.*
FERI   *And where do you put your passport?*
MIKE   *In that belt pouch.*

Vocabulary

furcsa	strange
hátizsák	backpack
ház	house
híres	famous
kocsma	bar, pub
mindenhova	(towards) everywhere
öv	belt
övtáska	belt pouch, fanny pack
rom	ruin
romkocsma	'ruined' pub (trendy, improvised, cleap usu. outdoor pubs often located in abandoned buildings in Budapest)
térkép	map
tesz	puts
visz	takes, carries
zseb	pocket

Dialogue 6

Képzeletben abban az országban élek
In my imagination I live in that country **(CD1; 74)**

ÁGI	Hova akarsz menni? Amerikába?
JULI	Abban az országban nekem csak New York tetszik.
ÁGI	Miért? Mi tetszik abban a városban?
JULI	A felhőkarcolók.
ÁGI	És Hawaii hogy tetszik?
JULI	Arra a szigetre nem akarok menni.
ÁGI	Miért?
JULI	Mert nagyon messze van!
ÁGI	És Maliba mikor utazol?
JULI	Képzeletben mindig abban az országban élek.

ÁGI	*Where do you want to go? To America?*
JULI	*I only like New York in that country.*

ÁGI   *Why? What do you like in that city?*
JULI   *The skyscrapers.*
ÁGI   *And how do you like Hawaii?*
JULI   *I don't want to go to that island.*
ÁGI   *Why?*
JULI   *Because it is very far.*
ÁGI   *And when are you travelling to Mali?*
JULI   *In (my) imagination I live in that country!*

Vocabulary

ország	country
város	city
felhőkarcoló	skyscraper
messze	far
él	lives
képzelet	imagination

Language point

Ez/az **and cases**

As we saw earlier with the plural and the accusative, the pronouns **ez** and **az** always agree in case and number with the noun they modify. This is true with the locative cases as well, although the shape of these pronouns changes when attaching cases. The final **z** changes into the first consonant of the ending being attached:

ez + be > ebbe	**ez + ben > ebben**	**ez + ből > ebből**
az + ba > abba	**az + ban > abban**	**az + ból > abból**
ez + re > erre	**ez + en > ezen**	**ez + ről > erről**
az + ra > arra	**az + on > azon**	**az + ról > arról**
ez + hez > ehhez	**ez + nél > ennél**	**ez + től > ettől**
az + hoz > ahhoz	**az + nál > annál**	**az + tól > attól**

The plural forms are regular: simply add the case ending onto the plural forms **ezek** and **azok**. Take a look at how some phrases are formed with cases and **ez** and **az**. Look for the agreement in case and number:

ebbe a szép házba	into this beautiful house
arra a széles útra	onto the wide street
ezekben a barna bőröndökben	in these brown suitcases
ennél a telefonnál	by this telephone
azokhoz a nőkhöz	towards those women

Exercise 4

Translate the following phrases into Hungarian.

1 into this beautiful café
2 onto the wide street
3 in these big hotels
4 by this university
5 towards those beautiful houses

Text 1

Egy belvárosi étteremben In a downtown restaurant **(CD1; 75)**

Zsófia otthonról felhív egy belvárosi éttermet és lefoglal egy asztalt. Az étterem a Ferenciek terénél van, így a Szabó család ma bemegy a belvárosba. Kilépnek a házból, végigsétálnak a körúton. Az Oktogonnál felszállnak a földalattira. A Vörösmarty térnél kijönnek a metróból. Zsófia, Melanie és Mike beszélgetnek. Lilla beugrik egy bankba és kivesz néhány ezer forintot a számlájáról. Zoltán rágyújt egy cigarettára.

A vendégek megérkeznek az étteremhez. Belépnek. A pincér odavezeti őket az asztalhoz. A vendégek leülnek a fapadokra. Egy másik pincér odamegy a családhoz. Átad mindenkinek egy étlapot és felveszi a rendelésüket. Utána visszamegy a konyhába és leadja a rendelést. Hamarosan visszajön és leteszi az asztalra az italokat. Zoltán hirtelen feláll, begombolja a zakóját és azt mondja a többieknek, hogy kint rágyújt még egy cigarettára. Kimegy az étteremből és titokban felhív egy számot. Néhány perc múlva befordul a sarkon egy ismerős

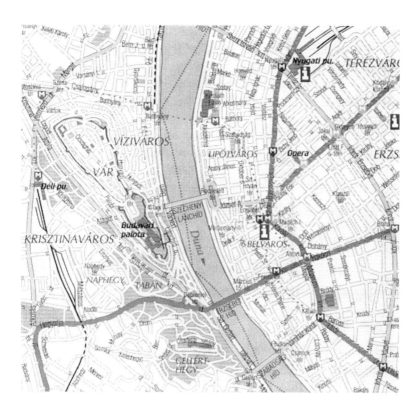

arc, Gabriel Fekete. Meglepetés készül. Melanie ma negyven éves. Zoltán egy kis csomagot hoz, Gabriel pedig egy gyönyörű csokor virágot. Gabriel és Zoltán lemennek a lépcsőn. Gabriel körülnéz az étteremben, de akkor már Melanie is mosolyog. Mindenki rajtakapja Zoltánt és Gabrielt a kellemes összeesküvésen!

Zsófia calls a downtown restaurant from home and reserves a table. The restaurant is near Ferenciek Square, so the Szabó family is going downtown today. They step out of the building, and walk along the ring road. They get on the underground at Oktogon. At Vörösmarty Square they come out of the metro station. Zsófia, Melanie and Mike are chatting. Lilla pops into a bank and takes out several thousand forints from her account. Zoltán lights a cigarette.

The guests arrive at the restaurant. They enter. The waiter leads them over to the table. The guests sit down on the wooden benches. Another waiter goes over to the family. He hands everybody a menu and takes their order. Afterwards he goes back into the kitchen and puts in the order. He comes back quickly and puts the drinks on the table. Zoltán suddenly stands up, buttons up his jacket and tells the others that he is going to have another cigarette outside. He goes out of the restaurant and in secret he calls a number. After several minutes a familiar face turns the corner – Gabriel Fekete.

A surprise is underway. Today Melanie is forty years old. Zoltán is bringing a small package, and Gabriel (is bringing) a beautiful bouquet of flowers. Gabriel and Zoltán go down the stairs. Gabriel looks around the restaurant, but by then Melanie is also smiling. Everyone has caught Zoltán and Gabriel in the pleasant conspiracy.

Vocabulary

arc	face
átad	hands over
bank	bank
befordul	turns in(to)
begombol	buttons up
belép	steps in; enters
belvárosi	downtown
beszélget	chats
beugrik	pops in
cigaretta	cigarette
étlap	menu
étterem	restaurant
(X) éves	(x) years old
fapad	wooden bench
feláll	stands up
felhív	calls up
felszáll	gets on
felvesz	picks/takes up
Ferenciek tere	*a square in Budapest*
földalatti	subway
hamarosan	before long, soon

így	thus, so
ital	drink
kijön	comes out
kilép	steps out
kimegy	goes out
kivesz	takes out
konyha	kitchen
körülnéz	looks around
lead	hands in, delivers
lefoglal	reserves
lemegy	goes down
lépcső	stairs
letesz	puts down
leül	sits down
meglepetés	surprise
metró	metro
mosolyog	smiles
(X) perc múlva	in (x) minutes
odamegy	goes towards
odavezet	leads towards
Oktogon	*a square in Budapest*
összeesküvés	conspiracy
pincér	waiter
rágyújt	lights up (a cigarette)
rajtakap	catches in the act
rendelés	order
sarok	corner
szám	number
többiek	(the) others
végigsétál	walks the length of
visszajön	comes back
visszamegy	goes back
Vörösmarty tér	*a square in Budapest*
zakó	jacket

Language point

Coverbs

Coverbs are verbal prefixes that are attached to the beginning of verbs to modify their meaning. In this unit we will take a look at several coverbs that express motion and see how they mix and match with various verbs and phrases to provide more precise expressions.
The following are the most common coverbs expressing motion. (See Unit 9 for more uses of coverbs.)

be	in, into
el	away
fel	up
ide	towards here
ki	out
le	down
oda	towards there

Coverbs are simple to attach: just add them to the beginning of the verb. Observe the following examples of how the verbs **megy** 'go' and **jön** 'come' attach coverbs and how their meanings are changed:

bejön	come in, enter	**bemegy**	go in, enter
kijön	come out	**kimegy**	go out
feljön	come up	**felmegy**	go up
lejön	come down	**lemegy**	go down
idejön	come here	**odamegy**	go towards
eljön	come away from	**elmegy**	go away from, leave

Read the following sentences to see how coverbs and verbs are used in tandem with other phrases of motion:

Bemegy az étterembe.	She goes into the restaurant.
Kijönnek a szállodából.	They are coming out of the hotel.
Felmegyünk a második emeletre.	We go up to the second floor.
Leülök a székre.	I'll sit down on the chair.
Eljövünk Erzsébettől.	We are coming from Erzsébet's.

Exercise 5

Complete the sentences.

1 A sárga _____ (*villamos, hol?*) utazom.
2 Egy pesti _____ (*étterem, honnan?*) telefonálsz?
3 Most még az _____ (*orvos, hol?*) vagyunk, de utána azonnal
  megyünk _____ (*Móni, hova?*)
4 Az _____ (*orvos, honnan?*) jöttök?
5 Holnap reggel _____ (*Budapest, hova?*) utaznak.

Exercise 6

Translate the sentences into Hungarian.

1 They get on the yellow underground at Oktogon.
2 Lilla pops into a bank.
3 The guests step into the restaurant.
4 The waiter goes towards the family.
5 Zoltán steps out of the restaurant.
6 I am going in(to) the swimming pool.
7 Tomorrow morning we are going up the mountain.
8 Are you (sing.) bringing the books over here?
9 They are calling from Debrecen.
10 We are getting on a yellow tram.

Cultural notes

Whether you go north (**észak**), south (**dél**), east (**kelet**) or west (**nyugat**), Budapest has a user-friendly and affordable public transportation system. If you want to leave the city without a car, you may take trains or intercity buses.

Budapest has three major railway stations called **pályaudvar** (often abbreviated as **pu.**): **Keleti pályaudvar** (Eastern), **Déli pályaudvar** (Southern) and **Nyugati pályaudvar** (Western). There is no **Északi** (Northern) **pályaudvar**!

Another means of transport connecting Budapest with the surrounding suburbs is the commuter line **HÉV**, well known for its green cars.

The city has three major long-distance bus stations (**autóbusz pályaudvar**). The main station in the center of Pest is **Erzsébet tér**.

Eastbound buses, however, leave from **Népstadion**. It is worthwhile making a day trip by bus to the cities situated in the Danube Bend (**Dunakanyar**). Buses to these cities leave from **Árpád híd**.

Within city boundaries, you may use a network of local blue buses (**busz**), red trolleys (**troli**) and yellow trams (**villamos**). Drivers always announce the stops, but to make sure that the vehicle stops, passengers should press the button near the door, otherwise the driver may skip the desired stop.

City transportation also includes three underground lines (two called **metró** and another called the **földalatti**) that all meet at **Deák tér**. A fourth line is currently under construction. The lines are both numbered

and colour coded. M3 is the blue line, M2 is the red, while M1 is the yellow line. M1 (the **földalatti**) is the oldest by far having been built in 1894, though it was renovated in the 1990s.

You may purchase your tickets at newsagents, metro stations or from vending machines. In addition to a single ticket (**vonaljegy**), you can also get a one-day travel card (**napijegy**), a one-week travel pass (**hetijegy**) or a monthly pass (**havi bérlet**). Remember to validate your ticket before travelling by punching it; otherwise, a fine is collected by the frequent and unexpected visits of **ellenőrök** (inspectors).

Unit Eight
Van már szobafoglalása?

Do you already have a room reservation?

In this unit you will learn:

- to check in at a hotel
- to buy computers
- the 'have' construction
- the plural possessive
- nominal possession
- some new noun classes
- ordinal numbers

Dialogue 1

A szállodában   In the hotel (CD1; 76)

Mr Newman took the minibus service from the airport and he has
just arrived at his hotel.

MR NEWMAN	Jó reggelt!
SZÁLLODAPORTÁS	Jó reggelt kívánok! Üdvözlöm!
MR NEWMAN	Szeretnék bejelentkezni.
SZÁLLODAPORTÁS	Van már szobafoglalása?
MR NEWMAN	Igen.
SZÁLLODAPORTÁS	Neve?
MR NEWMAN	Newman.
SZÁLLODAPORTÁS	Nem látom a nevét sehol sem. Utóneve?
MR NEWMAN	Andrew.

The concierge checks the computer and finds the guest's
reservation.

SZÁLLODAPORTÁS	Egyágyast parancsol, ugye? Hány éjszakára?
MR NEWMAN	Egy hétre, legyen szíves.
SZÁLLODAPORTÁS	Rendben.
MR NEWMAN	Elnézést, van a szobának saját fürdőszobája?
SZÁLLODAPORTÁS	Igen, természetesen.
MR NEWMAN	És van a szállodának uszodája?
SZÁLLODAPORTÁS	Sajnos, nincs.
MR NEWMAN	És van a szállodának szaunája?
SZÁLLODAPORTÁS	Sajnos, az sincs. A szállodánk nagyon kicsi. Se uszodánk, se szaunánk nincs. Azonban van egy kondicionálóterem a közelben.
MR NEWMAN	Nagyszerű!
SZÁLLODAPORTÁS	Tessék, uram, itt a kulcsa. Van poggyásza?
MR NEWMAN	Igen, van két bőröndöm és egy kézipoggyászom.
SZÁLLODAPORTÁS	A hordár majd viszi a csomagokat.
MR NEWMAN	Köszönöm. Viszontlátásra!
SZÁLLODAPORTÁS	Viszontlátásra!

Vocabulary

azonban	however
bejelentkezik	checks in; registers
egyágyas	single room
éjszaka	night
éjszakára	for (a) night
fürdőszoba	bathroom
hét	week; seven
hétre	for (a) week
hordár	porter, bellboy
kondicionálóterem	exercise room, gym
a közelben	in the neighbourhood, nearby
kulcs	key
majd	soon, later
portás	doorman
saját	own
szálloda	hotel
szállodaportás	concierge
szeretnék	I would like . . .
szoba	room
szobafoglalás	room reservation
Üdvözlöm	How do you do?, Welcome!

 Language points

Ordinal numbers

In Unit 7 you learned the word **kilencedik** 'ninth'. In this section you will learn the ordinal numbers for 'first' to 'thousandth'. You will have to memorise first to twentieth, but after that everything is very regular: simply continue with the same numerical endings you find with the teens. Note especially that the words **első** 'first' and

második 'second' are not used in combination with the teens, twenties, thirties, etc.; rather, the combinatory forms **-egyedik** and **-kettedik** are used.

1st	**első**	19th	**tizenkilencedik**
2nd	**második**	20th	**huszadik**
3rd	**harmadik**	21st	**huszonegyedik**
4th	**negyedik**	22nd	**huszonkettedik**
5th	**ötödik**	30th	**harmincadik**
6th	**hatodik**	31st	**harmincegyedik**
7th	**hetedik**	32nd	**harminckettedik**
8th	**nyolcadik**	40th	**negyvenedik**
9th	**kilencedik**	41st	**negyvenegyedik**
10th	**tizedik**	42nd	**negyvenkettedik**
11th	**tizenegyedik**	50th	**ötvenedik**
12th	**tizenkettedik**	60th	**hatvanadik**
13th	**tizenharmadik**	70th	**hetvenedik**
14th	**tizennegyedik**	80th	**nyolcvanadik**
15th	**tizenötödik**	90th	**kilencvenedik**
16th	**tizenhatodik**	100th	**századik**
17th	**tizenhetedik**	1000th	**ezredik**
18th	**tizennyolcadik**		

'Have' constructions

Hungarian does not have a specific verb that means 'to have'. Instead, you will use a construction combining several of the grammar points you have already learned. There are three parts to the 'have' construction:

1 The person who has something is marked with the dative case: for example: **nekem** or **Gábornak**. If this person is a pronoun (e.g., **nekem, neked, neki**, etc.) it may be omitted.
2 The item that the person has is marked with a possessive ending. In the have construction, however, *never* use the definite article before the possessed item.
3 The verb **van** (or **nincs** – in the case that you *don't* have something).

Let's see how it works; we'll use the example of having a large family:

(Nekem) nagy családom van.
I have a large family.

(Neked) nagy családod van.
You (sing.) have a large family.

(Neki)/Gábornak nagy családja van.
He/She/Gábor has a large family.

(Nekünk) nagy családunk van.
We have a large family.

(Nektek) nagy családotok van.
You (pl.) have a large family.

(Nekik)/A fiúknak nagy családjuk van.
They/The boys have a large family.

Of course, to indicate that one does *not* have something, the verb **van** must be negated: **nincs** (or **nincsen**). With negation, as we have seen before, the word order also changes. For the following examples, we'll talk about not having a lot of money, **pénz**.

(Nekem) nincs sok pénzem.
I don't have much money.

(Neked) nincs sok pénzed.
You (sing.) don't have much money.

(Neki)/Gábornak nincs sok pénze.
He/She/Gábor does not have much money.

(Nekünk) nincs sok pénzünk.
We don't have much money.

(Nektek) nincs sok pénzetek.
You (pl.) do not have much money.

(Nekik)/A fiúknak nincs sok pénzük.
They/The boys do not have much money.

On the subject of word order, when asking 'Do you have?' or 'Don't you have?', it is common to start with the verb, i.e. **Van...?** or **Nincs...?**

Van a szállodának uszodája?
Does the hotel have a pool?

Nincs poggyászod?
Don't you have a bag?

Useful phrases using the 'have' construction

Just change the possessive ending to apply these phrases to another person.

Melegem van.	I am (too) hot.
Jó kedvem van.	I'm in a good mood.
Nincs valami jó ötleted?	Don't you have a good idea?
Fogalmam sincs!	I have no idea!
Elegem van!	I've had enough!
Mi bajod van?	What's the matter with you?/ What is your problem?

Exercise 1

Translate the following sentences into English.

1 Hány testvéred van?
2 A lánynak két kutyája van.
3 A szállodának száz szobája van.
4 Az egyetemnek nincs uszodája.
5 Nagyon melegem van!
6 Fruzsinak sok amerikai ismerőse van.
7 Mennyi pénzük van?
8 Nincs elég füzetem.

Exercise 2

Form sentences with 'have' constructions from the words given below.
First write an affirmative, then a negative sentence.

For example: Gábor, pénz, sok →
                A. Gábornak sok pénze van.
                B. Gábornak nincs sok pénze.

1 ma, nagyon jó, én, kedv
2 Tamás, nagy, család
3 valami, jó, ötlet?
4 szobafoglalás, Newman úr
5 ez, hotel, sok, fürdőszoba
6 húg, te, három
7 könyv, hány, ti
8 sok, mi, idő

Exercise 3

Translate the following sentences into Hungarian.

1 Do you have a brother?
2 How many sisters do you have?
3 You (**ti**) have a big family.
4 Peter does not have a lot of money.
5 Do you (**ön**) have a room reservation?
6 Mike has only three acquaintances in Budapest.
7 That girl has many books.
8 Do they have a phone card?

Double negation

When a negative word such as **sehol** 'nowhere', **senki** 'nobody' or **semmi** 'nothing' is used, a second negative **nem** or **sem** must also be used. **Nem** and **sem** are fairly interchangeable, though **sem** can only occur as the second negative; **nem** can be either the first or second negative:

    Senkit nem/sem látok.   I don't see anyone.
    Nem látok senkit.
    Semmi nem/sem olcsó.   Nothing is cheap.

When grammatically appropriate, the second negative may be **nincs(en)**
sincs(en):

Sehol sincs a kulcsom.	My key isn't anywhere.
Senki nincs itt.	Nobody is here.

Sem/sincs: **'neither', 'nor'**

In addition to their use with double negation, **sem/sincs** are also used
to mean 'neither/nor':

Nincs testvérem.	I don't have any siblings.
Nekem sincs.	Neither do I.
Nem kérek sem kolbászt,	I would like neither sausage,
sem sonkát.	nor ham.

Exercise 4

Negate the following sentences.

    For example: Valaki jön. → **Senki nem jön.**

1 Valamit hallunk.
2 Látsz valakit a hotelben?
3 Valakinek telefonálok.

Change the following sentences according to the example:

    Senkit nem látok. (*Newman úr*) → **Newman úr sem lát senkit.**

4 Ma este nem iszom semmit. (*Melanie*)
5 Nem veszünk zsemlét Imrének. (*Zsófia*)
6 Nem látom a képünket. (*ők*)

Translate the following into Hungarian.

7 Today I am not in a good mood. Me neither.
8 I don't want to go to either the swimming pool, or the sauna.
9 I won't buy either a blue suitcase, or a green one.

A vásárlóink nagyon szeretik ezt a laptopot
(CD1; 79)

Gyula is still in the computer store, waiting for the salesperson to come back with the laptops.

ELADÓ   Már itt is vagyok. Esetleg vannak más kérdései is?

GYULA   Igen, a gép garanciája is fontos nekem.

ELADÓ   Akkor mindenképp javaslom ezt a két terméket. Ezeknek a termékeknek kiváló a terméktámogatása. Az ügyfélszolgálat is, és a software támogatás is.

GYULA   És ezeknek a laptopoknak mekkorák a kijelzőméretei?

ELADÓ   Mindkettő 15 colos.

GYULA   És van beépített wifi kártyájuk is?

ELADÓ   Természetesen.

GYULA   Ez a laptop itt mit tud?

ELADÓ   Ennek a winchestere, azaz a merevlemeze, 4 gigabájtos.

GYULA   Ennek a laptopnak hány USB csatlakozója van?

ELADÓ   Három.

GYULA   És ez a számítógép tartalmaz operációs rendszert is?

ELADÓ   Igen.

GYULA   Értem. Akkor ezt a laptopot kérem. És kérek még egy pendrive-ot is.

ELADÓ   Pendrive-jaink sajnos most nincsenek, de kedden várjuk őket.

GYULA   Köszönöm, akkor majd visszanézek. Ezek itt a laptop hivatalos papírjai?

ELADÓ   Igen, és itt van a garancialevél is.

GYULA   Köszönöm.

ELADÓ   A pénztár ott van elöl. Annál a kolléganőmnél tud fizetni.

GYULA   Köszönöm a segítségét!

ELADÓ   Kérem. Köszönjük a vásárlást! Viszontlátásra!

GYULA   Viszlát!

Vocabulary

azaz	in other words, that is to say
beépített	built-in
X colos	x inches
fontos	important
garancia	warranty
gigabájtos	having/with gigabytes
hivatalos	official
kártya	card
kedd	Tuesday
kérdés	question
kijelzőméret	screen size
kiváló	excellent
kolléga(nő)	(female) colleague
levél	letter, document
mekkora?	how big?
merevlemez	hard drive
mindkettő	both
operációs rendszer	operating system
papír	paper, document
pendrive	flash drive, pen drive

pénztár	cash register
segítség	help
támogatás	support
tartalmaz	contains
USB csatlakozó	USB port
ügyfélszolgálat	customer service
visszanéz	look back (in), drop back in
wincseszter	winchester hard drive

Language points

Plural possessive

The possessive endings learned in the previous unit are used when possessing a *single* object. When possessing items in the plural you use the plural possessive endings.

The plural possessive suffix is **-i** (never **-k**), followed by the personal endings. The personal endings are slightly different from those for singular possession, but unlike the singular endings, they do not change:

my	-im	our	-ink
your (sing.)	-id	your (pl.)	-itok/-itek
his/her/its	-i	their	-ik

For nouns that end in a vowel, the plural endings attach directly to the end of the word. If the vowel is **a** or **e**, it is lengthened to **á** or **é**. Here are the plural possessive endings attached to the words **szoba** 'room', **csésze** 'cup', **barátnő** 'girlfriend'.

my	az én	szobáim/csészéim/barátnőim
your (sing.)	a te	szobáid/csészéid/barátnőid
his/her	az ő	szobái/csészéi/barátnői
our	a mi	szobáink/csészéink/barátnőink
your (pl.)	a ti	szobáitok/csészéitek/barátnőitek
their	az ő	szobáik/csészéik/barátnőik

For nouns that end in a consonant, the plural -i cannot attach directly to the end of the word; instead it must be preceded by **-(j)a/-(j)e**.

This 'buffer zone' between the end of the word and the plural possessive ending is almost always identical to the third-person possessive singular ending you learned in Unit 6. Here are the plural possessive endings attached to the words **kulcs** 'key', **ötlet** 'idea' and **kalap** 'hat'. (To get you started, remember that the third-person singular possessive forms of these words are **kulcsa, ötlete** and **kalapja.**)

my	az én	kulcsaim	ötleteim	kalapjaim
your	a ti	kulcsaid	ötleteid	kalapjaid
his/her	az ő	kulcsai	ötletei	kalapjai
our	a mi	kulcsaink	ötleteink	kalapjaink
your	a ti	kulcsaitok	ötleteitek	kalapjaitok
their	az ő	kulcsaik	ötleteik	kalapjaik

Plural possessive with the 'have' construction

Now that you can express possession in the plural, this can also be incorporated into the 'have' construction. For items possessed in the plural, instead of using the singular **van**, you would now use the plural **vannak**. Likewise, in negation, instead of using **nincs/nincsen**, you would use **nincsenek** for the plural.

(Neki) mindig jó ötletei vannak.
He always has good ideas.

(Nekünk) nincsenek bőröndjeink.
We have no suitcases.

Exercise 5

Provide the third-person plural possessive forms of the items listed below.

For example: szoba → **szobái**

1 kulcs
2 család
3 ötlet
4 szobafoglalás
5 számítógép

6 ismerős
7 kártya
8 csomag
9 számítógép
10 virág

Exercise 6

With the help of the possessive forms from the previous exercise, translate the following sentences into Hungarian. Watch out for the different personal endings of the nouns.

1 Where are my keys?
2 Our families are in Budapest.
3 You (**ti**) always have good ideas.
4 Why don't you (**ti**) have room reservations?
5 Their swimming pools are very beautiful.
6 They call their acquaintances every day.
7 Our phone cards are in the bag.
8 The porter carries her bags.
9 My computers are at home.
10 Where will you put your (**te**) flowers?

Nominal possession

By now you have learned to express possession for pronouns, but other nouns can possess items as well: e.g., 'Gábor's book', the 'girl's name', the 'children's parents'.

Notice in the following table that the possessive ending is attached to the item possessed – not the possessor. If what is possessed is plural you'll use the appropriate plural possessive endings:

	Singular possessed	*Plural possessed*
Singular possessor	**a gyerek könyve** the child's book (one child, one book)	**a gyerek könyvei** the child's books (one child, several books)
Plural possessor	**a gyerekek könyve** the children's book (several children, one book)	**a gyerekek könyvei** the children's books (several children, several books)

In the above table the possessor is unmarked in Hungarian; it may, however, be marked with **-nak/-nek** (dative). In this case the possessed noun is preceded by the definite article **a/az**, as in **a gyerekeknek a könyvei**. When the possessor is (or is modified by) the words **ez, az, mi, ki**, it must be in the dative case. Look carefully at the examples below to see how the dative case is used in nominal possession:

ezeknek a gyerekeknek a könyvei
these children's books (several children, several books)

ennek a lánynak a neve
this girl's name (one girl, one name)

kinek a tolla?
whose pen?

annak a laptopnak a winchestere
that laptop's hard drive

ennek a mérete
the length of this one/this one's length

Exercise 7

Practice nominal possession. Give both forms where possible.

Example: the child's mother →
a gyerek anyja, a gyereknek az anyja

that child's mother →
annak a gyereknek az anyja

1 whose girlfriend?
2 this boy's laptop
3 the teacher's class
4 those passengers' bags
5 Hungarians' language
6 the colour of the tram
7 the teachers of the university
8 Mr Newman's luggage
9 my father's mother
10 the neighbours of the Americans

Exercise 8

Compare and contrast possession with pronouns and nominal possession.

Example: their bag   →   **az ő táskájuk**
             the boys' bag   →   **a fiúk táskája**
             their bags   →   **az ő táskáik**
             the boys' bags   →   **a fiúk táskái**

1 her name; the doctor's name
2 their books; the students' books
3 his dogs; the boy's dogs
4 their friends; the girls' friends
5 her problem; the family's problem
6 their sandwiches; Lilla's and Zsófi's sandwiches
7 its official documents; the official documents of the laptop
8 his keys; Mike's keys
9 its coffee shop; the restaurant's coffee shop
10 his trips; my brother's trips

 Dialogue 3

 Levelek   Letters **(CD1; 82)**

After the tourist group leaves, Mr Newman catches sight of the man he had spoken to the night before. They get together again for a drink at the hotel bar.

MR FEKETE	Kér még egy kis bort?
MR NEWMAN	Igen, köszönöm.
MR FEKETE	Hol van a pohara?
MR NEWMAN	Itt van, tessék.

Mr Fekete pours some wine for Mr Newman.

MR NEWMAN	Ön nem iszik?
MR FEKETE	Nem, ma este inkább csak teázom.
MR NEWMAN	Kér cukrot?
MR FEKETE	Igen, két cukrot kérek szépen.

Mr Newman passes the sugar to Mr Fekete.

MR FEKETE	Kedveli Magyarországot?
MR NEWMAN	Igen, nagyon szeretem ezt a helyet.
MR FEKETE	Kit is keres Budapesten?
MR NEWMAN	Egy régi szerelmemet. Az a nagy álmom, hogy újra találkozunk.
MR FEKETE	Ezek mik?
MR NEWMAN	Az ő egykori levelei.

Mr Fekete goes through the letters and pours some wine for himself.

MR FEKETE	Ön most hol él?
MR NEWMAN	Párizsban. Tudja, a történelem, a forradalom, az államhatalom . . .
MR FEKETE	És mi a foglalkozása?
MR NEWMAN	Irodalmat és történelmet tanítok.
MR FEKETE	Érdekes, én is. Micsoda véletlen!
MR NEWMAN	Kicsi a világ. Talán így őt is megtalálom.
MR FEKETE	Remélem. Egészségére!
MR NEWMAN	Egészségére!

Vocabulary

államhatalom	powers of state	**megtalál**	finds
álom	dream	**Párizs**	Paris
cukor	sugar	**szállodavendég**	hotel guest
Egészségére!	To your health! Cheers! (*formal*)	**szerelem**	love
		talán	perhaps
egykori	former	**tanít**	teaches
foglalkozás	profession	**történelem**	history
forradalom	revolution	**újra**	again
irodalom	literature	**világ**	world
kedvel	likes		

Language points

Three new noun stems

There are three noun classes which add the plural, accusative and possessive endings a bit differently from what you have learned by now. With the exception of the third group presented below, there is no way to identify these nouns by just looking at them; we will indicate their class in the vocabulary lists and then it is up to you to memorise them.

1. Low-vowel nouns

These nouns require **a/e** as their linking vowel choice (not **o/e/ö**). Two other main characteristics of this group are:

(a) when attaching the accusative, they *always* require a linking vowel;

(b) when forming the third person possessive they (almost) never use the **j**-initial suffix.

Some of the nouns in this group also show a 'loss' of vowel length in the last syllable when adding suffixes. Let's look at how some of these nouns decline for some of the suffixes you have already learned:

No loss of length:

	singular	plural	singular	plural
	house		*place*	
nominative	**ház**	**házak**	**hely**	**helyek**
accusative	**házat**	**házakat**	**helyet**	**helyeket**
sing1 possessive	**házam**	**házaim**	**helyem**	**helyeim**
sing3 possessive	**háza**	**házai**	**helye**	**helyei**
pl1 possessive	**házunk**	**házaink**	**helyünk**	**helyeink**

Loss of length:

	singular	plural	singular	plural
	glass		*letter*	
nominative	**pohár**	**poharak**	**levél**	**levelek**
accusative	**poharat**	**poharakat**	**levelet**	**leveleket**
sing1 possessive	**poharam**	**poharaim**	**levelem**	**leveleim**
sing3 possessive	**pohara**	**poharai**	**levele**	**levelei**
pl1 possessive	**poharunk**	**poharaink**	**levelünk**	**leveleink**

2. Fleeting-vowel nouns

These nouns still require the **o/e/ö** linking vowel choice just as regular nouns do – but when attaching endings, the last vowel of the noun is omitted. When attaching the accusative case, the linking vowel is always required (no matter what letter the word ends in). When forming the third-person possessive, these nouns never take the **j**-initial suffix. Here is how some of these nouns attach the suffixes you have learned:

	singular	plural	singular	plural
	dream		*mirror*	
nominative	**álom**	**álmok**	**tükör**	**tükrök**
accusative	**álmot**	**álmokat**	**tükröt**	**tükröket**
sing1 possessive	**álmom**	**álmaim**	**tükröm**	**tükreim**
sing3 possessive	**álma**	**álmai**	**tükre**	**tükrei**
pl1 possessive	**álmunk**	**álmaink**	**tükrünk**	**tükreink**

3. -alom/-elem nouns

Many Hungarian words end in **-alom** or **-elem**, e.g., **irodalom** 'litera- ture', **történelem** 'history' (just as many words in English end in *-tion*). When adding suffixes, these nouns act a bit as both low-vowel and fleeting-vowel nouns: the linking vowel choice is always **a/e** (like low-vowel nouns), and the last vowel of the noun is omitted when attaching these suffixes (like fleeting-vowel nouns). Let's take a look at how these nouns decline:

	singular	plural	singular	plural
	reward		*love*	
nominative	**jutalom**	**jutalmak**	**szerelem**	**szerelmek**
accusative	**jutalmat**	**jutalmakat**	**szerelmet**	**szerelmeket**
sing1 possessive	**jutalmam**	**jutalmaim**	**szerelmem**	**szerelmeim**
sing3 possessive	**jutalma**	**jutalmai**	**szerelme**	**szerelmei**
pl1 possessive	**jutalmunk**	**jutalmaink**	**szerelmünk**	**szerelmeink**

Exercise 9

Form the possessive plural of the following possessive singular nouns.

Example: jutalmam   → **jutalmaim**

1 szerelmünk   6 levele
2 jutalma   7 helyünk
3 álmotok   8 házuk
4 tükröd   9 leveletek
5 poharatok   10 tükrük

Cultural notes

An intensely lyrical Hungarian poet, Attila József's verse is breathtakingly passionate and devastating. From the first verse of Attila József's poem '**Tiszta szívvel**' ('With a Pure Heart', 1925), you can witness the use of **nincs** in literature.

> Nincsen apám, se anyám,
> Se istenem, se hazám,
> Se bölcsőm, se szemfedőm,
> Se csókom, se szeretőm.

Vocabulary

bölcső	cradle; crib	**isten**	god
csók	kiss	**szemfedő**	shroud
haza	homeland	**szerető**	lover

Unit Nine
Meg tudja mondani, merre van a posta?

Can you tell me where the post office is?

In this unit you will learn:

- how to form adverbs
- a few new coverbs: **meg, el**
- word order with the verbs **tud, akar, kell, lehet**
- how to give directions

Text 1

Newman úr megreggelizik egy pesti kávéházban. (CD2; 1)

Meleg nyári reggel van. Andrew Newman még mindig a szállodában tartózkodik. Felkel, bekapcsolja a rádiót és megvárja az időjárásjelentést. Szép időt mondanak. Miután elkészül, elhatározza, hogy ezen a reggelen elmegy sétálni és megnézi a környéket. A portán megveszi a reggeli újságot, majd elsétál egy közeli kávéházba. Megrendeli a szokásos kakaóscsigáját, a túrós táskáját és a tejes kávét is. Megreggelizik. Megissza a kávéját, s közben elolvassa a híreket és eltervezi, hogy mit is akar aznap csinálni. Először elmegy egy könyvesboltba útikönyvet és képeslapokat venni, majd beugrik a postára és elküldi a képeslapokat a barátainak. Este pedig meglátogatja Gabriel Feketét a pesti ismerőseinek otthonában.

Vocabulary

aznap	that day
bekapcsol	turns on
elgondolkodik	thinks over
elhatároz	decides
elkészül	gets ready
elküld	sends off/away
elmegy	goes, sets off for
elolvas	reads (all the way through)
először	first(ly)
elsétál	walks (all the way) to
eltervez	plans
este	(in the) evening
felkel	gets up
hír	news
időjárásjelentés	weather report
kakaóscsiga	chocolate bun
képeslap	postcard
környék	neighbourhood
megiszik	drinks (up)
meglátogat	visits
megnéz	has a look at
megreggelizik	has breakfast
megrendel	orders
megvár	waits for (until the arrival)
megvesz	buys
meleg	warm
mi(t) is	what (emphatic)
miután	after (conjunction)
nyár(i)	summer(y)
porta	concierge's desk
rádió	radio
reggeli	breakfast; morning's

szokásos	usual
tartózkodik	stays, resides
tejes káve	latte (coffee)
túrós táska	cheese pastry
útikönyv	travel book

A Szabó család megebédel (CD2; 3)

Zoltán és Gabriel leülnek az asztalhoz. Melanie teljesen meghatódik, amint kinyitja a születésnapi ajándékát. A pincér visszajön az asztalhoz és odaadja Gabrielnek és Zoltánnak az itallapokat és az étlapokat. Elveszi a csokrot Melanie-tól, beteszi a virágokat egy vázába. Gabriel megnézi az étlapot és megrendeli a kedvenc magyar fogásait. A pincér felveszi Zoltán rendelését is.

ZOLTÁN Te mit iszol?
GABRIEL Egy pohár Bikavért. És te? Fehér bort vagy vörös bort kérsz?
ZOLTÁN Én nyáron általában sört rendelek. Inkább sört iszom ebben a melegben.
PINCÉR Uram?
GABRIEL Egy pohár Egri Bikavért kérek.
PINCÉR Más valamit?
GABRIEL Egy üveg ásványvizet is, legyen szíves.
PINCÉR Szénsavasat vagy szénsavmenteset?
GABRIEL Szénsavasat. Köszönöm.
PINCÉR És az úrnak?
ZOLTÁN Én egy korsó sört kérek.
PINCÉR Rendben.

In a few minutes, the waiter returns with their drinks and takes their order.

PINCÉR Előételt parancsolnak az urak?
GABRIEL Köszönöm, én előételt most nem kérek.
ZOLTÁN Köszönöm, én sem.

PINCÉR	Főételnek mit parancsolnak?
GABRIEL	Én kérek egy borjúpaprikást és egy uborkasalátát is.
PINCÉR	És Ön?
ZOLTÁN	Én pedig egy vörösboros marhapörköltet kérek. Köretnek mit ajánl?
PINCÉR	Tarhonyát.
ZOLTÁN	Jó, rendben.
PINCÉR	Más valamit parancsolnak?
ZOLTÁN	Egy káposztasalátát is legyen szíves.
PINCÉR	Mást?
GABRIEL	Köszönjük, mást nem kérünk.
PINCÉR	Rendben, köszönöm. Máris hozom az italokat.

Megérkeznek az italok. A vendégek koccintanak. Boldog születésnapot kívánnak Melanie-nak, majd eléneklik neki kedvenc magyar nótáját is. A dal címe: *Nád a házam teteje*. Kicsit hangosan énekelnek. Ez a szomszéd asztalnak nem nagyon tetszik. Megrendelik az édességeket. A Szabó család rétest rendel, Melanie a Gundel palacsintát választja. Gabriel általában nem eszik desszertet, de Pesten ő is megkívánja a finom süteményeket. Most dobos tortát rendel. A vendégek jóízűen megebédelnek és vidáman távoznak.

Vocabulary

ajánl	recommends, offers
általában	usually
amint	as
ásványvíz	mineral water
betesz	puts in
bor	wine
borjúpaprikás	veal in paprika sauce
cím	title
csokor	bouquet
dal	song
desszert	dessert
Dobos torta	sponge cake topped with caramel slices

édesség	sweets, dessert
Egri Bikavér	Bulls' Blood (wine from Eger)
elénekel	sings (through)
előétel	appetiser
elvesz	takes away
finom	delicious
főétel	entrée
fogás	course
kedvenc	favourite
Gundel palacsinta	type of thin pancake (*see* Cultural notes)
hangos	loud
iszik (inf. **inni**)	drinks
itallap	drinks menu
jóízű	delicious
káposzta	cabbage
kinyit	opens
koccint	clinks glasses
korsó	mug, pint
köret	side dish
marhapörkölt	beef stew
máris	already, right away
megebédel	has lunch
megérkezik	arrives
meghatódik	is touched by
megkíván	has a desire for, craves
nád	thatch
nóta	(popular) song
odaad	gives, hands (over)
palacsinta	thin pancake, crepe
rétes	strudel
saláta	salad
sör	beer
sütemény	pastry
szénsavas	carbonated

szénsavmentes	non-carbonated
széletésnap(i)	birthday (adj.)
találkozás	meeting, gathering
tarhonya	egg barley
távozik	departs
teljesen	fully, completely
tető	roof (its roof: **teteje**)
üveg	*here*: bottle
választ	chooses
váza	vase

🔍 Language points

Adverbs, -(a)n/-(e)n

Adverbs are most commonly formed by adding the suffix **-(a)n/-(e)n** to adjectives. If the adjective ends in **a** or **e**, the vowel is lengthened before adding **-n**:

| **drága** | dear | **drágán** | dearly |
| **gyenge** | weak | **gyengén** | weakly |

Some adjectives ending in **ó** or **ő** require the linking vowel (**a/e**) when forming the adverb; some do not (similarly when forming the plural of adjectives – *see* Unit 1).

| **olcsó** | inexpensive | **olcsón** | inexpensively |
| **érthető** | understandable | **érthetően** | understandably |

Most other adjectives form the adverb by adding **-an/-en**

jóízű	delicious	**jóízűen**	deliciously
szép	beautiful	**szépen**	beautifully
vidám	happy	**vidáman**	happily
hangos	loudly	**hangosan**	loudly

Common irregular forms include:

jó	good	**jól**	well
rossz	bad, poor	**rosszul**	badly, poorly
lassú	slow	**lassan**	slowly
könnyű	easy	**könnyen**	easily
szörnyű	awful	**szörnyen**	awfully
hosszú	long	**hosszan**	at length

The coverbs meg **and** el

In the previous unit you learned about the *directional* meanings of seven coverbs. Hungarian has many other coverbs as well – and they need not have one specific meaning. In fact, a common use of coverbs is to refine the meaning of a verb to express the *completion* (or intended completion) of a verb's action. In this section we will look at the coverbs **meg** and **el** and how they are used to limit the action of a verb by expressing the verb's *completion*. In contrast, a verb without these coverbs expresses the ongoing nature of the action. Note in the examples below that English often uses the *future* to express completion of an action where Hungarian simply uses a coverb:

ongoing activity	*complete action*
Olvasom a könyvet.	**Elolvasom a könyvet.**
I am reading the book.	I will read the (entire) book.
Kávét iszik.	**Megissza a kávét.**
She is drinking coffee.	She will drink/drinks (all) the coffee.
Várom az autóbuszt.	**Megvárom az autóbuszt.**
I am waiting for the bus.	I will wait for the bus (until it comes).
Szép dalokat énekelnek.	**Elénekelik majd a népdalokat.**
They are singing beautiful songs.	Soon they will sing the folksongs.

A word of caution: not all verbs can use **meg** or **el** to express completion. Other coverbs may be used for this function as well, **meg** and **el** are just most commonly used. It is important when learning a new verb to learn what coverbs may be used with it and how the meaning of the verb is changed. The use of coverbs is perhaps the most subtle (and therefore most difficult) way to refine meaning in Hungarian.

Exercise 1

Choose the correct verb to complete the sentence.

1 We are ordering the drinks now. Most _____ (**megrendel – rendel**) az italokat.
2 They will eat the grapes _____ (**megeszik – eszik**) a szőlőt.
3 Mr Newman will have breakfast. Newman úr _____ (**megreggelizik – reggelizik**).
4 I am reading the New York Times. _____ (**elolvas – olvas**) a New York Times-ot.
5 Gabriel is looking at the menu. Gabriel _____ (**megnézi – nézi**) az étlapot.

Exercise 2

Look at the menu below and fill in the missing verbs.

✏ ÉTLAP ✏

ELOÉTELEK – APETIZERS		FOÉTELEK – ENTRÉES	
Libamáj piritóssal		Töltött paprika	
Goose liver with toast	1500.–	*Stuffed peppers*	1200.–
Pármai sonka sárgadinnyével		Borjúpaprikás galuskával	
Parma ham with cantaloupe	1290.–	*Veal in paprika sauce and dumplings*	1350.–
Mozzarella friss paradicsommal		Kolbászos lecsó	
Mozzarella cheese with fresh tomato	690.–	*Lecso with sausage*	990.–
Hortobágyi palacsinta		Brassói aprópecsenye	
Hortobágyi pancakes	520.–	*Brassó pork stew*	1100.–
LEVESEK – SOUPS		SALÁTÁK – SALADS	
Tárkonyos borjúragu leves		Káposztasaláta	
Veal ragout with tarragon	500.–	*Cabbage salad*	350.–
Gulyásleves		Paradicsomsaláta	
Goulash soup	500.–	*Tomato salad*	350.–
Jókai bableves		Tejfölös uborkasaláta	
Jókai bean soup	420.–	*Cucumber salad with sour cream*	350.–
Hideg gyümölcsleves			
Cold fruit soup	380.–	DESSZERTEK – DESSERTS	
		Gundel palacsinta	
FOZELÉKEK – VEGETABLE PUREES		*Gundel pancakes*	650.–
Spenót tükörtojással		Dobos torta	
Spinach puree with fried egg	420.–	*Dobos cake*	350.–
Tökfozelék virslivel		Házi rétes	
Squash puree with hot-dog	420.–	*Homemade strudel*	420.–
Zöldborsófozelék		Fagylaltkehely	
Green pea puree	380.–	*Ice cream sundae*	350.–

1　Minden nap spenótot _____ (we eat).
2　Newman úr _____ (orders) a Gundel palacsintát.
3　Gabriel Pesten mindig _____ (craves for) a dobostortát.
4　Hamarosan _____ (will arrive) a káposztasaláta.
5　Melanie és Zsófia _____ (order) az előételeket.

Text 3

Newman úr meg akarja kérdezni az eladót...
(CD2; 6)

Newman úr jelenleg egy könyvesboltban van az Oktogonnál. Nagyon sok érdekes és különleges útikönyv van ezen a helyen. Newman úr azonnal meg akarja venni az egész boltot! Kiválaszt egy angol nyelvű könyvet és néhány budapesti képeslapot. Gyorsan megkeresi a szemüvegét, és megnézi az árakat. Igen, van elég pénze! Ki tudja fizetni a könyvet is. A könyvesbolti eladó elkészíti a számlát. Newman úr a postára is el akar menni, mert fel akarja adni az ismerőseinek a budapesti képeslapokat. A könyvesboltban sajnos nem tud bélyeget venni. Meg akarja kérdezni az eladót, hogy hol van a posta, de nincs bátorsága megszólalni magyarul. Newman úr kilép a boltból. Meg tudja mondani neki valaki, hogy merre van a posta?

Vocabulary

ár	price	különleges	special
bátorság	courage	megkeres	looks for and finds
bélyeg	stamp	megmond	says, states
elkészít	prepares	megszólal	speaks up, begins to speak
felad	(sends by) post		
hely	place	megszólít	addresses
járókelő	pedestrian	X nyelvű	in language X
kérdez	asks	szemüveg	(eye)glasses
kifizet	pays up	utca	street
kiválaszt	selects		

Language point

Tud **'can, is able'** and akar **'wants'**

These two verbs have a word-order requirement different from most verbs. Compare the sentences below.

Megvesz egy könyvet.	He will buy a book.
Meg akar venni egy könyvet.	He wants to buy a book.
Bemegyek a boltba.	I am going into the store.
Be akarok menni a boltba.	I want to go into the store.
Elkészíti a számlát.	He prepares the bill.
El tudja készíteni a számlát.	He is able to prepare the bill.

You will notice that the coverb is displaced from the verb it was originally attached to and placed before the verbs **tud** and **akar**.

If a focus element (negation, questions, answers to questions or emphasis) appears in sentences like these, they must (as usual) always occur in the position immediately preceding the conjugated verb: **tud** or **akar**; in this case, the coverb remains attached to its original verb. The following are the same three sentences rephrased to include a focus element – observe the word order. (To review focus elements see Unit 2.)

emphasis	**Csak a könyvet akarja megvenni.**
	He wants to buy just the book.
negation	**Nem akarok bemenni a boltba.**
	I don't want to go into the store.
question	**Ki tudja elkészíteni a számlát?**
	Who is able to prepare the bill?

Exercise 3

Practice making sentences with **akar** and **tud**. Use all the words to form a complete sentence.

1 felszállni, a villamosra, akar, Zsófia
2 Newman úr, postára, akar, elmenni
3 étlapot, vendégek, akar, megnézni
4 a, elénekelni, barátaim, tud, Melanie kedvenc dala
5 tud, ki, ? ebédet, elkészít

6 bekapcsolni, a rádiót, akar, John
7 elovasni, tud, az újságot, már, a testvéreim
8 megvenni, akar, egy könyvet, a gyerekek
9 ma, akar, este, újságot, elolvas, én
10 itt, tud, ki, beszélni, ? lengyelül

Dialogue 1

Meg tudja mondani, merre van a posta? (CD2; 8)

NEWMAN ÚR	Elnézést, meg tudja mondani, merre van a posta?
JÁRÓKELŐ	A főpostára akar menni, vagy a kerületi postát keresi?
NEWMAN ÚR	Mindegy, csak néhány bélyeget akarok vásárolni és fel kell adnom ezeket a lapokat.
JÁRÓKELŐ	Van egy helyi posta az Oktogonnál. Itt ezen az utcán egyenesen le kell menni, aztán a lámpánál balra kell fordulni és ott már lehet látni a posta épületét. Nem is lehet eltéveszteni. Egy piros téglaépület. Ráadásul ez egy helyi posta, így nem kell sokat várnia a sorban.
NEWMAN ÚR	Ha külföldi vagyok és csomagot is akarok feladni, kell az útlevelem?
JÁRÓKELŐ	Nem hiszem.
NEWMAN ÚR	Nagyon szépen köszönöm.
JÁRÓKELŐ	Nincs mit.
NEWMAN ÚR	Viszontlátásra!

Vocabulary

aztán	then		**kerület(i)**	district (adj.)
egyenesen	straight		**lámpa**	*here*: traffic light
eltéveszt	misses (aim)		**lap**	postcard
épület	building		**lehet**	is possible
fordul	turns		**ráadásul**	moreover
főposta	main post office		**sor**	line, queue
helyi	local		**téglaépület**	brick building
kell	is necessary, must			

Language points

Kell 'is necessary' and declined infinitives

Directly translated, **kell** means 'is necessary', and this is the verb to use when you wish to express a need for something. The person who needs something is in the dative case and the needed item is the subject of **kell**.

Nekem új számítógép kell.
I need a new computer.

Kell az útlevelem?
Do I need my passport?

Nem kellenek ezek a könyvek.
These books are not necessary/needed.

Often, however, what one needs is to *do* something – that is, the verb **kell** will occur with another verb. When it does, the verb is found in a form called the declined infinitive: the infinitive with possessive endings attached. The possessive endings are added to verbs in the following way:

Vowel harmony	(back)	(front, unrounded)	(front, rounded)
	várni	**menni**	**főzni**
	to wait	to go	to cook
(nekem)	várnom	mennem	főznöm
(neked)	várnod	menned	főznöd
(neki)	várnia	mennie	főznie
(nekünk)	várnunk	mennünk	főznünk
(nektek)	várnotok	mennetek	főznötök
(nekik)	várniuk	menniük	főzniük

You will notice that the final **-i** of the infinitive **-ni** is omitted in the first- and second-person forms but remains attached for the third-person forms; the same possessive endings as found for nouns are attached to the infinitive. The dative complement of the construction may be left out for pronouns (it is clear from the declined infinitive who the actor is).

Finally, the verb **kell** is like **tud** and **akar** in that it also separates coverbs from their verbs. Observe the following examples with special regard to word order:

(Nekem) fel kell adnom ezeket a lapokat.
I have to post these cards.

Zsófiának meg kell várnia a barátját.
Zsófia has to wait for her friend.

(Nekik) nem kell bemenniük.
They do not have to go in.

Lehet 'is possible', 'may'

Lehet is a form of the verb **lesz** 'will be' and may conjugate for person with the meanings 'I may be', 'you may be', etc. Most often, however, it is used in impersonal constructions, i.e. no specific actor is mentioned; thus, any number of actors may be interpreted. When used this way, **lehet**, like **akar** and **tud**, also separates coverbs from their verbs:

Be lehet menni.	One may/We may/You may go in.
Ezt meg lehet csinálni.	It is possible to do it.
Nem is lehet eltéveszteni.	You can't miss it.

A final word on **kell** and **lehet**: these verbs are never found in the definite conjugation.

Lehet vs. talán

Both **lehet** and **talán** can be translated as 'maybe' but **talán** contains a glimmer of hope on the part of the speaker. **Lehet**, on the other hand, is more neutral and expresses mere possibility:

Mentek Olaszországba a nyáron?
Are you going to Italy in the summer?
Talán . . . Maybe. (I don't know if it is possible but I really
　　　　　　 hope so.)

Mentek Olaszországba a nyáron?
Are you going to Italy in the summer?
Lehet . . . Maybe. (I don't know. It really depends on the
circumstances, possibilities, etc.)

Exercise 4

Practice the use of the verb **kell**.

1 We have to order the drinks.
2 Laci has to call his mother.
3 We have to go shopping tonight.
4 Zsófia has to reserve a table in a downtown restaurant.
5 I have to read the news.
6 You have to get on the number six tram.
7 I have to turn on my computer.
8 Mr Newman has to find his old love.
9 This afternoon I have to go to the hairdresser's.
10 Gabriel has to order desserts in Hungary.

Exercise 5

Negate the sentences in the previous exercises.

Cultural notes

Hungarians, in general, love to eat and love to drink. As for places
to dine, the terms **vendéglő** and **étterem** both refer to a restaurant,
although the former has more of an informal atmosphere.

For drinks, you can go to a **borozó** (wine bar) or **söröző** (beer bar)
or a more down-to-earth establishment called **kocsma** (bar). If you
prefer coffee, you may stop by a **presszó** or a **kávézó** (coffee shops).
Remember that ordering **kávé** in Hungary means that what you end
up having on your table is a strong espresso.

Hungarians eat three to five times a day. The meals are called
reggeli (breakfast), **tízórai** (elevenses), **ebéd** (lunch), **uzsonna** (after-
noon snack) and **vacsora** (dinner). The main meal of the day is lunch.
Note that instead of using two words as in 'eat/have breakfast/lunch,
etc.', Hungarians use the verbs **reggelizik, tízóraizik, ebédel, uzson-
názik** and **vacsorázik**.

ELŐÉTELEK
APPETISERS
Hortobágyi palacsinta
Hortobágyi pancakes

This pancake is usually eaten as an appetizer or starter. It is not a sweet pancake but filled with meat, seasoned with the ever-present paprika. It is topped with a touch of sour cream – the other famous ingredient of Hungarian cooking.

LEVESEK
SOUPS
Jókai bableves
Jókai bean soup

This is not a *főzelék*, but nevertheless, this dish is quite a thick soup made of beans. Usually, it has homemade dumplings, cooked vegetables and smoked sausage – another hearty ingredient not to be missed!

FŐÉTELEK
ENTRÉES
Borjúpaprikás galuskával
Veal in paprika sauce and dumplings

This is a veal stew in a creamy sauce seasoned with paprika and served with dumplings made of flour and eggs. *Bon appétit!*

SALÁTÁK
SALADS
Tejfölös uborkasaláta
Cucumber salad with sour cream

This salad is made of thin sliced cucumbers, soaked in water, seasoned with a touch of vinegar and sugar, and of course, some paprika and sour cream on the top!

DESSZERTEK
DESSERTS
Gundel palacsinta
Gundel pancakes

This pancake is not a low calorie dessert at all. Filled with nuts or almonds, the pancakes are coated with a dark chocolate sauce.

Hungarian meals are quite hearty. The main meal usually consists of three courses (**fogások**), any of the following combination of dishes: appetisers (**előételek**), soups (**levesek**), thick soup/puree, usually made of vegetables (**főzelékek**), salads (**saláták**), desserts (**desszertek** or **édességek**).

When you go to Hungary and revel in the local cuisine, do not forget to get acquainted with the three Ps: **pogácsa, paprika** and **pálinka**. We are already familiar with the spice paprika, ever-present in the Hungarian kitchen. The second P refers to **pogácsa**, a small biscuit. The last is **pálinka** – not a food, but a strong spirit native to Hungary. It comes in flavours such as apricot (**barackpálinka**), cherry (**cseresznyepálinka**) or plum (**szilvapálinka**). Having met the spirits, now you are ready to learn a new expression, a quite local one indeed: **Pálinkás jó reggelt!**

Unit Ten

Mit csinált Newman úr a hétvégén?

What did Mr Newman do at the weekend?

In this unit you will learn:

- how to talk about times of the day, week, year and seasons
- a few new cases meaning 'with', 'for' and 'until'
- the past tense
- to use relative pronouns
- some historic Turkish landmarks in Hungary

Dialogue 1

Találkozunk este nyolckor? (CD2; 10)

MIKE	Tudod, mit csinálunk ma este? Elviszlek moziba!
LILLA	Milyen filmet nézünk meg?
MIKE	Meglepetés!
LILLA	Nekem is van egy meglepetésem.
MIKE	Igen?
LILLA	Be akarlak mutatni a szüleimnek.
MIKE	Mikor?
LILLA	A hétvégén.

MIKE   Rendben.
LILLA   És mikor kezdődik a film?
MIKE   Kilenckor.
LILLA   Akkor találkozunk este nyolckor mozi kávézójában?
MIKE   Ott leszek!

Vocabulary

bemutat	introduces	**hétvége**	weekend
elvisz	takes (along)	**kezdődik**	begins
film	film	**mozi**	cinema

	HÉTFŐ MONDAY	KEDD TUESDAY	SZERDA WEDNESDAY	CSÜTÖRTÖK THURSDAY	PÉNTEK FRIDAY	SZOMBAT SATURDAY	VASÁRNAP SUNDAY
délelőtt			Reggeli (hotel környékén)				
			Könyvesbolt			Utazás Balatonra vagy Egerbe	Utazás Balatonra vagy Egerbe
délután			Posta	Patyolat (zakó)	Ebéd Lillával és Dániellel fél egykor		
			1/2 7-kor találkozó Gabriellel (Nyugatinál)				
	Budai Várszínház 8-kor	Vacsora (hotelben) Mondini úrral	8-kor vacsora Szabó családdal	Vacsora (hotelben) Gasparo Mondinivel			

Dialogue 2

A posta négyig van nyitva (CD2; 13)

ISTVÁN	Mit csinál hétfőn Newman úr?
ZITA	Átmegy Budára. Sokáig marad, csak éjfélkor megy haza.
ISTVÁN	Mit csinál Budán?
ZITA	A Várszínházba megy.
ISTVÁN	Mikor kezdődik az előadás?
ZITA	Este nyolckor.
ISTVÁN	Kivel találkozik kedden?
ZITA	Gasparo Mondinivel, egy másik szállodavendéggel.
ISTVÁN	Kedden délután megy a postára?
ZITA	Igen.
ISTVÁN	Miért siet?
ZITA	Mert a posta négyig van nyitva.
ISTVÁN	Hány órakor találkozik Gabriellel szerdán?
ZITA	Pontosan fél hétkor.
ISTVÁN	Csütörtökön miért megy a patyolatba?
ZITA	A zakójáért.
ISTVÁN	Kivel találkozik pénteken fél egykor?
ZITA	Lillával és az ő költő barátjával, Dániellel.
ISTVÁN	És kivel tölti a hétvégéjét?
ZITA	Egy turistacsoporttal.
ISTVÁN	Mit csinálnak szombaton?
ZITA	Egerbe mennek.
ISTVÁN	Meddig maradnak Egerben?
ZITA	Két napig. Vasárnap már jönnek is vissza.

Vocabulary

átmegy	goes over/across
Balaton	*a large lake in Hungary* (*see* Cultural notes)
csütörtök	Thursday
éjfél	midnight
finom	delicious
hazamegy	goes home
hétfő	Monday
hisz (infinitive: **hinni**)	believes, thinks
költő	poet
marad	stays, remains
meddig?	(for) how long?
miért?	why?
nyitva	open
patyolat	drycleaners
péntek	Friday
sokáig	for a long time
szerda	Wednesday
szombat	Saturday
tölt	spends (time)
turistacsoport	tourist group
Várszínház	Castle Theatre
vasárnap	Sunday

Language points

Mennyi az idő? Hány óra van?
'What time is it?'

Either of the above expressions is used to ask the time. When answering on the hour, use the word **óra** 'hour', e.g., **Három óra (van)**. 'It is three o'clock.' When not exactly on the hour, Hungarians tell time by looking to the hour ahead; though in English you may say 'a quarter past two', in Hungarian you say something more like 'a quarter (on the way to) three'. Look how the words **negyed** 'quarter', **fél** 'half' and **háromnegyed** 'three quarters' are used in telling time:

2.15	**negyed három**	¼ 3 or n3
7.30	**fél nyolc**	½ 8 or f8
11.45	**háromnegyed tizenkettő**	¾ 12 or hn12
4.00	**négy (óra)**	4

Although the colloquial language uses expressions such as **délelőtt** (**de.**) and **délután** (**du.**) to pinpoint times to the morning or afternoon, official time expressions (train schedules, etc.) use the twenty-four-hour clock:

15.16	**tizenöt óra tizenhat perc**	(sixteen minutes past three p.m.)

Hány órakor? **'At what time?'**

The case **-kor** can be added to the specific hour of a day, and some other time expressions to mean *at* that time. (Note that the vowels **a/e** at the end of a word are not lengthened when **-kor** is attached.)

kilenckor, kilenc órakor	at nine, at nine o'clock
fél nyolckor	at seven thirty
Karácsonykor	at Christmas
ekkor/akkor	at this/that time
éjfélkor	at midnight

Meddig? **'For how long? How far?'**

The case **-ig** is used to express the meaning 'until, up to' for both times and locations.

fél háromig	until two thirty
addig	until there/until then
Budapestig	as far as Budapest
eddig	until here/until now
sokáig	for a long time
tíz percig	for ten minutes

A useful expression with this construction is **Meddig tart?** 'How long does it last?', used when talking about television programmes, films, theatre performances, etc.

Meddig tart az előadás?   How long does the lecture last?
Nyolcig.   Until eight.

Exercise 1

Hány óra van? Tell the time according to the watches below.

| 3.30 pm | 5.45 pm | 7.00 am |
| 4.15 pm | 11.00 pm | 9.30 am |

Exercise 2

Look at the television program of *Vas Népe* and answer the questions. You may use more than one form of time expression.

1 Mikor kezdődik a *Zsebtévé?*
2 Meddig tart?
3 És mit adnak akkor a tv2-n?
4 És az a program meddig tart?
5 És mikor kezdődik a Spektrumon a *Sport szafari?*

MTV 1	DUNA TV	tv 2	SPEKTRUM
05.57 Hajnali gondolatok	05.30 VIRRADÓRA	05.50 Faluvilág	08.00 Földön Innen . . .
06.00 Szabadság tér	09.00 Reggeli muzsika	06.00 Reggeli kiadás	08.30 Betondzsungel
09.00 Bor és hatalom – 88/28.	09.10 Patrick, a postás és	07.00 JÓ REGGELT	A város vándorai
09.30 Ficánkoló	az ő tarka macskája	MAGYARORSZÁG!	09.00 Ez katasztrofális!
09.35 Zsebtévé	09.25 A titkos kert – 7/2.	08.50 Reggeli gondolatok,	09.30 Így működik
10.10 Lönnrot meséi	09.55 Régiók (ism.)	vallási percek	10.00 Clive James:
10.20 Kézilabdasuli	10.25 Póráz (ism.)	09.00 tv 2 Matiné	Képeslapok
10.40 Telemim – 4. (ism.)	11.00 Távoli Pavilonok – 6/4.	Blinky Bill;	11.00 Az ókori Egyiptom
10.50 Thalassa	11.55 Vers	Rémecskék kicsiny	A feltámadás gépezete
– A tenger magazinja	12.00 Déli harangszó	boltja; Az ifjú	12.00 Oroszország közelről
11.30 A homok titkai (ism.)	12.20 Esti kérdés (ism.)	Superman kalandjal	13.00 Háborúk titkai
12.00 Déli harangszó	12.30 Anziksz–Berhida (ism.)	10.00 Brooklyn-híd Am. sor.	14.00 Isten aldjon Amerika
12.01 Híradó	12.50 Gazdátian asszony (ism.)	10.25 Kakuk Talk-show	15.00 Óceánia
12.30 Szerelmek	14.05 Muzsika-szó (ism.) ○	10.55 Közvetien ajániat	15.30 Természetfigyelő
Saint Tropez-ban (ism.)	14.35 Heuéka!	11.20 Mindent tudni akarok	Gémek
13.25 Együtt	Megtaláltam! (ism.)	11.25 Plusz	16.00 FocIláz
14.25 A pampák királya (ism.)	15.05 "MEGIDÉZETT	11.50 A nagy hazárdőr	Négy ember a gáton
15.20 Kincsestár	TÖRTÉNELEM"	visszatér – 2/2.	16.30 Hivatásuk a veszély
16.55 Szívtipró gimi – 169.	A viharos századelő (ism.)	13.40 Stefanie Nemet sorozat	17.00 Repülősök
17.45 Körzeti híradók	16.05 Pop-sa-rock (ism.)	14.45 Gazdagok és szépek	18.00 Állati élet
18.00 Mária-köszöntő	16.35 Furcsa mesék	Am. sorozat – 475.	19.00 A vizek szerelmesei
18.20 Három angyal fejem	Angol animációs film	15.10 Baywatch	19.30 **Sport szafari**
felett	16.45 A titkos küldetés – 48/18.	Német-am. akciósor.	20.00 Az atomkorszak
18.35 Játék határok nélkül	17.10 Nyelvőrző	16.00 Sunset Beach – 237.	21.00 Helikopterek
– Előzetes	17.25 Mese	16.45 Kassandra – 106.	21.30 Korunk nagy
18.40 Gyerekeknek!	18.00 Híradó	17.40 Luz María – 39.	találmányai
18.55 Rabszolgasors – 7.	18.20 Holdudvar Magyar film	18.30 Tények	22.00 A Brit Királyi Légierő
19.30 Híradó, sporthirek	19.40 Beethoven: I. szimfónia	19.00 Szerencsekerék	23.00 Teljesítményláz
20.00 Szomszédok – 321.	20.10 Váltó	19.30 Marimar – 106.	24.00 A muzsika mesterei
20.30 Ki marad a végén?	20.40 Esti kérdés	19.55 Forró nyomon	01.00 Nomádok
21.00 Lehetetlen!?	21.00 Híradó	20.50 Rex felügyelő	
Vámos Miklós műsora	21.25 Sportpercek	21.45 JÓ ESTET,	
V.: Udvaros Dorottya	21.40 ÉJSZAKAI JÁRAT	MAGYARORSZÁG!	
21.40 Klip plusz	Benne:	22.30 Forrongó villág – 14/11.	
22.00 Hírek	21.40 Szubjektiv Színházi	23.55 Follow-me	
22.05 Aktuális	Kalauz	00.25 Segíts magadon	
22.25 Kenó-sorsolás	21.45 Játéktér	00.50 Vers éjfél után	
22.30 *Hitchcock nyomában*	22.15 Csodák ideje ▲		
Gyóntatószék	Szerb tévéfilm		
Kanadai-angol-fr. film	23.50 Híradó		
00.10 Képújság	23.55 Vers (ism.)		

Exercise 3

Look at the programs of *Örökmozgó, Puskin* and *Színbád Film Forums* and answer the questions.

1　Mi ment az Örökmozgóban 1999. augusztus ötödikén fél ötkor?
2　És mikor adták a *Taxi* t a Puskinban?
3　Mit játszottak a Színbádban a Latonovits teremben este hétkor?
4　*Az Élet szép* mikor kezdődött a Színbádban? (A Színbád mozi neve most Kino mozi.)
5　*Az Élet szép* a Puskinban is ment délelőtt?
6　Pontosan mikor?

[FILM]

ÖRÖKMOZGÓ
(VII., Erzsébet krt. 39. tel.: 342-2167): **Dühöngo ifjuság** (ang. T. Richardson) 5-én f5
Makrancos hölgy (am.-olasz, F. Zeffirelli) 5-én f7 **Nem félünk a farkastól** (am. M. Nichols) 5-
én f9 **Szerelmem, Hirosima** (fr.-japán, A. Resnais) 6-án f5 **A rajzoló szerzodése** (ang. P.
Greenaway) 6-án f7 **A festo napja** (német, W. Nekes) 6-án f9 A vetítés után vendégünk:
Werner Nekes. **Mezei kirándulás** (fr. J. Renoir) 7-én f5 **Ragtime I–II.** (am. M. Forman) 7-én 6
Álmok (am. A. Kuroszava) 7-én f9 **Ebéd a fuben** (fr. J. Renoir) 8-án f5 **Vasárnap, átkozott
vasárnap** (angol, J. Schlesinger) 8-án f7 **Hajnal elott** (Zsuppa J.) 8-án f9 **Harmadik típusú
találkozások** (S. Spielberg) 8-án f9 **Eleven hús** (sp. P. Almodóvar) 9-én f5 **Szikrázó napfény**
(fr. R. Clémént, P. Gegauff) 9-én f7 **Sebek** (jug. S. Dragojevic) 9-én f9 **A nagy ábránd** (fr. J.
Renoir) 10-en f5 **Limonádé Joe** (csehszi. O. Lipsky) 10-én f7 **Brubaker** (am. S. Rosenberg)
10-én f9 **Teljes napfogyatkozás** (ang.-fr. A. Holland) 11-én f5 **Két bors ökröcske** (magyar
rajzfilm) 11-én f7 **A múmia bosszúja** (am. C. Cabanne) 11-én f7 **Napfogyatkozás** (olasz-fr. M.
Antonioni) 11-én f9

PUSKIN
(V., Kossuth L. u. 18. tel.: 429-6080): Helyár: de: 390 Ft. du.+ este: 550 Ft. Kedd: PUSKIN NAP
– egész nap 390 Ft. Pénztárnyitás mindennap de. 10. Este 7 óráig – kedd kivételével – az
Ifjúsági és Nyugdíjas mozibérletek érvényesek. 3 légkondicionáit terem, Dolby sztereo, Dolby
digitális hang **KIRUCCANÓK** (am.)* Premier elott! éjjel 10 **Oscar Wilde szerelmei** (angol)***
f4, h6, 8, éjjel 10. 5-10-ig de. 11, n2 is **Taxi** (mb.fr.)* n5, n7, 8. 5-9-ig de. 11 is **Agyament Harry**
(am.)** éjjel 10. 5-10-ig h1, f3 is **Elizabeth** (angol)* h6. 5-én f4 is **Az élet szép** (olasz)* 8. 5-7-ig
de. 11 is **Központi pályaudvar** (brazil)* 5-10-ig h2 **Vigo** (ang.-fr.)* 6-án f4 **Téli vendég** (angol)*
7-8-ig f4 **Születésnap** (dán)** 9-11-ig f4 **Szerelmes Shakespeare** (am.)* 8-10-ig de. 11

SZINDBÁD
(XIII., Szent István krt. 16.tel.: 349-2773): Pénztárnyitas f4 órakor. Jegyelovétel az egész
musorhétre. Este 7 óráig Ifjúsági és Nyugdíjas mozibérletre 50% kedvezmény! A bérlet ára 300
Ft illetve 200 Ft, kaphatók a pénztárban. 15 fo felett 50% kedvezményt adunk minden
eloadásra. Fotókiállításnak helyet biztosítunk. Minden csillaggal (**) jelöit film előadására 10%
kedvezmény a Pesti Est klubkártya tulajdonosoknak! *Latinovits terem:* **Az élet szép** (olasz)*
7. 10-én 5 is (**) **Agyament Harry** (am.)** 9. 5-6-ig és 11-én n6 is (**) **Ragyogj!** (ausztrál)* 7-
én 5 (**) **Elizabeth** (angol)* 8-9-ig h5 (**) *Dajka terem:* **Szájból szájba** (sp.)* 5-én f5 (**)
Turisták (fr.)* 6-án f5 (**) **Mint a királyok** (fr.)* 7-én f5 (**) **Káma-Szútra** (am.-indiai)** 8-án f5
(**) **Angyalok es rovarok** (angol)* 9-én f5 (**) **És a nyolcadik napon. . .** (fr.)* 10-én f5 (**) **A
galamb szárnyai** (angol)* 11-én f5 (**) **Elizabeth** (angol)* f7 (**) **Az élet szép** (olasz)* h9 (**)

 Language points

Napszakok **'times of day'**

Some of the following expressions are both a noun and an adverb;
they express both the name and time of day.

reggel	(in the) morning
délelőtt	(in the) morning

dél/délben	noon/at noon
délután	(in the) afternoon
nap/nappal	day/during the day
este	(in the) evening
éjszaka	(at) night
éjjel	(at) night
éjfél/éjfélkor	midnight/at midnight

Days of the week

Napok **'Days'**

To express 'on' a particular day (**nap**), use the **-(o/e/ö)n** case for all the days except **vasárnap**, which uses no case at all.

Monday	**hétfő**	**hétfőn**
Tuesday	**kedd**	**kedden**
Wednesday	**szerda**	**szerdán**
Thursday	**csütörtök**	**csütörtökön**
Friday	**péntek**	**pénteken**
Saturday	**szombat**	**szombaton**
Sunday	**vasárnap**	**vasárnap**

Names of the months

Hónapok **'Months'**

január	January	**július**	July
február	February	**augusztus**	August
március	March	**szeptember**	September
április	April	**október**	October
május	May	**november**	November
június	June	**december**	December

To express *in* or *during* a particular month, use the **-ban/-ben** case: **januárban** 'in January', **szeptemberben** 'in September', etc.

Names of the seasons

Évszakok **'Seasons'**

These are a bit irregular: use the **-val/-vel** case with **ősz** and **tavasz**, the **-(o/e/ö)n** case with **nyár** and **tél**:

nyár/nyáron	summer/in the summer
ősz/ősszel	autumn/in the autumn
tél/télen	winter/in the winter
tavasz/tavasszal	spring/in the spring

Exercise 4

Hungarians celebrate not only **születésnapok** 'birthdays' but also **névnapok** 'namedays'. Answer the questions with the help of the calendar below.

1   Melyik hónapban van Lilla névnap?
2   Milyen hónapban ünnepelnek ('celebrate') a Máriák?
3   Melyik hónapban van Gábor névnap?
4   Augusztusban van Erika névnap?
5   Melyik hónapban ünnepel Zsófia?

JANUÁR		FEBRUÁR			MÁRCIUS		ÁPRILIS	
K	1 Újév, Fruzsina	P	1 Ignác	P	1 Albin	H	1 Húsvét, Hugó
SZ	2 Ábel	SZ	2 Karolina, Aida	SZ	2 Lujza	K	2 Áron
CS	3 Genovéva, Benjámin	V	3 Balázs	V	3 Kornélia	SZ	3 Buda, Richard
P	4 Titusz, Leona	H	4 Ráhel, Csenge	H	4 Kázmér	CS	4 Izidor
SZ	5 Simon	K	5 Ágota, Ingrid	K	5 Adorján, Adrien	P	5 Vince
V	6 Boldizsár	SZ	6 Dorottya, Dóra	SZ	6 Leonóra, Inez	SZ	6 Vilmos, Bíborka
H	7 Attila, Ramóna	CS	7 Tódor, Rómeó	CS	7 Tamás	V	7 Herman
K	8 Gyöngyvér	P	8 Aranka	P	8 Zoltán	H	8 Dénes
SZ	9 Marcell	SZ	9 Abigél, Alex	SZ	9 Franciska, Fanni	K	9 Erhard
CS	10 Melánia	V	10 Elvira	V	10 Ildikó	SZ	10 Zsolt
P	11 Ágota	H	11 Bertold, Marietta	H	11 Szilárd	CS	11 Leó, Szaniszló
SZ	12 Ernő	K	12 Lídia, Lívia	K	12 Gergely	P	12 Gyula
V	13 Veronika	SZ	13 Ella, Linda	SZ	13 Krisztián, Ajtony	SZ	13 Ida
H	14 Bódog	CS	14 Bálint, Valentin	CS	14 Matild	V	14 Tibor
K	15 Lóránt, Loránd	P	15 Kolos, Georgina	P	15 Nemzeti ün., Kristóf	H	15 Anasztázia, Tas
SZ	16 Gusztáv	SZ	16 Julianna, Lilla	SZ	16 Henrietta	K	16 Csongor
CS	17 Antal, Antónia	V	17 Donát	V	17 Gertrúd, Patrik	SZ	17 Rudolf
P	18 Piroska	H	18 Bernadett	H	18 Sándor, Ede	CS	18 Andrea, Ilma
SZ	19 Sára, Mária	K	19 Zsuzsanna	K	19 József, Bánk	P	19 Emma
V	20 Fábián, Sebestyén	SZ	20 Aladár, Álmos	SZ	20 Klaudia	SZ	20 Tivadar
H	21 Ágnes	CS	21 Eleonóra	CS	21 Benedek	V	21 Konrád
K	22 Vince, Artúr	P	22 Gerzson	P	22 Berta, Izolda	H	22 Csilla, Noémi
SZ	23 Zelma, Rajmund	SZ	23 Alfréd	SZ	23 Emőke	K	23 Béla
CS	24 Timót	V	24 Mátyás	V	24 Gábor, Karina	SZ	24 György
P	25 Pál	H	25 Géza	H	25 Irén, Írisz	CS	25 Márk
SZ	26 Vanda,Paula	K	26 Edina	K	26 Emánuel	P	26 Ervin
V	27 Angelika	SZ	27 Ákos, Bátor	SZ	27 Hajnalka	SZ	27 Zita, Mariann
H	28 Károly, Karola	CS	28 Elemér	CS	28 Gedeon, Johanna	V	28 Valéria
K	29 Adél			P	29 Auguszta	H	29 Péter
SZ	30 Martina, Gerda			SZ	30 Zalán	K	30 Katalin, Kitti
CS	31 Marcella			V	31 Húsvét, Árpád		

MÁJUS			JÚNIUS		
SZ	1	M.ün.,Fülöp, Jakab	SZ	1	Tünde
CS	2	Zsigmond	V	2	Kármen, Anita
P	3	Tímea, Irma	H	3	Klotild
SZ	4	Mónika, Flórián	K	4	Bulcsú
V	5	Györgyi	SZ	5	Fatime
H	6	Ivett, Frida	CS	6	Norbert, Cintia
K	7	Gizella	P	7	Róbert
SZ	8	Mihály	SZ	8	Medárd
CS	9	Gergely	V	9	Félix
P	10	Ármin, Pálma	H	10	Margit, Gréta
SZ	11	Ferenc	K	11	Barnabás
V	12	Pongrác	SZ	12	Villő
H	13	Szervác, Imola	CS	13	Antal, Anett
K	14	Bonifác	P	14	Vazul
SZ	15	Zsófia, Szonja	SZ	15	Jolán, Vid
CS	16	Mózes, Botond	V	16	Jusztin
P	17	Paszkál	H	17	Laura, Alida
SZ	18	Erik, Alexandra	K	18	Arnold, Levente
V	19	Pünkösd, Ivó, Milán	SZ	19	Gyárfás
H	20	P., Bernát, Felícia	CS	20	Rafael
K	21	Konstantin	P	21	Alajos, Leila
SZ	22	Júlia, Rita	SZ	22	Paulina
CS	23	Dezső	V	23	Zoltán
P	24	Eszter, Eliza	H	24	Iván
SZ	25	Orbán	K	25	Vilmos
V	26	Fülöp, Evelin	SZ	26	János, Pál
H	27	Hella	P	27	László
K	28	Emil, Csanád	P	28	Levente,Irén
SZ	29	Magdolna	SZ	29	Péter, Pál
CS	30	Janka, Zsanett	V	30	Pál
P	31	Angéla, Petronella			

JÚLIUS			AUGUSZTUS		
H	1	Tihamér,Annamária	CS	1	Boglárka
K	2	Ottó	P	2	Lehel
SZ	3	Kornél, Soma	SZ	3	Hermina
CS	4	Ulrik	V	4	Domonkos, Dominika
P	5	Emese, Sarolta	H	5	Krisztina
SZ	6	Csaba	K	6	Berta, Bettina
V	7	Apollónia	SZ	7	Ibolya
H	8	Ellák	CS	8	László
K	9	Lukrécia	P	9	Emőd
SZ	10	Amália	SZ	10	Lőrinc
CS	11	Nóra, Lili	V	11	Zsuzsanna, Tiborc
P	12	Izabella, Dalma	H	12	Klára
SZ	13	Jenő	K	13	Ipoly
V	14	Örs, Stella	SZ	14	Marcell
H	15	Henrik, Roland	CS	15	Mária
K	16	Valter	P	16	Ábrahám
SZ	17	Endre, Elek	SZ	17	Jácint
CS	18	Frigyes	V	18	Ilona
P	19	Emília	H	19	Huba
SZ	20	Illés	K	20	Áll. ün., István, Vajk
V	21	Dániel, Daniella	SZ	21	Sámuel, Hajna
H	22	Magdolna	CS	22	Menyhért, Mirjam
K	23	Lenke	P	23	Bence
SZ	24	Kinga, Kincső	SZ	24	Bertalan
CS	25	Kristóf, Jakab	V	25	Lajos, Patrícia
P	26	Anna, Anikó	H	26	Izsó
SZ	27	Olga, Liliána	K	27	Gáspár
V	28	Szabolcs	SZ	28	Ágoston
H	29	Márta, Flóra	CS	29	Beatrix, Erna
K	30	Judit, Xénia	P	30	Rózsa
SZ	31	Oszkár	SZ	31	Erika, Bella

SZEPTEMBER			OKTÓBER		
V	1	Egyed, Egon	K	1	Malvin
H	2	Rebeka, Dorina	SZ	2	Petra
K	3	Hilda	CS	3	Helga
SZ	4	Rozália	P	4	Ferenc
CS	5	Viktor, Lőrinc	SZ	5	Aurél
P	6	Zakariás	V	6	Brúnó, Renáta
SZ	7	Regina	H	7	Amália
V	8	Mária, Adienn	K	8	Koppány
H	9	Ádám	SZ	9	Dénes
K	10	Nikolett, Hunor	CS	10	Gedeon
SZ	11	Teodóra	P	11	Brigitta, Gitta
CS	12	Mária	SZ	12	Miksa
P	13	Kornél	V	13	Kálmán, Ede
SZ	14	Szeréna, Roxána	H	14	Helén
V	15	Enikő, Melitta	K	15	Teréz
H	16	Edit	SZ	16	Gál
K	17	Zsófia	CS	17	Hedvig
SZ	18	Diána	P	18	Lukács
CS	19	Vilhelmina	SZ	19	Nándor
P	20	Friderika	V	20	Vendel
SZ	21	Máté, Mirella	H	21	Orsolya
V	22	Móric	K	22	Előd
H	23	Tekla	SZ	23	Nemzeti ün., Gyöngyi
K	24	Gellért, Mercédesz	CS	24	Salamon
SZ	25	Eufrozina, Kende	P	25	Blanka, Bianka
CS	26	Jusztina	SZ	26	Dömötör
P	27	Adalbert	V	27	Szabina
SZ	28	Vencel	H	28	Simon, Szimonetta
V	29	Mihály	K	29	Nárcisz
H	30	Jeromos	SZ	30	Alfonz
			CS	31	Farkas

NOVEMBER			DECEMBER		
P	1	Mindsz., Marianna	V	1	Elza
SZ	2	Achilles	H	2	Melinda, Vivien
V	3	Győző	K	3	Ferenc, Olívia
H	4	Károly	SZ	4	Borbála, Barbara
K	5	Imre	CS	5	Vilma
SZ	6	Lénárd	P	6	Miklós
CS	7	Rezső	SZ	7	Ambrus
P	8	Zsombor	V	8	Mária
SZ	9	Tivadar	H	9	Natália
V	10	Réka	K	10	Judit
H	11	Márton	SZ	11	Árpád
K	12	Jónás, Renátó	CS	12	Gabriella
SZ	13	Szilvia	P	13	Luca, Otília
CS	14	Aliz	SZ	14	Szilárda
P	15	Albert, Lipót	V	15	Valér
SZ	16	Ödön	H	16	Etelka, Aletta
V	17	Hortenzia, Gergő	K	17	Lázár, Olimpia
H	18	Jenő	SZ	18	Auguszta
K	19	Erzsébet, Zsóka	CS	19	Viola
SZ	20	Jolán	P	20	Teofil
CS	21	Olivér	SZ	21	Tamás
P	22	Cecília	V	22	Zénó
SZ	23	Kelemen, Klementina	H	23	Viktória
V	24	Emma	K	24	Ádám, Éva
H	25	Katalin, Katinka	SZ	25	Karácsony, Eugénia
K	26	Virág	CS	26	Karácsony, István
SZ	27	Virgil	P	27	János
CS	28	Stefánia	SZ	28	Kamilla
P	29	Taksony	V	29	Tamás, Tamara
SZ	30	András, Andor	H	30	Dávid
			K	31	Szilveszter

Language points

Miért? **'Why?'** Kiért? **'For whom?'** Mennyiért? **'For how much?'**

The case **-ért** is usually translated as 'for' but includes the meaning 'for the purpose of' or 'to fetch':

Lemegyek a boltba kenyérért.
I am going to the store for some bread.

Kimegyünk a reptérre Zsuzsáért.
We are going to the airport to get Zsuzsa.

The case **-ért** is frequently used in financial transactions: note the English phrase beginning with 'for' is translated by **-ért**.

Hatezer forintért vettem az inget.
I bought the shirt *for 6,000 forints.*

Hatezer forintot fizettem az ingért.
I paid 6,000 forints *for the shirt.*

Note also: **azért** 'that's why, for that reason', **ezért** 'this is why, for this reason'.

Kivel? **'With whom?'** Mivel? **'With what?'**

To express the meaning 'with', use the **-val/-vel** case. When suffixing this case to words ending in a consonant, the initial **-v** of **-val/-vel** turns into the consonant to which it is attaching. (Recall from Unit 1 that consonants written with two letters [e.g., **ny**] are doubled by doubling only the first of the two letters [e.g., **nny**]):

a barátom	my friend	**a barátommal**	with my friend
a barátod	your friend	**a barátoddal**	with your friend
lány	girl	**lánnyal**	with (a) girl
ceruza	pencil	**ceruzával**	with (a) pencil
Imre	Imre	**Imrével**	with Imre

The **-val/-vel** case is often used with means of transportation to express 'by':

autóbusszal	by bus
kocsival	by car
metróval	by metro
vonattal	by train

Note also the pronouns **ez** and **az** have two forms with **-val/-vel**: **ezzel/evvel** and **azzal/avval** (**ezzel** and **azzal** are used more commonly).

Exercise 5

Answer the following questions in Hungarian with the help of Mr Newman's calendar.

1 Mikor megy Newman úr Budára?
2 Kivel találkozik kedden?
3 Mit csinál Newman úr szerdán este fél hétkor?
4 Mikor találkozik Lillával és Dániellel?
5 Mikor mennek Egerbe?

Exercise 6

Match the sentences that belong together.

1 A barátoddal vagy a barátnőddel mész moziba?
2 Hatezer forintért vettem ezt a könyvet.
3 Vasárnap kocsival megyünk a Balatonra.
4 Gáborral akarsz táncolni vagy Péterrel?
5 Nem szeretek ceruzával írni.

A. I think we are going by train.
B. Me neither. I also prefer using pens.
C. With my girlfriend.
D. It's very expensive, isn't it?
E. I'd rather dance with Péter.

Text 1

Mit csinált ezen a héten? (CD2; 16)

Andrew Newman pénteken egész nap útikönyveket olvasott. A hétvégén egy turista csoporttal elutazott Egerbe. Szombaton reggel indultak el és vasárnap este érkeztek vissza Budapestre. Nagyon tetszett neki ez a történelmi város. Eger tavasszal, nyáron, ősszel, sőt még télen is szép! Sok érdekes dolgot ismert meg a török időkről. Hétfőn átment Budára és a várban sétált késő estig. Éjfélkor ért haza. Kedden este a vacsoránál megismerkedett egy másik szállodavendéggel, Gasparo Mondinivel. Mondini úr Olaszországból jött. Ő is eredetileg magyar származású. Író és a szabadságát tölti Magyarországon. Két hétig marad Budapesten. Hamar összebarátkoztak és sokáig beszélgettek. Szerdán Newman úr korán kelt. Egy kávéházban reggelizett. Utána benézett egy belvárosi könyvesboltba, majd elment a postára feladni a képeslapjait. Sietnie kellett, mert a posta csak délután négyig volt nyitva. Este vendégségben volt egy kedves magyar családnál. Fél hétkor találkozott Gabriellel egy sörözőben. Gabriel segített neki megírni a levelet a fiatalkori szerelmének. Newman úr még mindig nem adta fel a reményt, hogy megtalálja az egykori kedvesét. Miután befejezték a levélírást, elindultak Gabriel pesti ismerőseihez. A Szabó család este nyolckor várta Newman urat vacsorára.

Vocabulary

befejez	finishes
benéz	looks in; pops in
egész	whole
elindul	sets off, departs
elutazik	travels
eredetileg	originally
fiatalkori	of youth
hamar	soon
hazaér	arrives/gets home

indul	sets off
író	writer
kel	rises, gets up
korán	early
levélírás	letter-writing
megír	writes
megismer	gets to know, learns
megismerkedik	becomes acquainted (with)
Olaszország	Italy
ősz	autumn
összebarátkozik	makes friends (with)
remény	hope
sőt	moreover
szabadság	holiday
származású	(of a certain) heritage
tavasz	spring
tél	winter
történelmi	historic
vendégségben van	is a guest at someone's home
visszaérkezik	arrives back

Language points

Past tense

As with the present tense, there is both a definite and an indefinite conjugation for the past tense. The past tense is formed by adding a past-tense marker and a personal ending to the verb stem. (See Unit 3 for a description of the verb stem.) The past-tense ending is either a single **-t** (short form) or **-ott/-ett/-ött** (long form). To determine whether to use the short or the long form on a verb, you must first discern which class the verb belongs to.

Class A verbs always take the long form (**-ott/-ett/-ött**). These verbs include:

- verbs ending in two consonants: e.g., **hall** 'hears', **ért** 'understands'
- verbs ending in a long vowel + **-t**: e.g., **segít** 'helps', **fordít** 'translates'
- the verbs **fut** 'runs', **hat** 'has an effect on', **jut** 'gets to (a place)', **köt** 'ties', **nyit** 'opens', **süt** 'bakes', **üt** 'strikes', **vet** 'casts'

Class B verbs always take the short form (**-t**). These verbs include:

- verbs ending in **j, l, ly, n, ny, r**: e.g., **beszél** 'speaks', **kér** 'asks for'
- Many (but by no means all) verbs of two syllables ending in **-ad/-ed**: e.g., **ébred** 'wakes up', **marad** 'remains'

Class C verbs use the long form for the third-person singular indefinite form; they use the short form for all other persons. These verbs include all verbs not of Class A or B. The following is a table of the personal endings you must attach to the past tense stem for definite and indefinite conjugations.

Vowel harmony

	Back	Front	Back	Front
	Indefinite		Definite	
én	-am	-em	-am	-em
te	-ál	-él	-ad	-ed
ő/ön/maga	–	–	-a	-e
mi	-unk	-ünk	-uk	-ük
ti	-atok	-etek	-átok	-étek
ők/önök/maguk	-ak	-ek	-ák	-ék

Some sample paradigms:

	Class A back vowel		*Class B* front (unrounded) vowel		*Class C* front (rounded) vowel	
	nyit opens		**kér** asks		**főz** cooks	
	Indefinite	*Definite*	*Indefinite*	*Definite*	*Indefinite*	*Definite*
én	nyitottam	nyitottam	kértem	kértem	főztem	főztem
te	nyitottál	nyitottad	kértél	kérted	főztél	főzted
ő	nyitott	nyitotta	kért	kérte	főzött	főzte
mi	nyitottunk	nyitottuk	kértünk	kértük	főztünk	főztük
ti	nyitottatok	nyitottátok	kértetek	kértétek	főztetek	főztétek
ők	nyitottak	nyitották	kértek	kérték	főztek	főzték

Common exceptions

The following verbs look as though they belong to Class A but in fact conjugate as Class C: **kezd** 'begins', **küld** 'sends', **küzd** 'struggles', **lát** 'sees', **mond** 'says'. Similarly, the following verbs look as though they belong to Class A but in fact conjugate as Class B: **áll** 'stands', **száll** 'flies'.

Irregular verbs

Although the following verbs form their past-tense stem somewhat irregularly, the personal endings are added to the stem normally:*

present:	**van**	**jön**	**megy**	**hisz**	**lesz**
	tesz	**vesz**	**visz**	**eszik**	**iszik**
past stem:	**volt-**	**jött-**	**ment-**	**hitt-**	**lett-**
	tett-	**vett-**	**vitt-**	**ett-**	**itt-**

* Although the verbs **eszik** 'eat' and **iszik** 'drink' have the past tense stems **ett-** and **itt-**, their third-person singular indefinite forms are **evett** and **ivott**; thus, **ett-** and **itt-** exist solely as stems to be added to.

Tegnap este elmentek a színházba.	Last night they went to the theatre.
Megettem az összes almát.	I ate all the apples.
Mikor tíz éves volt, Sopronban lakott.	He lived in Sopron when he was ten years old.
De jó, hogy hazajöttél!	It's great that you came home!
Nem ivott semmit.	She didn't drink anything.

Completed vs. incompleted action

Hungarian has only one past-tense form; the differences found in the English 'was looking/looked/did look/had looked' are expressed by using (or not using) coverbs. The use of a coverb tends to indicate the completion of an action, the lack of a coverb indicates the action's continuity.

ongoing action	*completed action*
Olvastam a könyvet.	**Kiolvastam a könyvet.**
I was reading the book.	I read the (whole) book.
István írta a levelet.	**Megírta a levelet.**
István was writing the letter.	He wrote the letter.

Another way to say 'yes'

You know how to answer a question affirmatively by saying **Igen**. You may also answer questions positively by repeating the verb in the question. If the verb has a coverb, you may answer with the coverb alone.

Tetszett neked a film?	Did you like the film?
Tetszett.	Yes, I did.
Elmentél a színházba tegnap este?	Did you go to the theatre last night?
El.	Yes, I did.

Exercise 7

Use the past-tense indefinite conjugation.

1 Mit _____ (see, **te**) a képen?
2 Milyen gyümölcsöt _____ (buy, **ti**)?

3 Három képeslapot _____ (receive, **én**) Newman úrtól.
4 Hány levelet _____ (write, **ő**) tegnap este?
5 Egy régi olasz filmet _____ (see, **mi**) a Puskinban.

Exercise 8

Use the past-tense definite conjugation.

1 Nagyon _____ (love, **én**) a nagyszüleimet.
2 _____ (call, **ti**) az idegenvezetőt?
3 Newman úr _____ (write) a képeslapokat.
4 Évát _____ (wait, **mi**) a mozinál.
5 Finom ebédet _____ (eat, **én**) ma délben.

Exercise 9

Match the pairs of sentences below.

1 Mit csináltál tegnap este?
2 Kiolvastad a könyvet?
3 És István mit csinált tegnap?
4 Megírta őket?
5 Apa a könyvesboltba ment, anya pedig a postára.

A. Képeslapokat írt.
B. Azt hittem, együtt voltak.
C. Meg.
D. Könyvet olvastam.
E. Ki.

Dialogue 3

Mit csinált a hétvégén? (CD2; 19)

Mondini úr, akivel Newman úr a szállodában ismerkedett meg, csütörtökön este ismét együtt vacsorázott Newman úrral a hotel éttermében.

GASPARO MONDINI   Nem is kérdeztem kedden, hogy telt a hétvégéje?
ANDREW NEWMAN   Nagyon kellemesen. Egerben voltam. Gyönyörű város, sok történelmi emlékkel.

GASPARO MONDINI	Igen, én is jártam már ott. Igazán szép hely. Mikor jöttek vissza?
ANDREW NEWMAN	Vasárnap éjfélkor.
GASPARO MONDINI	Tegnap nem láttam a vacsoránál. Merre járt?
ANDREW NEWMAN	Fekete úrral voltam vacsorázni.
GASPARO MONDINI	Fekete úr az az ember, akiről már múltkor is mesélt?
ANDREW NEWMAN	Igen.
GASPARO MONDINI	Melyik étterembe mentek?
ANDREW NEWMAN	Nem étteremben voltunk. Egy kedves magyar családhoz mentünk vendégségbe, ahol megismerkedtem Fekete úr gyermekkori barátjával, Zsófiával.
GASPARO MONDINI	Gondolom, finom volt a vacsora.
ANDREW NEWMAN	Nagyon ízlett. És a társaság is rendkívül kellemes volt. Sokat beszélgettem Lillával, aki nagyon érdekes egyéniség. Ön jutott eszembe, ugyanis Lillának van egy költő barátja, akinek most jelent meg egy verseskötete. Ön író, így gondoltam, megmutatok egy-két verset.

Mondini úr kinyitotta a könyvet és elkezdte olvasni a belső borítót, amelyen ott volt egy fotó Varró Dánielről a következő szöveggel: '1977-ben születtem Budapesten. Az Alternatív Közgazdasági Gimnáziumban érettségiztem 1996-ban, most az ELTÉ-re járok magyar és angol szakra. Első költői sikeremet tizenkét évesen értem el egy eposz-trilógiával . . .'

Vocabulary

Alternatív Közgazdasági Gimnázium	Alternative Economics High School
belső	inner
borító	(book) cover
egyéniség	individual
egy-két	a few
elér	achieves

első	first
ELTE	Eötvös Loránd University
elkezd	begins, starts
emlék	landmark relics
eposz-trilógia	epic trilogy
érettségizik	graduates (from secondary school)
eszembe jut	comes to (my) mind
éves	(x) years old
fotó	photo
gondol	thinks
gyermekkori	(of) childhood
igazán	truly
ismét	again
ízlik	tastes good
jár	goes with; attends
kellemes	pleasant
következő	following, next
megjelenik	gets published, appears
megmutat	shows
rendkívül	extraordinary
siker	success
szak	major (in school)
szöveg	text
születik	is born
társaság	company
telik	is filled, passes
ugyanis	because
vendégségbe megy	goes to visit someone's home
vers	poem
verseskötet	collection of poems

Language point

Relative pronouns: aki **'who'**, ami/amely **'which, that'**, ahol **'where'**

The relative pronouns **aki** 'who', **ami/amely/amelyik** 'which, that' begin a relative clause and refer to people and nouns mentioned in a previous clause. The difference between **ami/amelyik** and **amely** is stylistic: **ami/amelyik** tends to be used in colloquial speech, **amely** or **mely** tends to be used in more polished writing. They can occur in the singular or plural and in almost all cases – whatever the grammar demands within their clause. See how they can be used in the examples below:

> **Sokat beszélgettem Lillával, aki nagyon érdekes egyéniség.**
> I spoke a lot with Lilla, *who* is a very interesting individual.

> **Fekete úr az az ember, akiről már múltkor is mesélt?**
> Is Mr Fekete the man *about whom* you spoke last time, too?

> **Mondini úr kinyitotta a könyvet és elkezdte olvasni a belső borítót, (a)melyen ott volt egy fotó Varró Dánielről.**
> Mr Mondini opened the book and began to read the inside cover, *on which* there was a photo of Dániel Varró.

> **Ez az a laptop, amit tegnap vettél?**
> Is this the laptop *that* you bought yesterday?

Relative pronouns can be formed from almost any interrogative pronoun – including questions of place (**ahol/ahova/ahonnan**), quantity (**amennyi/ahány**) and time (**amikor**), and, as such, refer back to the place, quantity or time referred to in the previous clause:

> **Egy kedves magyar családhoz mentünk vendégségbe, ahol megismerkedtem Fekete úr gyermekkori barátjával.**
> We were invited to a nice Hungarian family's house *where* I met Mr. Fekete's childhood friend.

> **Kifizettem az összeget, amennyit kértek.**
> I paid the amount *that* they asked for.

When using relative pronouns keep in mind that:

* the **aki/ami/amely** forms are considered front-vowel words
* when used as direct objects they are considered indefinite
* when they are possessing something they must be marked with **-nak/-nek**.

Exercise 10

Fill in the correct relative pronoun:

1 Hol van a könyv, _____ tegnap este olvastam?
2 Zsuzsa az a lány, _____ moziba akarsz menni?
3 Az a fiú, _____ be akarsz mutatni a szüleidnek?
4 Az a kávézó, _____ először találkoztunk.
5 Ez az a név, _____ az útleveledben van?
6 Akkor voltam a Balatonon, _____ Newman úr Egerbe ment.
7 Ez az a film, _____ beszéltél?
8 A kompjuterem képernyője mindig kék, _____ bekapcsolom.
9 Ez az az étterem, _____ mindig görög zenészek jönnek péntek este.
10 Ismerem a tanárt, _____ a magyar nyelvkönyvéből tanultunk.

Exercise 11

Make one sentence of two.

> Example: Ismerem a fiút. A fiú könyvet olvas. →
> **Ismerem a fiút, aki könyvet olvas.**

1 Ott van a mozi. A moziba mentünk tegnap este.
2 Elmegyünk a filmre. A film kilenckor kezdődik.
3 Ez a szálloda. A szállodának nincs szaunája.
4 Gasparo Mondini egy olasz turista. Newman úr találkozik Gasparo Mondinivel.
5 Zsuzsa egy magyar lány. Kimegyünk Zsuzsáért a repülőtérre.
6 Ő Gabriel. Gabriel kezében egy gyönyörű csokor virág van.
7 Nem ismerem ezt a kanadai filmet. A film a Puskin moziban megy.
8 Ez itt egy szoba. A szobának nincs saját fürdőszobája.

Exercise 12

Change Text 1 from Unit 7 into the past tense.

Hungarian poets with -val/-vel

In his poem entitled 'Őrizem a szemed', **Endre Ady**, another famous figure in Hungarian literature, makes use of the case endings introduced in this unit. Some vocabulary may help: **megfog** 'grasps', **megmarad** 'remains', **őriz** 'guards', **szem** 'eye(s)', **vénülő** 'ageing'.

> Már vénülő kezemmel
> Fogom meg a kezedet,
> Már vénülő szememmel
> Őrizem a szemedet.
> Nem tudom, miért, meddig
> Maradok meg még neked,
> De a kezedet fogom
> S őrizem a szemedet.

Eger and the Ottoman era in Hungary

Eger is a small town in north-eastern Hungary. The city has quaint architecture and is rich in relics from the Turkish times including the northernmost minaret of the entire Ottoman Empire.

The year 1526 marked the beginning of the Turkish occupation when the Hungarians lost the battle of Mohács. Two decades later, the Turks captured Buda, and the country was divided into three regions: the autonomous east (**Erdély** 'Transylvania'), the Hapsburg-controlled west and the central area dominated by the Turkish conquerers. Buda was recaptured only 160 years later, in 1686.

Hungary has retained many traces of the Ottoman era in its culture, architecture, cuisine, place names (e.g. **Törökbálint, Törökszentmiklós**) and in the language itself. It is during this era that the only three-letter consonant entered the language. Although it is quite rare, you can see it in words like **dzsámi** 'mosque', **findzsa** 'pot' and **dzsida** 'lance'.

Unit Eleven
Minket is érdekel a zene!

We are interested in music too!

In this unit you will learn:

- how to express yourself in the future
- entertainment options
- to use cases with pronouns
- how to refer to yourself (the reflexive pronoun: **maga**)
- about Lake Balaton
- letter writing
- some Hungarian proverbs

Dialogue 1

Minket is érdekel a zene! (CD2; 22)

Lilla, Eszter, Dániel és Mike ma este a Szigetre készülnek.

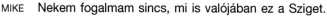

MIKE   Nekem fogalmam sincs, mi is valójában ez a Sziget.
LILLA   Egy fantasztikus zenei fesztivál.
MIKE   Engem is elvisztek?
LILLA   Hát persze! Minket is érdekel a zene, de neked igazán ott van a helyed! Te vagy a zenész a családban, nem?
MIKE   Hát, még nem igazán . . . De egyszer talán híres gitáros lesz belőlem. Most jut eszembe, itt van nálam a gitárom. Hallom, azt súgja, 'ő' is velünk akar jönni.
LILLA   Nagyszerű ötlet!

MIKE   Mivel megyünk?

LILLA Eszter, egy régi barátnőm, értünk jön kocsival. Itt nálunk
       találkozunk háromnegyed ötkor. Utána elmegyünk Dánielért.
       Amíg ránk vársz, itt van a műsorfüzet. Benne van az összes
       program.

MIKE   Neked ki a kedvenc énekesed?

LILLA Cheikh Lô. Egy nyugat-afrikai énekes Dakarból. Teljesen
       beleszerettem a hangjába.

MIKE   Mások is fellépnek? Magyar együttesek is lesznek?

LILLA Persze, több tucat külfüldi és magyar zenekar lép fel
       ma este. Én nagyon szeretem a magyar előadókat,
       különösen Lovász Irént. Ő ma este a világzenei színpadon
       énekel. A gyerekszínpadon az Alma együttes kezd. A másik
       nagy kedvencem Palya Bea pedig a népzenei színpadon
       lép fel.

MIKE   Hozzám nagyon közel állnak a roma művészek is.

LILLA Rám is nagy hatással van a roma zene. Azt hiszem, ma
       a Ando Drom játszik.

MIKE   Őket én is ismerem! Megvan tőlük két lemezem. Mikor
       indulunk?

Vocabulary

amíg	while
beleszeret	falls in love with (with **-ba/-be**)
egyszer	once
együttes	band, group
előadó	performer
énekes	singer
fantasztikus	fantastic
fellép	performs
fesztivál	festival
gitár	guitar
gitáros	guitarist
hall	hears

hang	voice
hatással van	has an effect on (**-ra/-re**)
játszik	plays
Jól hangzik!	Sounds good/great!
közel áll	is fond of (lit. stands near) (**-hoz/-hez/-höz**)
különösen	especially
lemez	album
megvan	has got, owns
műsorfüzet	programme, playbill
művész	artist
népzene	folk music
nyugat-afrikai	West African
összes	whole, entire
program	programme
roma	person of Roma origin
súg	whispers
Sziget	annual summer music festival in Budapest
színpad	stage
több	several
valójában	actually, really
világzene	world music
zene	music
zenekar	orchestra, band

Language points

Pronouns and cases

By now you have learned how to form the nominative, accusative and dative case for the personal pronouns. Now for the rest! You can see in the chart below that, roughly, the pronouns of most cases are formed by adding a possessive ending to a stem that (usually) resembles the case in point. The dative **-nak**, **-nek** and accusative **-t** are included for the sake of completion.

case	stem	(én)	(te)	(ő)	(mi)	(ti)	(ők)
-t	–	engem	téged	őt	minket	titeket	őket
-nak/-nek	nek-	nekem	neked	neki	nekünk	nektek	nekik
-ba/-be	belé-	belém	beléd	bele/belé	belénk	belétek	beléjük
-ban/-ben	benn-	bennem	benned	benne	bennünk	bennetek	bennük
-ból/-ből	belől-	belőlem	belőled	belőle	belőlünk	belőletek	belőlük
-ra/-re	rá	rám	rád	rá	ránk	rátok	rájuk
-(o/e/ö)n	rajt-	rajtam	rajtad	rajta	rajtunk	rajtatok	rajtuk
-ról/ről	ról-	rólam	rólad	róla	rólunk	rólatok	róluk
-hoz/hez/ höz	hozzá-	hozzám	hozzád	hozzá	hozzánk	hozzátok	hozzájuk
-nál/nél	nál-	nálam	nálad	nála	nálunk	nálatok	náluk
-tól/-től	től-	tőlem	tőled	tőle	tőlünk	tőletek	tőlük
-val/-vel	vel-	velem	veled	vele	velünk	veletek	velük
-ért	ért-	értem	érted	érte	értünk	értetek	értük

Almost any time you can use a case, you can use its pronominal form. (Not all cases occur with pronouns; for instance, there are no pronominal forms for the cases, **-ig**, **-kor** or **-ul/-ül**.) Look at the following sentences plucked from the dialogue to see how the pronominalised cases are used:

Egyszer talán híres gitáros lesz belőlem.
Perhaps I'll become a famous guitarist one day
(lit. will become of me).

Ő is velünk akar jönni.
He wants to come *with us* too.

Itt nálunk találkozunk.
We'll meet here *at your place*.

Értünk jön kocsival.
She's coming *for us* with her car.

Benne van az összes program.
The whole programme is *in it.*

Cases and coverbs

The pronouns **bele**, **rá**, **hozzá** and **neki** are also found functioning as coverbs. Look at the following sentences and note how the phrase that occurs with the verb uses the same case as represented by the coverb:

nekimegy	walks/bumps into
Nekiment a falnak.	He bumped into the wall.
beleszeret	falls in love with
Beleszerettem a hangjába.	I fell in love with his voice.
rátesz	puts on
Rátett egy könyvet az ágyra.	She placed a book on the bed.

Exercise 1

Fill in the correct pronominal form.

1 _____ (to my place) megyünk vagy _____ (to your place, **ti**)?
2 Nagyon tetszik _____ (**én**) Olaszország.
3 Van _____ (on you, **te**) aprópénz?
4 _____ (**mi**) nincs autónk.
5 Én is _____ (with them) akarok menni a koncertre.
6 Biztos jó tanár lesz _____ (of her).
7 _____ (for you, **te**) megyek autóval.
8 Csak _____ (with him) szeretek színházba menni.
9 Nagyon melegem van, pedig nincs _____ (on me) a zakóm.
10 Nagy hatással van _____ (on her) a szenegáli zene.

Exercise 2

Put the singular pronouns in their plural form. Note that with this change, some of the other endings also change in the sentences.

1 Nekem erről fogalmam sincs. → _____ erről fogalmunk sincs.
2 Engem is érdekel a zene! → _____ is érdekel a zene!
3 Itt van nálam a gitárom. → Itt van _____ a gitárunk.
4 Érted jönnek kocsival. → _____ jönnek kocsival.
5 Nála találkozunk ötkor. → _____ találkozunk ötkor.
6 Rám vársz? → _____ vártok?
7 Neked ki a kedvenc énekesed? → _____ kik a kedvenc énekesetek?

Dialogue 2

Mit fogsz csinálni Budapesten? (CD2; 25)

Melanie és Mike szeptemberig lesznek Budapesten, de Gabriel egy teljes évig fog maradni. Zoltán a terveiről kérdezi Gabrielt.

ZOLTÁN Mit fogtok csinálni szeptembertől?
GABRIEL Én ősszel egy budai angol tagozatos gimnáziumban fogok történelmet tanítani. Ezenkívül segítek a gimnáziumnak EU-s pályázatokat írni. Melanie és Mike szeptemberben visszamennek New Yorkba. Nagyon fognak hiányozni.
ZOLTÁN Szerinted Mike hogy fog dönteni? Nekem Lilla azt mondta, hogy ő is Budapesten fog maradni.
GABRIEL Nem tudom. Nem kizárt. De az is lehet, hogy csak túlságosan jól sikerült a tegnap este a Szigeten. Én nem bánom, ha marad. Jót fog tenni neki egy kis magyar tanulás. De rá fog jönni, hogy bizony nehéz fába vágta a fejszéjét!
ZOLTÁN Nem biztos. Mike nagyon ügyes srác. Már most is látszik, hogy nagyon jó a nyelvérzéke. Lehet, hogy jövő tavasszal már velem is csak magyarul fog beszélni!

Vocabulary

angol tagozatos gimnázium	secondary school specialising in English
bizony	surely, indeed
fa	tree
bánik	minds, cares
dönt	decides
EU (Európai Unió)	EU (European Union)
EU-s	of the EU
ezenkívül	in addition to this
fejsze	axe
fog	will (*see* Language point)
gimnázium	secondary school

jót tesz	does (one) good
jövő	future; next
látszik	seems, appears
Nehéz fába vágtam a fejszémet!	I took up a difficult task (lit. I slammed my axe into a tough tree!)
nem kizárt	it's not out of the question
nyelvérzék	feel for language(s)
pályázat	application
rájön	realises
sikerül	succeeds
srác	guy
tanulás	study, studying
teljes	full, complete
terv	plan
túlságosan	too, excessively
ügyes	clever, savvy (**Ügyes!** Good job!)
vág	cuts; *here*: slams

Language point

The future with the auxiliary fog

You have seen how the future can be expressed by the use of coverbs, time expressions and the verb **lesz**. Although there is no future tense conjugation in Hungarian, you can use the auxiliary verb **fog** with another verb (in the infinitive) to express action in the future. It is especially handy for use with verbs that do not occur with a coverb. **Fog** conjugates using the regular present-tense endings of the definite and indefinite conjugations. Compare the following sentences with respect to tense and word order; note how the pre-verb position is maintained before the *conjugated* verb:

Nagyon hiányzol.
I really miss you.

Nagyon fogsz hiányozni.
I will really miss you.

Egy budapesti egyetemen tanít.
She teaches at a university in Budapest.

Egy budapesti egyetemen fog tanítani.
She will teach at a university in Budapest.

You may use **fog** with verbs and coverbs, too. In this case, the coverb is separated from the verb and fills the position immediately before **fog**; in other words, **fog** follows the same word order pattern as **kell, lehet, akar** and **tud** (see Unit 9 for review of this pattern). When used in conjunction with coverbs, **fog** may have a more emphatic meaning:

Meg fogom csinálni!	I *will* do it!
El fog menni!	He's going to leave!

Exercise 3

Change the following sentences into new ones expressing future time with **fog**.

Example: Egy budapesti egyetemen tanít. →
          Egy budapesti egyetemen fog tanítani.

1 Szeptemberben eldöntöm.
2 Mit csinálsz holnap délután?
3 Hova megy Newman úr a hétvégén?
4 Mit vesztek a piacon?
5 Mikor jöttök hozzánk vendégségbe?

Exercise 4

Change the following sentences into new ones expressing future time with **fog**. Pay special attention to the position of the coverb.

Example: Megcsinálom. → **Meg fogom csinálni.**

1 Szeptemberben visszamegyünk Amerikába.
2 Ma este megcsinálom a német házi feladatot.
3 Elmész ma este moziba?
4 Visszajöttök Magyarországra?
5 Bekapcsolod a számítógépedet?
6 Felszállsz erre a villamosra?

7　Megveszi az autót?
8　Eljössz velem a múzeumba?
9　Megisszák a bort.
10　Meglátogatja a szüleit.

Text 1

Jól érezte magát a Balatonon? (CD2; 28)

Newman úr nagyon jól érezte magát a hétvégén a Balatonon. Ma budapesti városnézésre indult. Kilépett a hotelből, de meggondolta magát és visszafordult. Odalépett a pulthoz. Azt remélte, hogy ma már érkezett válasz levelére egykori szerelmétől. Közben azt mormogta magában: *Érzem, hogy ma biztosan levelet fogok kapni. Ma biztosan válaszolni fog.* Megkérdezte a portást, de sajnos ma sem érkezett levele. Üzenetet sem kapott. Megköszönte és távozott. Kifelé menet megnézte magát a tükörben. Egy szomorú arcot látott benne . . .

Vocabulary

érez	feels, senses
jól érzi magát	feels good, well/has a good time
kifelé menet	on the way out
meggondolja magát	changes one's mind
megköszön	thanks
mormog	mumbles
odalép	steps over
pult	counter
remél	hopes
tükör	mirror
válasz	answer
válaszol	replies, answers
városnézés	sightseeing (in the city)
visszafordul	turns back

 Language points

The reflexive pronoun maga

While the word **maga** is used to express the formal 'you' in Hungarian, it is also used for a very different purpose. When speakers need to refer back to themselves in the same sentence, they use **maga** as a reflexive pronoun:

magam	myself	**magunk**	ourselves
magad	yourself	**magatok**	yourselves
maga	himself/herself/itself	**maguk**	themselves

Reflexive pronouns can occur in all the cases as any other pronoun and otherwise work similarly in Hungarian as in English (see table opposite). When direct objects, all reflexive pronouns are considered definite.

Some idioms with reflexive pronouns

jól érzi magát
feels good, well/has a good time (lit. feels oneself well)

meggondolja magát
changes one's mind (lit. rethinks oneself)

magában beszél
talks to oneself

Jól éreztük magunkat a Szigeten.
We had a good time at the Island (Festival).

Meggondolta magát, és visszament.
She changed her mind and went back.

Mindig magában beszél.
He is always talking to himself.

	magam	magad	maga	magunk	magatok	maguk
-t	magam(at)[1]	magad(at)	magát	magunkat	magatokat	magukat
-nak/-nek	magamnak	magadnak	magának	magunknak	magatoknak	maguknak
-ba/-be	magamba	magadba	magába	magunkba	magatokba	magukba
-ban/-ben	magamban	magadban	magában	magunkban	magatokban	magukban
-ból/-ből	magamból	magadból	magából	magunkból	magatokból	magukból
-ra/-re	magamra	magadra	magára	magunkra	magatokra	magukra
-(o/e/ö)n	magamon	magadon	magán	magunkon	magatokon	magukon
-ról/-ről	magamról	magadról	magáról	magunkról	magatokról	magukról
-hoz/-hez/-höz	magamhoz	magadhoz	magához	magunkhoz	magatokhoz	magukhoz
-nál/-nél	magamnál	magadnál	magánál	magunknál	magatoknál	maguknál
-tól/-től	magamtól	magadtól	magától	magunktól	magatoktól	maguktól
-val/-vel	magammal	magaddal	magával	magunkkal	magatokkal	magukkal
-ért	magamért	magadért	magáért	magunkért	magatokért	magukért

[1] It is common to use the short forms of **magam** and **magad** in the accusative.

Exercise 5

Fill in the missing forms of **maga**.

1 _____ vettem a kabátomat.
2 Jól éreztük _____ a Balatonon.
3 Hogy érezte _____ Egerben?
4 Te mindig _____ beszélsz?
5 Nem nagyon szeretek _____ beszélni.

Exercise 6

Based on Dialogue 3, answer the following questions.

1 Hogy érezte magát Newman úr a hétvégén?
2 Kilépett a hotelből. Utána mit csinált?
3 Mit mormogott magában?
4 Mit csinált kifelé menet?
5 Mit látott a tükörben?

Közmondások **'Proverbs'**

As with many other cultures, Hungarians rely on proverbs to express
a commonality of feeling. Here are several well-used ones (including
maga), with their literal and figurative equivalents.

> **Aki másnak vermet ás, maga esik bele.**
> He who digs a hole for another, will fall in himself.
> *By causing trouble for another, you will often cause trouble*
> *for yourself.*

Mindenki a maga szerencséjének a kovácsa.
Everyone is the blacksmith of his own fortune.
You are the master of your own fate.

Minden zsák megtalálja a maga foltját.
Every sack will find its own patch.
Every goose has her gander.

Minden szentnek maga felé hajlik a keze.
The hand of every saint inclines towards himself.
Everyone looks out for his own interests.

Mindennek megvan a maga ideje.
Everything has its own time.

Minden kakas úr a maga szemétdombján.
Every cock is the master on its own dunghill.
He is the king of his castle.

Más szemében meglátja a szálkát, de magáéban a gerendát sem.
He can see the splinter in another's eye but cannot see the plank in his own.
It is easy to find fault in others, less so in yourself.

Cultural notes

Balaton

Lake Balaton is the largest freshwater lake in Europe. It is a popular summer holiday destination for many Hungarian families as well as other foreign tourists.

One of the frequently visited towns in the Balaton region is **Tihany**, situated on the tip of the Tihany peninsula. Ferries transport visitors and their vehicles from this point to the southern side of the lake. One of the most famous sites in Tihany is the **Tihanyi Apátság** (The Tihany Abbey). The Document of Foundation (**Alapítólevél**), originally written in Latin, is full of Hungarian words, and thus it is a cherished document of the Hungarian language.

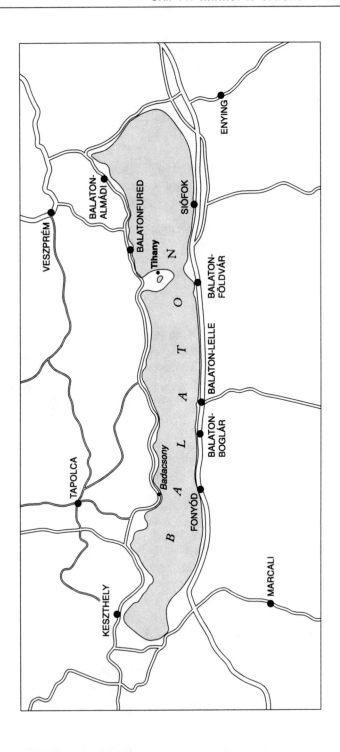

From the Sziget's music stage

Budapest is not only the capital of Hungary but also its musical centre. The capital city hosts many large cultural events, and spring and summer abound in music festivals. **Sziget Festival**, which grew out of a low-profile student gathering in 1993, has become a musical extravaganza that take place for one week each summer in August on the Óbudai Island of Budapest. The festival features multiple musical genres by local and international artists, with entertainment options around the clock. It is the largest cultural event in Hungary, visited by over 400,000 music lovers, including Hungarians, expats and tourists.

The term **népzene** 'folk music' includes a wide spectrum of sources, not just those commonly attributed to the Roma or 'Gypsy' string-based orchestras. Other central European communities contribute to the sounds we know as **népzene**. The following lyrics are an example from the Transylvanian Hungarian Jewish community:

Szól a Kakas (excerpt)

Szól a kakas már,
Majd megvirrad már,
Zöld erdőben, sík mezőben
Sétál egy madár.
De micsoda madár,
Micsoda madár?
Sárga lába, kék a szárnya,
Engem oda vár.

The rooster crows,
The day dawns now,
In a green forest, in an open field,
A bird walks.
But what bird,
What bird?
Its yellow legs, and blue wings,
Wait for me there.

Vocabulary

kakas	rooster	**micsoda**	what (kind of)?
láb	leg(s), foot/feet	**sík**	flat, plain
madár	bird	**szárnya**	wing(s)
megvirrad	dawns; day breaks	**szól**	says, utters
mező	field		

The Roma musical influence is still strong today; **Ando Drom**, which means 'On the Road' in the Romany language, are a band whose repertoire consists of traditional tunes, original songs and adaptations from various parts of the life of Roma people. Songs of pain and longing employing ancient melodies and harmonies characterise their performances. Consider the text of the Roma Anthem, translated by **Károly Bari** from Romany. The words are sung to a beautiful tune composed by band leader **Jenő Zsigó** and often performed at Ando Drom concerts:

Zöld az erdő, zöld a hegy is. A szerencse jön is, megy is.
Gondok kése húsunkba vág, képmutató lett a világ.
Egész világ ellenségünk, űzött tolvajokként élünk.
Nem loptunk mi, csak egy szöget, Jézus vérző tenyeréből.
Isten, könyörülj meg nékünk, ne szenvedjen tovább népünk,
megátkoztál, meg is vertél, örök csavargóvá tettél.

The forest is green, the mountains are green; good fortune
comes and goes.
Worry's knife cuts into our flesh, the world has become
hypocritical.
The whole world is our enemy, we live as persecuted
thieves.
We have stolen nothing but a nail from the bleeding hand
of Jesus.
God have mercy on us, don't let our people suffer any
longer,
You've cursed us, you've beaten us, you've made us
eternal wanderers.

Vocabulary

csavargó	wanderer	**nép**	folk, people, nation
ellenség	enemy	**örök**	eternal
erdő	forest	**szenved**	suffers
gond	worry, care	**szög**	nail
hegy	mountain	**tenyér**	palm
hús	flesh, meat	**tolvaj**	thief
képmutató	hypocritical	**tovább**	further
könyörül	has mercy upon	**űzött**	persecuted
lop	steals	**vág**	cuts
megátkozik	curses	**vérző**	bleeding
megver	beats		

Traditional folksongs (**népdal**) are not to be confused with popular songs (**nóta**). Most of these folksy popular songs are well known by Hungarians. The following lyrics of one such song – Melanie's favourite from Unit 9 – is performed as a children's song by one of the bands mentioned in the first dialogue, **Alma együttes**. You can check it out online, too, to hear it for yourself.

> Nád a házam teteje, teteje
> de rászállott a cinege, cinege
> Hess le róla cinege, cinege
> Mert leszakad a teteje, teteje
> Ha leszakad mi lesz véle
> Sárga lábú cinege, cinege
> Hess le róla cinege, cinege
> Mert leszakad a teteje, teteje

> *On to the thatch on the roof of my house*
> *has flown a titmouse, a titmouse*
> *Get down from there*
> *for the roof will tear!*
> *And if it tears what happens to my house*
> *yellow-legged titmouse, titmouse?*
> *Get down from there*
> *for the roof will tear!*

Vocabulary

cinege	titmouse
hess (le)!	shoo!
láb(ú)	foot(ed)
leszakad	tears, breaks
nád	reed, thatch
rászáll	flies on to, alights
tető	roof (**teteje** is the third-person singular possessive)
véle (archaic form of **vele**)	with him, with her

Modern Hungarian folk music was first recorded in the late nineteenth century by **Béla Vikár**. His work set the stage for the significant musicological collecting by **Béla Bartók**, **Zoltán Kodály** and **László Lajtha**. Present-day Hungarian folk music is represented by many outstanding ambassadors worldwide. One of the most internationally known representatives of Hungarian traditional folk music is **Márta Sebestyén**. She performs both as a solo artist as well as with several international and Hungarian folk groups, such as the famous **Muzsikás együttes**. Two other well-known contemporary female singers are mentioned in the first dialogue, both with radiantly beautiful voices. **Irén Lovász** is at home in folk music and world music as well as spiritual tunes or experimental songs. The music of **Bea Palya** builds on various elements of improvisation, experimentation, traditional Hungarian folk music and Roma influence as well as music of the East.

Unit Twelve
Gyógyulj meg!
Get well soon!

In this unit you will learn:

- how to form and use the imperative
- irregular verbs in the imperative
- the names of body parts
- how to visit the doctor
- about the clothing in your closet

Dialogue 1

Foglaljon helyet! (CD2; 31)

Newman úr egy orvosi rendelőben várakozik. Már tegnap este rosszul érezte magát. Az asszisztens kilép a váróterembe és szólítja Newman urat. Belépnek. Az orvos a recepteket nézi, majd Newman úrhoz fordul.

ORVOS	Foglaljon helyet!
NEWMAN ÚR	Köszönöm.
ORVOS	Nézzük csak . . . Mi a panasza?
NEWMAN ÚR	Rosszul érzem magam. Egész nap fáj a fejem. Szédülök, és étvágyam sincs.
ORVOS	A hasa nem fáj?
NEWMAN ÚR	Nem, az nem.
ORVOS	Kérem, vetkőzzön le derékig!

Az Orvos megvizsgálja Newman urat. Belenéz a szájába és
megnézi a nyelvét, majd megvizsgálja a fülét is. Alaposan
megvizsgálja a szemét. Utána megtapogatja Newman úr hasát és
meghallgatja a szívét is.

ORVOS (beteghez)   Láza van?
NEWMAN ÚR   Nem tudom, nem mértem.
ORVOS (asszisztenshez)   Kérem, mérje meg a lázát és ellenőrizze a
              pulzusát!
ASSISZTENS   Nincs láza, se hőemelkedése. Viszont a vérnyomása
              egy kicsit magas.
ORVOS (beteghez)   Kávézik?
NEWMAN ÚR   Igen, és dohányzom is.
ORVOS   Ha lehet, azonnal hagyja abba a kávézást és teázzon
              inkább! Ne dohányozzon és sétáljon sokat a friss
              levegőn!
NEWMAN ÚR   Igyekszem.
ORVOS   Mondja meg őszintén, sokat aggódik mostanában?
NEWMAN ÚR   Hát, azt hiszem, igen. Magánügyi problémáim vannak.
ORVOS   Próbáljon kikapcsolódni! Volt már a budapesti
              gyógyfürdőkben?
NEWMAN ÚR   Még nem.
ORVOS   Mindenképpen próbálja ki őket! A Gellért például itt
              van a közelben. Ne várjon sokáig! Úgy tűnik, nincs
              semmi baja, csak egy kicsit kimerült. Pihenjen
              sokat! Ha nem javul a helyzet, telefonáljon vissza.
              Rendben?
NEWMAN ÚR   Nagyon szépen köszönöm. Máris jobban érzem
              magam. Viszontlátásra!
ORVOS   Viszlát!
ASSZISZTENS Jobbulást, Newman úr!

Vocabulary

abbahagy	quits, stops
aggódik	worries
alaposan	thoroughly
asszisztens	assistant, nurse
belenéz	looks into
beteg	ill (adj); patient (noun)
derék	waist
ellenőriz	checks
étvágy	appetite
fáj	hurts
fül	ear(s)
Gellért	Gellért bath (*see* Cultural note)
gyógyfürdő	thermal bath
has	abdomen
helyet foglal	takes a seat
helyzet	situation
hőemelkedés	low fever
igyekszik	tries, strives
javul	improves
jobban	better (adverb)
Jobbulást!	Feel better!
kávézás	coffee-drinking
kávézik	drinks coffee
kikapcsolódik	relaxes
kimerült	exhausted
kipróbál	tries out
láz	fever
levegő	air
levetkőzik	undresses
magánügyi	private
meggyógyul	gets well
(meg)hallgat	listens to

(meg)mér	measures
megtapogat	taps
(meg)vizsgál	examines
mostanában	nowadays
nyelv	*here*: tongue
őszintén	honestly
panasz	complaint
például	for example
próbál	tries
probléma	problem
pulzus	pulse
recept	prescription; recipe
rendelő	office (of a doctor)
száj	mouth
szédül	feels dizzy
szem	eye(s)
szív	heart
szólít	addresses
teázik	drinks tea
úgy tűnik, hogy . . .	it seems that . . .
várakozik	waits
váróterem	waiting room
vérnyomás	blood pressure
visszatelefonál	calls back
viszont	on the other hand

Language points

Imperative

The imperative is used to give commands and requests – polite or otherwise.

You form the imperative by attaching **-j-** to the verb stem and subsequently adding personal endings. The following are the personal endings for the indefinite imperative conjugation; note especially the optional ending for the **te** form.

Indefinite imperative

	Vowel harmony			
	Back		Front	
		Unrounded		Rounded
én	-ak		-ek	
te	(-ál)		(-él)	
ő/maga/ön	-on	-en		-ön
mi	-unk		-ünk	
ti	-atok		-etek	
ők/maguk/önök	-anak		-enek	

Sample paradigms

	Back vowel	Front unrounded vowel	Front rounded vowel
	'waits' **vár**	'speaks' **beszél**	'sits' **ül**
én	várjak	beszéljek	üljek
te	várj *or* várjál	beszelj *or* beszéljél	ülj *or* üljél
ő	várjon	beszéljen	üljön
mi	várjunk	beszéljünk	üljünk
ti	várjatok	beszéljetek	üljetek
ők	várjanak	beszéljenek	üljenek

The following are the personal endings for the definite imperative conjugation. (Note that they are *identical to the personal endings used for the past-tense definite conjugation!*)

Definite imperative

Vowel harmony

	Back	Front
én	-am	-em
te	-ad	-ed
ő/maga/ön	-a	-e
mi	-uk	-ük
ti	-átok	-étek
ők/maguk/önök	-ák	-ék

Here too, the **te** ending has a short form: the short form is arrived at by deleting the **-j-** and the vowel that follows it (keeping the final **-d**).

Sample paradigms

	Back vowel gives **ad**	Front vowel asks **kér**
én	adjam	kérjem
te	adjad or add	kérjed or kérd
ő	adja	kérje
mi	adjuk	kérjük
ti	adjátok	kérjétek
ők	adják	kérjék

Use the imperative whenever you make a request or order or a suggestion like 'Let's . . .' in English. While some requests in Hungarian may sound short or abrupt to an English speaker, they are perfectly polite and normal for Hungarian colloquial speech; you are at liberty, however, to add a **légy szíves** 'please' whenever you wish. And keep in mind the following as well:

- When used as an order or request, coverbs are removed to directly after the verb.
- In negation, the form **ne** replaces **nem**; **se** replaces **sem**.

- In writing, the imperative is always accompanied by an exclamation point.

leül	**Üljön le!**
	Sit down. (**ön**)
sétál	**Sétáljunk egy kicsit!**
	Let's walk a bit. (**mi**)
beszél	**Ne beszélj olyan gyorsan!**
	Don't speak so fast! (**te**)
megismerkedik	**Ismerkedjetek meg!**
	Introduce yourselves. (**ti**)
belép	**Ne lépjenek be a terembe!**
	Don't enter the room! (**önök**)

Verb stems ending in s, sz and z

The **-j-** of the imperative (like the **-j-** found in the present-tense definite conjugation) changes into any **s**, **sz** or **z** that precedes it; so **s** + **j** = **ss**; **sz** + **j** = **ssz**; and **z** + **j** = **zz**; the personal endings are then added regularly. For example:

olvas	**Olvasd** (or **olvassad**) **el a lapot!**	Read the card.
néz	**Nézzük meg Tihanyt!**	Let's visit Tihany.
játszik	**Ne játsszál ott!**	Don't play there!

You can see in the first example above that the definite short forms for **te** are made by deleting the consonant that **-j-** *turned into* and the vowel that follows it.

Exercise 1

Translate the following imperatives.

1 Let's dance!
2 Don't worry! (**ti**)
3 Call me tonight! (**te**)
4 Let's speak Hungarian.
5 Quit (it)! (**te**)

6   Have a seat! (ön)
7   Finish your homework! (ti)
8   Children, play in the garden!
9   Stand up! (te)
10 Don't get undressed! (ti)

Exercise 2

Give the imperative to *not* do the activities suggested.

Example: Sétálunk egy kicsit.   → **Ne sétáljatok!**
           We are taking a little walk. → Don't take a walk!

1   Ma fogunk főzni.
2   Holnap moziba mentek.
3   Elolvassuk a képeslapot.
4   Gyorsan beszélek.
5   Ott fogok játszani.

  Dialogue 2

  Siess! (CD2; 33)

LILLA   Eszter, gyere gyorsan! Azt hiszem, Mike elájult.
ESZTER   Mike, jól vagy?
LILLA   Szerintem nem hallja.
ESZTER   Mit csináljunk?
LILLA   Hozz gyorsan egy pohár vizet és egy nedves ruhát
          a homlokára és a csuklójára.
ESZTER   Jó, te pedig gombold ki az ingét és vedd le a cipőjét!
LILLA   Kinyissuk az ablakokat?
ESZTER   Persze. Nyisd ki az ablakokat itt is és a konyhában is,
          hogy jöjjön be friss levegő! És légy szíves, vidd ki veled
          ezt a kancsót is és töltsd tele jéghideg vízzel!
LILLA   Rendben.
ESZTER   Még mindig nem mozdul. Menj át a hálószobába és
          ébreszd fel Melaniet!
LILLA   Biztos vagy benne, hogy felébresszük?

ESZTER   Értsd meg, ez most fontos. Lehet, hogy komoly baja van
         Mikenak.
LILLA   Ne fesd az ördögöt a falra! Bár igazad van. Biztos, ami
         biztos. Máris szólok neki.
ESZTER   Siess! Vagyis . . . Várjál csak! Nézd, megmozdult a
         szempillája.
LILLA   Mike, jól vagy?
MIKE   Aha.
ESZTER   Végy mély lélegzetet!
LILLA   És igyál egy korty vizet!
MIKE   Hol vagyok?

Vocabulary

cipő	shoe(s)
csukló	wrist
elájul	faints
felébreszt	wakes up
hálószoba	bedroom
homlok	forehead
igazad van	you are right
ing	shirt
jéghideg	ice-cold
kancsó	pitcher
kigombol	unbuttons
komoly	serious
korty	sip
lélegzet	breath
levesz	takes off
megért	understands
(meg)mozdul	moves, budges
mély	deep
nedves	wet, damp
ruha	clothing; dress; *here:* cloth

szempilla	eyelashes
tele	full
tölt	fills, pours
vagyis	or; that is to say
víz	water
Ne fesd az ördögöt a falra!	Don't even think it because it may just happen! (lit. Don't paint the devil on the wall!)

 Language points

The imperative form of verbs ending in -t

The **-j-** of the imperative ending behaves differently when juxta-posed with verbs stems that end in **-t**. There are three different patterns:

- For verbs ending in **-st** or **-szt**, the final **-t** is dropped and the **-j-** assimilates to the **s** or **sz**. (Although many Hungarian verbs end in **-szt**, only one ends in **-st: fest** 'paint'.)

      ébreszt + -j-   →   ébressz-
      fest + -j-   →   fess-

- For verbs ending in any other consonant + **t** or a long vowel + **t**, the **-j-** is instead read as **-s-**.

ért + **-j-**	→	**-érts-**
tanít + **-j-**	→	**taníts-**

- For verbs ending in a short vowel + **t**, both the **-t** and the **-j-** are read as **-s-**:

szeret + **-j-**	→	**szeress-**
nyit + **-j-**	→	**nyiss-**

For the most part, once the new stem is derived, all the personal endings are attached regularly.

Sample paradigms

Indefinite	Definite	Indefinite	Definite	Indefinite	Definite
ébreszt wakes		**tanít** teaches		**szeret** loves	
ébresszek	ébresszem	tanítsak	tanítsam	szeressek	szeressem
ébresszél	ébresszed	tanítsál	tanítsad	szeressél	szeressed
or ébressz	or ébreszd	or taníts	or tanítsd	or szeress	or szeresd
ébresszen	ébressze	tanítson	tanítsa	szeressen	szeresse
ébresszünk	ébresszük	tanítsunk	tanítsuk	szeressünk	szeressük
ébresszetek	ébresszétek	tanítsatok	tanítsátok	szeressetek	szeressétek
ébresszenek	ébresszék	tanítsanak	tanítsák	szeressenek	szeressék

Exercise 3

Translate the following sentences into Hungarian.

1 Wake Zoltán up!
2 Don't paint the devil on the wall!
3 Please understand that I have to go now.
4 Teach two Hungarian words to the kids.
5 Love your (**ti**) parents!

Irregular verbs and the imperative

The following are the full imperative conjugations of some common irregular verbs. Note in particular the variation in the short **te** forms and that **van** uses the same forms as **lesz**:

indefinite imperatives

	eats **eszik**	believes **hisz**	drinks **iszik**	is/becomes **lesz**	puts **tesz**	takes **vesz**	carries **visz**
én	egyek	higgyek	igyak	legyek	tegyek	vegyek	vigyen
te	egyél	higgyél	igyál	legyél	tegyél	vegyél	vigyél
		or higgy		or légy	or tégy	or végy	or vigy
ő	egyen	higgyen	igyon	legyen	tegyen	vegyen	vigyen
mi	együnk	higgyünk	igyunk	legyünk	tegyünk	vegyünk	vigyünk
ti	egyetek	heggyetek	igyatok	legyetek	tegyetek	vegyetek	vigyetek
ők	egyenek	higgyenek	igyanak	legyenek	tegyenek	vegyenek	vigyenek

definite imperatives

	eats **eszik**	believes **hisz**	drinks **iszik**	puts **tesz**	takes **vesz**	carries **visz**
én	egyem	higgyem	igyam	tegye	vegyem	vigyem
te	egyed	higgyed	igyad	tegyed	vegyed	vigyed
	or edd	or hidd	or idd	or tedd	or vedd	or vidd
ő	egye	higgye	igya	tegye	vegye	vigye
mi	együk	higgyük	igyuk	tegyük	vegyük	vigyük
ti	egyétek	higgyétek	igyátok	tegyétek	vegyétek	vigyétek
ők	egyék	higgyék	igyák	tegyék	vegyék	vigyék

Two other irregular verbs you have learned, **alszik** 'sleeps' and **megy** 'goes', have the imperative stems **aludj-** and **menj-**, respectively; just add the regular personal endings to these forms. (Note they use the same stems when forming their infinitives as well: **aludni, menni.**)

Finally, the verb **jön** 'comes' has its own forms entirely; the **gyere, gyerünk** and **gyertek** are much more common than their counterparts:

én	**jöjjek**	**mi**	**gyerünk** *or* **jöjjunk**
te	**gyere** *or* **jöjj** *or* **jöjjél**	**ti**	**gyertek** *or* **jöjjetek**
ő	**jöjjön**	**ők**	**jöjjenek**

Take a look at how these verbs are commonly used:

Gyere ide hozzám!	Come here by me.
Gyerünk már!	Come on already!
Aludj szépen!	Sleep well.
Vigyél el magaddal!	Take me with you!
Higgyétek el!	Believe it!
Menjünk!	Let's go!

Exercise 4

Translate the mother's postcard to her children.

Drága Gyermekeim!

Remélem, jól vagytok, és nagyszerűen érzitek magatokat a nagymamánál. Mit csináltok? Ne üljetek egész nap otthon! Menjetek sétálni, de ne menjetek a tóhoz, mert nagyon mély a víz! Beszélgessetek a szomszéd gyerekekkel, de ne játsszatok a nagy kutyával! A hétvégén ne menjetek moziba késő este! Korán menjetek lefeküdni! És olvassatok minden nap!

Szilágyi Gábor és Csilla
9915 Katafa
József Attila u. 10.

Érezzétek jól magatokat!

  Sok puszit küldök nektek a Balatonról,
    Anya

Exercise 5

Translate the following sentences into Hungarian, and then put them into their plural form. Use informal structures only.

1 Sleep!
2 Come here to me!
3 Believe us!
4 Eat your lunch (**ebéd**)!
5 Drink a lot of water!

Language point

Parts of the body

Note how the parts of the body that come in twos (eyes, legs, etc.) are referred to in the singular in Hungarian. This is true of the clothes/accessories that go with them (glasses, pants, etc.) as well. Also **láb** means both 'leg' and 'foot/feet'; **ujj** can refer to both 'fingers' and 'toes'.

Vocabulary

fej	head	**fül**	ear(s)
haj	hair	**fülcimpa**	earlobe(s)
szem	eye(s)	**orr**	nose
szemöldök	eyebrow(s)	**száj**	mouth
szempilla	eyelash(es)	**fog**	tooth
kar	arm(s)	**test**	body
kéz	hand(s)	**hát**	back
ujj	finger	**nyak**	neck
könyök	elbow(s)	**mell**	chest
váll	shoulder(s)	**köldök**	navel
comb	thigh	**has**	abdomen, belly
láb	foot/feet; leg	**csípő(csont)**	hip(bone)
lábujj	toe	**térd**	knee
		boka	ankle

Exercise 6

Express 'what hurts whom' using the list above.

Example: (nekem, váll) → **Nekem fáj a vállam.**
My shoulder hurts.

1 nekem, szem
2 neked, fog
3 Péternek, has
4 a gyerekeknek, fej
5 önnek láb
6 az anyámnak, nyak
7 a diáknak, hát

Dialogue 3

Volt orvosnál? (CD2; 35)

Newman úr ma reggel már jókedvűen ébredt. Felhívta a Szabó családot, hogy elhívja Zoltánt és Gabrielt a Gellértbe. Zsófia vette fel a telefont.

ZSÓFIA	Jobban van Newman úr? Hallom, rosszul érezte magát.
NEWMAN ÚR	Ma már jól vagyok.
ZSÓFIA	Mit mondott az orvos?
NEWMAN ÚR	Azt mondta, hogy ne aggódjak. Úgy tűnik, minden rendben van, csak pihenésre és kikapcsolódásra van szükségem. Azt tanácsolta, hogy hagyjam abba a kávézást és ne dohányozzak. Azt is mondta, hogy sétáljak sokat a friss levegőn.
ZSÓFIA	Mindez jól hangzik. Gyógyszert nem írt fel?
NEWMAN ÚR	Egyelőre nem. Azt is javasolta, hogy menjek el egy gyógyfürdőbe, az jót fog tenni. Azért is telefonálok, hogy rábeszéljem Zoltánt és Gabrielt, hogy jöjjenek el velem holnap reggel a Gellértbe.
ZSÓFIA	Nagyszerű ötlet, biztosan csatlakoznak Önhöz. Sajnos most még nincsenek itthon. Telefonáljon vissza egy kicsit később! Azt javaslom, hogy próbálja meg négykor visszahívni őket!

NEWMAN ÚR	Rendben, viszonthallásra!
ZSÓFIA	Newman úr . . . várjon csak egy pillanatra! Hogy is hívják az Ön egykori szerelmét?
NEWMAN ÚR	A leánykori neve Rózsa Alíz. De lehet, hogy azóta már férjhez ment. Miért kérdi?
ZSÓFIA	Óh . . . semmi, semmi. Csak valami eszembe jutott. Akkor viszonthallásra! És jobbulást kívánok!
NEWMAN ÚR	Köszönöm, Önnek is minden jót!

Vocabulary

azért	for that reason	**kikapcsolódás**	relaxation
azóta	since then	**leánykori név**	maiden name
csatlakozik	joins up with	**megpróbál**	tries
ébred	wakes	**minden jót**	all the best
egyelőre	for the time being	**mindez**	all this
elhív	invites	**naponta**	daily, per day
eljön	comes along	**pillanat**	moment
férjhez megy	gets married (*of a woman only*)	**rábeszél**	persuades
		szükség	necessity (*see Language points*)
gyógyszer	medicine		
jókedvűen	in a good mood		
kérd	asks	**visszahív**	calls back

Exercise 7

Match the Hungarian sentences with their English counterparts. Some new vocabulary: **fejfájás** 'headache', **bal** 'left', **sapka** 'cap', **álmos** 'sleepy' and **aszpirin** 'aspirin'.

1 Mit csináljak a fejfájásommal?
2 Fáj a fülem.
3 Fáj a bal szemem.
4 Fáj a nagymamám feje.
5 Van lázad?

A. Mondtam, hogy vigyél magaddal sapkát!
B. Lehet, hogy csak álmos vagy. Menj aludni.

C. Adjál neki egy aszpirint!
D. Azt hiszem, nincsen, de menjünk el az orvoshoz!
E. Gyere ide gyorsan!

Dialogue 4

Szalagavató és ballagás (CD2; 37)

Eszter and Lilla are preparing for Lilla's cousin's graduation ceremony. Mike enters the room.

ESZTER [*to* MIKE] De jó, hogy magadhoz tértél! Nagyon megijesztettél bennünket.

MIKE [*to both*] Ne aggódjatok, csak egy múló rosszullét volt. Szerintem el kell mennem orvoshoz, mert azt hiszem, megint lement a vasam. Ti meg mit csináltok itt ezzel a sok ruhával?

ESZTER Válogatunk. Lilla ruhát keres az unokatestvérének a ballagására. Lilla, nézz ide! Ez a fekete, magassarkú nagyon szép!

LILLA Igen, csak sajnos nem megy bele a lábam. Szalagavatón volt rajtam, de már akkor is szorított egy kicsit, amikor megvettem. Szükségem van egy új ünnepi cipőre.

ESZTER Vedd fel ezt a fehér selyem inget!

LILLA Azt is kinőttem. Túl rövid az ujja.

ESZTER És mit szólsz ehhez a világoskék kosztümhöz?

MIKE [*to* LILLA] Szerintem nagyon jól megy a szemedhez a kék.

ESZTER Igen, Mikenak igaza van, tényleg jól áll neked a kék szín!

LILLA Köszi, kedves tőletek, de ez már egy nagyon divatjamúlt darab.

ESZTER És ez a szürke zakó azzal a fekete szoknyával? Vedd fel! Biztos nagyon jól néz ki rajtad.

LILLA Jó, add ide a zakót, de inkább mutass egy másik szoknyát. Vagyis inkább egy nadrágot.

ESZTER Nadrágot akarsz felvenni a ballagásra?

LILLA (*joking*) Miért ne? A ballagást ne csak a vakációhoz kössük, hanem az emancipációhoz is!

Vocabulary

ballagás	graduation ceremony
belemegy	goes into
darab	piece
divatjamúlt	out of fashion
emancipáció	emancipation
felvesz	*here*: puts on
idead	hands/gives here
idenéz	looks here
ing	shirt
jól áll valakinek	looks good on someone
jól megy valamihez	goes well with something
jól néz ki valakin	looks good on someone
kedves valakitől	is nice of someone
kinő	grows out of
kosztüm	(matching) skirt and jacket
köt	ties, *here*: associates with
magához tér	revives, comes to one's senses
magassarkú	high-heeled
megijeszt	frightens, scares
megint	again
megvesz	buys
Mit szólsz?	What do you think?
múló	passing, momentary
nadrág	pants
selyem	silk
szalagavató	formal dance in the last year of secondary school
szín	colour
szoknya	skirt
szorít	is tight, pinches
túl	too, excessive
ujj	*here*: sleeve
ünnepi	formal

unokatestvér	cousin
vakáció	holiday
válogat	selects, chooses
vas	iron
világos	light (coloured)

Language points

Szükségem van rád! **'I need you!'**

To express your need of someone or something, it is common to use word **szükség** 'necessity'. This construction is a 'have' construction, so **szükség** will take possessive endings; the person or thing that is needed is then in the **-ra/-re** case. Here are a few examples of how to use it:

Gabinak szüksége van új cipőre. Gabi needs new shoes.
Nincs szükségem rá. I don't need it/him/her.
Mire van szükséged? What do you need?

The subjunctive use of the imperative

The subjunctive conjugation is identical to the imperative conjugation and, in fact, may be said to be one and the same. However the *subjunctive* use of this same conjugation is found with different patterns of communication. You will use the subjunctive/imperative form of the verb:

* after verbs of wanting, request, suggestion, (including verbs of communication)
* in phrases meaning 'in order to' or 'so that'.

For example, when someone asks you, suggests to you, recommends to you, tells you, calls you or simply wants you to take a walk in the fresh air or to drink more milk, then the verbs 'to walk' or 'to drink' will be in the subjunctive/imperative conjugation:

Azt akarja, hogy vele menjek.
She wants me to go with her.

Azt javasolta, hogy sétáljak a friss levegőn.
He recommended that I walk in the fresh air.

Azt mondta, hogy tejet igyanak.
He said they should drink milk.

Finally, although you may not always express the complete phrase, 'in order to' in English, if that is still the meaning behind the expression, you will need to use the subjunctive:

Hazament, hogy segítsen a szüleinek.
She went home (in order) to help her parents.

Telefonált, hogy elhívjon a koncertre.
He called to invite us to the concert.

Exercise 8

Fill in the appropriate forms of the missing verbs.

1 Azt javasolta, hogy _____ (I, drink) sok vizet.
2 Telefonáltak, hogy _____ (they, invite, me) moziba.
3 Azt mondta, hogy _____ (we, need) a friss levegőre.
4 Azt mondta, hogy _____ (he, needs) rám.
5 Azt orvos azt javasolta, hogy _____ (I, go) egy gyógyfürdőbe.

Exercise 9

Change the following public announcements into imperative forms. Give the singular and plural as well as informal and formal forms.

    Example: Tilos a dohányzás!
                Singular: **Ne dohányozz!**
                Plural: **Ne dohányozzon!**
                Informal: **Ne dohányozzatok!**
                Formal: **Ne dohányozzanak!**

1 Tilos a parkolás! (Do not park!)
2 Fűre lépni tilos! (Do not walk on the grass!)
3 Kutyát bevinni tilos! (Do not bring dogs inside! No dogs allowed!)

Exercise 10

Translate the recipe for elderflower (**bodza**) drinks with the help of a dictionary, and note in the meantime how recipes employ the subjunctive.

1 Bodzalimonádé

Készítsünk két liter vízből citrommal, cukorral jóízű limonádét, majd tegyünk bele 8–10 bodzavirágtányért. Hagyjuk két napig állni, majd jégkockával fogyasszuk.

Exercise 11

Match the teacher's imperative with its pair.

1 Fejezzétek be a munkát!   A. Start it.
2 Olvasd el a verset!   B. Stand up.
3 Csukd be a könyvet!   C. Finish your work.
4 Ülj le!   D. Read the poem.
5 Kezdjétek el!   E. Sit down.
6 Álljatok fel!   F. Come to the blackboard.
7 Gyere ki a táblához!   G. Close (**becsuk**) the book.

Exercise 12

Who needs what new clothing? Some new vocabulary: **kabát** 'coat', **blúz** 'blouse'.

   Example: én, cipő   →   **Szükségem van új cipőre.**

1 én, kosztüm   6 mi, téli kabát
2 Péter, ing   7 a nagyapa, kalap (hat)
3 az apám, nadrág   8 te, harisnya (stockings)
4 te, szoknya   9 én, nyári ruha
5 ő, zakó   10 a tanár, fehér blúz

Cultural note

Hungarian national anthem (Himnusz)

Now might be a good time to learn the Hungarian national anthem, written by **Ferenc Kölcsey**. As it happens, it abounds with imperatives. Look at the text and its translation by E. F. Kunz below.

Isten, áldd meg a magyart
Jó kedvvel, bőséggel,
Nyújts feléje védő kart,
Ha küzd ellenséggel.
Balsors akit régen tép,
Hozz rá víg esztendőt,
Megbűnhődte már e nép
A múltat s jövendőt!

God, bless the Hungarian
With abundance, gladness,
Graciously protect him when
Faced with foes or sadness.
Bring for people torn by fate
Happy years of plenty:
Sins of future, sins of late,
Both are paid for amply.

Gyógyfürdők

Thermal baths

Budapest has more than thirty thermal baths, pools and spas. The baths date back to the Roman times (c. second century); however, it was only after the Ottoman occupation that a bathing culture spread all over the city. The Turkish-built baths include **Császár**, **Király**, **Rác** and **Rudas**, which all date back to the sixteenth and seventeenth century. Other famous bathing complexes, originating from the late nineteenth century, include **Lukács** and **Széchenyi**. Once in Hungary, you might visit the hotel **Gellért,** where the thermal baths and pools

Gellért bath – outdoor pool. Photo by Carrie Lewis

in lovely mosaic-walled rooms are open to hotel guests and the public alike. The complex is situated on the Danube bank at the foot of Gellért Hill in Buda.

Unit Thirteen
Szeretlek!

I love you!

In this unit you will learn:

- to use postpositions
- to rent and furnish an apartment
- to express love
- another way to form adverbs with **-va/-ve**

Dialogue 1

Miért mosolyogsz a bajuszod alatt? (CD2; 38)

Lilla és Mike a konyhában beszélgetnek. Mike úgy döntött, hogy Budapesten marad egy évig.

LILLA Biztos, hogy maradni fogsz?

MIKE Persze!

LILLA [*mosolyogva*] Nagyon gyanús vagy nekem, gondolkodás nélkül rávágtad a választ!

MIKE Bevallom, az elmúlt néhány hét alatt nagyon megkedveltem Esztert, de már találkozásunk előtt is gondolkoztam azon, hogy esetleg maradok.

LILLA Apropó, mit fogsz csinálni egy évig? Miből fogsz megélni?

MIKE A munka miatt nem aggódom. Bármikor tudok angolt tanítani egy nyelviskolában. Tanítás után magyar

tanfolyamra járok és ha törik, ha szakad, megtanulom ezt
a csodás nyelvet. Esetleg keresek néhány zenészt, akiknek
szükségük van egy jó gitárosra. Miért mosolyogsz
a bajuszod alatt?

LILLA   Mert még ezek után sem győztél meg.

MIKE   Eszter miatt? Hagyjuk ezt a témát! Kezdek zavarba jönni.
Van azonban egy másik dolog, amiről akartam veled
beszélni.

LILLA   Igen? Miről?

MIKE   Nagyon fontos, hogy találjak magamnak egy jó albérletet.

LILLA   Úgy néz ki, te tényleg komolyan gondolod ezt az egészet.
Akkor kezdjük az apróhirdetésekkel?

MIKE   Miért ne? Miénk az egész nap! Vacsora előtt talán meg is
tudunk nézni néhány kiadó lakást a környéken.

LILLA   Most már csak az a kérdés, hogy egyszobás vagy kétszobás
után érdeklődjünk?

MIKE   Szerintem nekem nem lesz szükségem kétszobás albérletre.

LILLA [*somolyogva*]   Hát, attól függ . . .

MIKE   Mitől?

LILLA [*somolyogva*]   Hogy Eszterrel költözöl be vagy Eszter nélkül!

MIKE [*könyörögve*]   Lilla, szállj le rólam!

Vocabulary

alatt	under; during
albérlet	apartment for rent, sublet
apróhirdetés	classified ad
attól függ, hogy	it depends . . .
bajusz	moustache
bármikor	anytime
beköltözik	moves in (to an apartment, home)
bevall	admits, confesses
egyszobás	studio apartment
elmúlt	past
előtt	before
gondolkodás	thinking

gondolkozik	thinks, ponders (with **-(o/e/ö)n**)
gyanús	suspicious
hagy	leaves, lets
kétszobás	two-room (one-bedroom) apartment
kezd	begins
kiadó	for rent
könyörög	pleads, begs
lakás	apartment
meg . . . sem	not even
megél	lives (on), survives, gets by
meggyőz	convinces sme of sth. (**valakit valamiről**)
megkedvel	takes a liking to
miatt	because of
miénk	ours
munka	work
nélkül	without
nyelviskola	language school
rávág	slams onto (with **-ra/-re**), gives quickly
somolyog	smirks
Szállj le rólam!	Get off my back! Come on, *stop* it!
talál	finds
tanítás	teaching
tanfolyam	course, training
téma	topic, theme
úgy néz ki	it looks as though. . . .
után	after
vacsora	dinner
zavarba jön	gets embarrassed
Ha törik, ha szakad . . .	by hook or by crook/no matter what (lit. whether it breaks or tears)
Miért mosolyogsz a bajuszod alatt?	What is that grin on your face? (lit. Why are you smiling under your moustache?)

Language points

Postpositions

Although the use of cases is a substitute for many English preposi-
tions, they cannot account for all of them. For words such as 'above',
'below' and 'beside', Hungarian relies on postpositions. As their name
implies, the postposition (post-) comes after the word or phrase they
refer to not before (pre-) as in English – otherwise they work pretty
much the same way. Below are several postpositions encountered in
the above dialogues. Compare them with their English translations:

után	after	**magyar óra után**	after Hungarian class
előtt	before, in front of	**a bolt előtt**	in front of the store
nélkül	without	**Zoltán nélkül**	without Zoltán
alatt	under	**az ágy alatt**	under the bed
miatt	because of	**az idő miatt**	because of the weather

Exercise 1

Use postpositions to build the phrases below. Here are some new
ones to use as well: **között** 'between', **mögött** 'behind', **fölött** 'above',
felé 'in the direction of'.

1 after the revolution
2 between four and five o'clock
3 under the car
4 behind the cinema
5 in the direction of the university
6 without a word
7 in front of the train
8 because of Eszter
9 without my friend
10 above the restaurant

Exercise 2

Match the following English sentences used in the first dialogue with
their Hungarian translation.

1 Gondolkodás nélkül rávágtad a választ!
2 Az elmúlt néhány hét alatt nagyon megkedveltem őt.
3 A munka miatt nem aggódom.
4 Tanítás után magyar órákra járok.
5 Vacsora előtt meg tudunk nézni néhány lakást.

A. After teaching, I take Hungarian classes.
B. We could look at a couple of apartments before dinner.
C. I am not worried because of work.
D. You gave me the answer without even thinking.
E. During the past few weeks I have really got to like her.

The adverbial participle -va/-ve

At times, it is necessary to express two actions occurring at the same time, e.g., 'She walked into the room singing', where the action of *singing* serves as a background to the action of *walking in*. In Hungarian, the background verb will attach the adverbial participle **-va/-ve** to the verb stem and, because it is now an adverb, is usually found in a position before the verb:

Énekelve lépett be a szobába.   She came into the room
                                    singing.

Könyörögve nézett rám.   He looked at me pleadingly.

Exercise 3

Translate the following sentences into Hungarian.

1 He was looking at Eszter smiling.
2 He was looking at the teacher pleading.
3 She came into the room crying.
4 He was coming towards me laughing.
5 He was talking to me while looking at the classified ads.

 Text 1

Lakás a Kálvin tér mögött (CD2; 40)

Lilla telefonon felhívott egy lakásközvetítő irodát. Megbeszélt egy időpontot az ügynökkel, majd elindultak otthonról. Az autó a ház előtt parkolt. Lilla beült a kocsiba, Mike beszállt mellé. Kivett egy dobozt

Corridors in an interior courtyard. Photo by Erika Sólyom

az ülés alól. Ott tartotta Lilla a térképeket. A térkép fölé hajoltak, hogy megnézzék a pontos címet. A lakás a Kálvin tér mögött volt. A bérház tatarozás alatt állt, de így is tetszett Mikenak és Lillának az épület. A kapucsengő jobbra volt, a bejárat mellett. A kapucsengő fölött a következő felirat állt: *Ne nyomja hosszú ideig a gombot!* A bejárat felől hosszú folyosó vezetett a lifthez. A lift mögött balra voltak a postaládák. A lakások közül csak egy volt földszinti. Ott lakott a házmester. A kiadó lakás a harmadik emeleten volt. A lakásközvetítő már megérkezett. Az ajtó előtt, a függőfolyosón várta a fiatalokat.

Vocabulary

alól	from under
bérház	apartment building
beül	sits into
doboz	box

felirat	sign, notice
felől	from the direction of
földszint	ground floor
fölé	over, above
fölött	above
folyosó	corridor
függőfolyosó	corridors in interior courtyards
gomb	button
hajol	bends
harmadik	third
házmester	superintendent
hosszú ideig	for a long time
időpont	specific time
így is	even so; thus
Kálvin tér	*a square in Pest*
kapucsengő	entrance bell
közül	from among
lakásközvetítő	estate agent
megbeszél	discusses, reaches an agreement
mellé	(towards) next to
mellett	next to
mögött	behind
nyom	presses
parkol	parks
pontos	exact
postaláda	postbox
tart	holds; keeps
tatarozás	renovation
telefon	telephone
ügynök	agent

Language point

Postpositions and motion

Some postpositions of location may express motion towards or motion away from a place – just as cases do. Look at the table and examples below to see how these postpositions work similarly to cases of motion. (Some forms do not exist.)

	motion toward	no motion	motion away
under	**alá**	**alatt**	**alól**
in front of	**elé**	**előtt**	**elől**
the direction of	**felé**	–	**felől**
above	**fölé**	**fölött**	**fölül**
around	**köré**	**körül**	–
between, among	**közé**	**között**	**közül**
next to	**mellé**	**mellett**	**mellől**
behind	**mögé**	**mögött**	**mögül**

Kivett egy dobozt az ülés alól.
He took a box out from under the seat. (Motion away from under the chair.)

Leültek az asztal köré.
They sat down around the table. (Motion towards around the table.)

A lakás a Kálvin tér mögött volt.
The apartment was behind Kálvin square. (No motion.)

Exercise 4

Answer the following questions by translating the English responses into Hungarian.

1 Hova ültek le a vendégek? (Around the table.)
2 Hol parkolt az autó? (In front of the bank.)
3 Hol volt a párna? (Under the bed.)
4 Honnan vett elő egy könyvet Mike? (From under the chair.)
5 Hol van a kiadó lakás? (Behind Deák Square.)

Dialogue 2

 Kettő és három között nem leszek az irodában (CD2; 41)

INGATLANKÖZVETÍTŐ	Önök közül ki veszi ki a lakást?
LILLA	A barátom, Mike. Nem akart nélkülem egyedül idejönni, mert még nem beszél olyan jól magyarul. Én tolmácsolok neki.
INGATLANKÖZVETÍTŐ	Megbízható a fiatalember?
LILLA	Abszolút mértékben.
INGATLANKÖZVETÍTŐ	Akkor jöjjenek el hozzám holnap az irodába és ott nálam megbeszéljük a részleteket.
LILLA	Hol van az iroda?
INGATLANKÖZVETÍTŐ	Az Opera mellett.
LILLA	Mikor menjünk?
INGATLANKÖZVETÍTŐ	Lássuk csak . . . Kettő és három között nem leszek az irodában. Van egy megbeszélésem, de fél négy után már bent vagyok. Jöjjenek négyre. A szerződést fél óra alatt meg tudjuk írni. Megfelel Önöknek ez az időpont?
LILLA	Igen, köszönjük. Akkor pontosan négykor ott leszünk.
INGATLANKÖZVETÍTŐ	Várom Önöket!

Vocabulary

abszolút mértékben	absolutely	**megfelel**	is suitable
		négyre	by four (o'clock)
egyedül	alone	**Opera**	*the Opera House in Budapest*
idejön	comes here		
ingatlanközvetítő	estate agent	**részlet**	detail
között	(*see* Language point)	**szerződés**	contract
megbeszélés	meeting	**tolmácsol**	interprets
megbízható	reliable		

Dialogue 3

Szeretlek! (CD2; 43)

MIKE	Elvigyelek magammal Amerikába?
ESZTER	[*viccelődve*] Hogy gondolod, a bőröndödben vagy a kézipoggyászodban?
MIKE	[*viccelődve*] A bőröndben. Ott sok hely van.
ESZTER	De komolyra fordítva a szót, tényleg meg akarlak látogatni New Yorkban.
MIKE	[*komolyan*] Lehetetlen!
ESZTER	[*meglepődve*] Tessék?
MIKE	Úgy döntöttem, hogy itt maradok Pesten!
ESZTER	[*meglepődve*] Tessék?
MIKE	Úgy érzem, hogy te vagy, akit régóta keresek . . .
ESZTER	[*meglepődve*] Tessék?
MIKE	Sokáig kerestelek, kutattalak, s most végre megtaláltalak. Nem tudlak csak úgy elengedni . . . Eszter . . .
ESZTER	Igen?
MIKE	Nagyon szeretlek!

Vocabulary

csak úgy	just like that
elenged	lets go
komolyra fordítva a szót	to speak seriously
kutat	searches
lehetetlen	impossible
meglepődik	is surprised
régóta	for a long time
végre	finally
viccelődik	jokes, kids around

Dialogue 4

Két nappal ezelőtt tefelefonáltam nekik (CD2; 44)

MELANIE   Fél füllel hallottam, hogy beszéltél Newman úrral
           telefonon. Netán ismered a régi szerelmét?
ZSÓFIA   Nem vagyok benne biztos, de azt hiszem, igen. De kérlek,
           ne szóljál még Zoltánnak. Érdekes a történet. Tudod,
           a családunk egri származású. Nos, a forradalom előtt
           a szüleim még Egerben éltek. A szomszédunkban a Rózsa
           család lakott. Volt egy lányuk, édesanyám sokat mesélt
           róla. Az az igazság, hogy mindez sok-sok évvel ezelőtt
           történt, én még kicsi voltam, így nem nagyon emlékszem.
           Csak azt tudom, hogy nagyon szomorú történet volt.
           Aztán később, mikor már gimnáziumba jártam,
           véletlenül összefutottunk a Rózsa családdal Pesten.
           A találkozásunk előtt nem ismertem őket személyesen.
MELANIE   Tudod, hogy most hol laknak?
ZSÓFIA   Képzeld, csodák csodájára, megtaláltam a címüket és
           a telefonszámukat egy dobozban, a régi levelek között.
MELANIE   Felhívtad már őket?
ZSÓFIA   Igen, két nappal ezelőtt telefonáltam nekik. Sajnos nem
           voltak otthon, de a rögzítőn hagytam nekik üzenetet.
           Remélem, emlékeznek még édesanyámra és vissza
           fognak hívni.

Vocabulary

csodák csodájára	wonder of wonders
emlékszik	remembers (with **-ra/-re**)
ezelőtt	(*see* Language point)
igazság	truth
képzel	imagines
később	later
mesél	tells, relates
mindez	all this

netán	perhaps, by chance
összefut	runs into (with **-val/-vel**)
rögzítő (short for üzenetrögzítő)	answering machine
személyesen	in person
szomszédban	next-door
véletlenül	by chance, accidentally
Fél füllel hallottam, hogy . . .	I happened to overhear that . . . (lit. I heard with half an ear that . . .)

Language point

Postpositions and pronouns

Although a postposition can be used with any noun or noun phrase, it cannot be used with pronouns. When you wish to express 'behind me, you', or 'without them, her', etc., you will add possessive endings to the postpositions. (Postpositions ending in a consonant require the linking vowel choice **a/e** when required.) Here are some examples of postpositions with possessives:

Önök közül ki veszi ki a lakást?
Which one of you will be renting the apartment?

Nem akart nélkülem egyedül idejönni.
He didn't want to come here alone without me.

Miattunk még két jegyet kellett vennie.
Because of us he had to buy to more tickets.

Gyere ide mellém!
Come here beside me.

The polite pronouns **maga** and **ön** always act more like nouns than pronouns, i.e. they do not use the possessive endings with postpositions:

A kijárat Ön mögött van.
The exit is behind you.

Maga mellé tettem a könyveket.
I put the books next to you.

Some common time expressions are formed with the help of postpositions:

előtt 'before'
Nem ismertük egymást a film előtt.
We did not know each other before the film.

után 'after'
Mit csináltál vacsora után?
What did you do after dinner?

között 'between'
Kettő és három között nem leszek az irodában.
I won't be in the office between two and three (o'clock).

alatt 'under, during'
A szerződést fél óra alatt meg tudjuk írni.
We could write the contract in under an hour.

To express the notion 'ago' you use the postposition **ezelőtt**; the phrase it refers to must, however, be in the **-val/-vel** case:

Mindez sok-sok évvel ezelőtt történt.
It all happened many, many years ago.

Két nappal ezelőtt telefonáltam nekik.
I called them two days ago.

Exercise 5

Fill in the missing words.

1 Sok évvel _____ történt.
2 A szerződést fél óra _____ meg tudjuk írni.
3 Mit csináltál a vacsora és a mozi _____?
4 Két nappal _____ telefonáltam nekik.
5 Önök _____ ki veszi ki a lakást?

Exercise 6

Translate the following sentences into Hungarian.

1 I called them two days ago.
2 I found the phone number among the old letters.

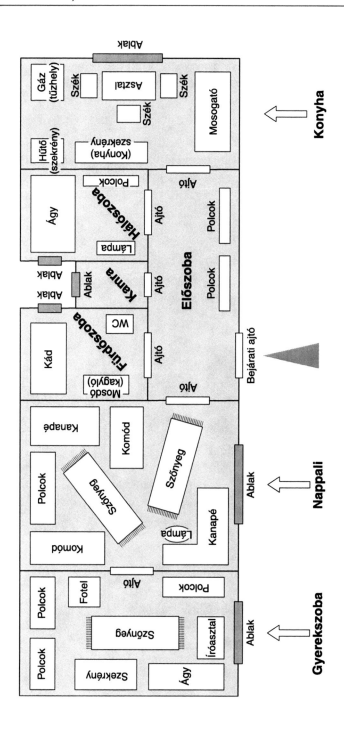

3 Before the revolution, my parents lived in Eger.
4 This happened many, many years ago.
5 We did not know each other before the film festival.

Exercise 7

Look at the photos of the apartment below, and, after consulting the vocabulary, match the sentences (1–6) or translate them (7–10), while paying attention to the use of postpositions.

1 Hol van a nappali?
2 Mi van a fürdő mellett?
3 Ebben a lakásban van külön wc?

A. Úgy látom, hogy a kamra van ott.
B. Nem, nincsen. Itt a wc a fürdőszobában van.
C. Az előszoba és a gyerekszoba között.

4 Mi van a komód és a kanapé között?
5 Hol van az állólámpa?
6 Mi van a kanapé fölött a falon?

E. Egy csodás kép van a kanapé fölött.
F. Egy török szőnyeg.
G. A kanapé mellett.

7 In the children's room, the bed is next to the wardrobe.
8 The toys are in front of the shelf but the night lamp is on the desk.

9 There is a tap in the bathroom and in the kitchen as well.
10 There are three chairs around the table in the kitchen.

Exercise 8

Mike is moving in his new apartment. Eszter and Lilla help him with the furniture arrangement. Translate the following sentences.

1 Put the mirror over the sink.
2 Lilla is looking for the book under the carpet.
3 Please put the bookshelf next to the bed.
4 Can you put the picture over the TV?
5 I want to put the lamp next to the bed.
6 Take out the suitcases from behind the wardrobe.
7 Can you please put four chairs around the table?
8 I cannot find my shoes. They are under the bed!
9 Are we putting this small carpet in front of the chest of drawers?
10 The kitchen cabinet is between the fridge and the stove.

Exercise 9

It is time for a crossword puzzle (**keresztrejtvény**)! Look for the Hungarian equivalents of the English words and expressions below. What is the hidden word?

							X				
1							X				
2							X				
3							X				?
4							X				
5							X		!		
6							X				
7							X				
8							X			?	
9							X				

1 moustache
2 name of Lilla's girlfriend

3 Excuse me? Pardon?
4 I will wait for you.
5 Hurry up!
6 under
7 Meg _____ látogatni New Yorkban.
8 Should I take you?
9 apartment

The years 1956 and 1989

The 23 October 1956 marked the outbreak of a significant revolution in Hungarian history, when the masses stood up against the Stalinist dictatorship. The uprising was soon put down by the invading Soviet troops. Prime Minister Imre Nagy was killed during the revolution, and several thousand people died. Thousands more left the country. János Kádár, with Soviet support, became the leader of the Communist Party, the governing regime of the nation, until the tumultuous events of 1989.

The year 1989 witnessed a number of radical events. Kádár's rule came to an end, and in February of that year news broke that shook the country: the Central Committee of the Communist Party had announced the introduction of free elections and a multi-party system. By early summer, long before the collapse of the Berlin Wall, Hungarians literally started taking apart the Iron Curtain: the barbed-wire border fence that separated Hungary from Austria and, thus, from the West. 16 June marked the official reburial of Imre Nagy in Budapest. Hundreds of thousands came to witness the event in Heroes' Square. Roughly a month later, János Kádár died. On 23 October 1989 the Republic of Hungary was declared, and 23 October became a national holiday.

The Statue Park

The **Szoborpark Múzeum** (Statue Park Museum) is an open-air museum in the outskirts of Budapest. If you would like to look back in history and have a taste of what public statues looked like, you may wish to visit the park. It houses a selection of statues that were torn down in 1956 or during the changing political sentiments of 1989 and the early 1990s.

Unit Fourteen

Bárcsak több szabadidőm volna!

If only I had more free time!

In this unit you will learn:

- the conditional conjugation
- another way to express possession
- how to spend your free time
- expressing wishes (**bárcsak**)

Dialogue 1

Elmennék, ha nem lenne annyi dolgom (CD2; 46)

ZOLTÁN   Szóval, mit üzent Newman úr?

ZSÓFIA   Szeretné, ha elmennétek vele holnap a Gellértbe.

ZOLTÁN   Bárcsak több szabadidőm volna! Elmennék, ha nem lenne annyi dolgom a munkahelyen.

ZSÓFIA   Miért nem veszel ki egy nap szabadságot? Olyan kedves ez a Newman úr. Igazán megérdemelné, hogy elmenjetek vele a fürdőbe.

ZOLTÁN   [*viccelődve*] Nocsak, nocsak. Annyira fogod a pártját, hogy kezdek féltékeny lenni.

ZSÓFIA   Nem lennél féltékeny, ha tudnád az igazságot . . .

ZOLTÁN   Az igazságot?

ZSÓFIA   Zoltán, szeretnék valamit mondani . . .

ZOLTÁN   Csak nem titkolsz valamit?

ZSÓFIA   Nagyon szeretném, ha elmennétek holnap a Gellértbe!
ZOLTÁN   De miért?
ZSÓFIA   Mert ott lesz valaki.
ZOLTÁN   Kicsoda?
ZSÓFIA   Rózsa Alíz.
ZOLTÁN   [*csodálkozva*]   Alíz? Newman úr nagy szerelme?
ZSÓFIA   Igen.
ZOLTÁN   Hihetetlen! Hát ezt meg hogy csináltad?
ZSÓFIA   Gyere, elmesélem!
ZOLTÁN   Nyissunk ki egy üveg bort!
ZSÓFIA   Szerintem, ne igyunk előre a medve bőrére!
ZOLTÁN   Ugyan, ez most kivételes alkalom. Milyen bort szeretnél?
          Egri Bikavér jó lesz?
ZSÓFIA   [*mosolyogva*]   Minden Egerben kezdődött, így nem is
          lehetne jobb bort választani a történetemhez. A forradalom
          előtt a szüleim még Egerben éltek. A szomszédunkban
          a Rózsa család lakott . . .

Vocabulary

alkalom	occasion
annyi	so much
annyira	so much so
bárcsak	if only
csodálkozik	is amazed, surprised (with -(o/e/ö)n)
Egri Bikavér	a full-bodied Hungarian red wine
elmesél	relates, tells
féltékeny	jealous
fogja a pártját	takes the side of, supports
fürdő	bath
hihetetlen	unbelievable
kicsoda	who (emphatic)
kivételes	exceptional
meg	and
megérdemel	deserves
munkahely	workplace

nocsak	well, well . . . (informal)
szabadidő	free time
szóval	so . . . , well . . .
titkol	keeps a secret, hides
több	*here*: more
üzen	sends the message
valaki	someone
Ne igyál előre a medve bőrére!	Don't count your chickens before they are hatched! (lit. Do not drink to the skin of the bear in advance!)

Language points

Conditional

When you need to express you *would do* or *would like* something, you are using a conditional form of the verb. This is the last of the Hungarian verb conjugations and, fortunately, the easiest one of all. The conditional ending is **-na/-ne** and is added to the verb stem in the same way as the past or imperative markers. The following table contains the conditional endings for both indefinite and definite conjugations. You will see that there is no vowel harmony distinction for the indefinite ending for **én** and also that there is no difference between the definite and indefinite endings for **mi** and **ti**.

	Vowel harmony			
	Back	Front	Back	Front
	Indefinite		*Definite*	
én	-nék	-nék	-nám	-ném
te	-nál	-nél	-nád	-néd
ő/maga/ön	-na	-ne	-ná	-né
mi	nánk	-nénk	-nánk	-nénk
ti	-nátok	-nétek	-nátok	-nétek
ők/maguk/önök	-nának	-nének	-nák	-nék
én (téged/titeket)			-nálak	-nélek

If the verb stem ends in two consonants or a long vowel + **t**, the linking vowel **a/e** is required before the conditional ending. Look at the following examples to see the full conjugations at work:

Conditional conjugation

	shows **mutat**		likes **szeret**		holds **tart**	
	Indefinite	Definite	Indefinite	Definite	Indefinite	Definite
én	mutatnék	mutatnám	szeretnék	szeretném	tartanék	tartanám
te	mutatnál	mutatnád	szeretnél	szeretnéd	tartanál	tartanád
ő	mutatna	mutatná	szeretne	szeretné	tartana	tartaná
mi	mutatnánk	mutatnánk	szeretnénk	szeretnénk	tartanánk	tartanánk
ti	mutatnátok	mutatnátok	szeretnétek	szeretnétek	tartanátok	tartanátok
ők	mutatnának	mutatnák	szeretnének	szeretnék	tartanának	tartanák

én (téged)						
	mutatnálak		szeretnélek		tartanálak	

Using the conditional

In Hungarian, the conditional is used in very much the same way as in English: to express the hypothetical or to make your expression more polite. It also used after words like **ha** 'if', **bárcsak** 'if only' and **mintha** 'as if' where English might not always use the conditional. Here are some examples:

Bárcsak felhívna!
If only she would call!

Szeretnék valamit mondani.
I would like to say something.

Megmutatnád a fényképeidet?
Would you show me your pictures?

Úgy néz ki, mintha elájulna!
He looks as though he might faint!

Exercise 1

Complete the exchanges by translating the English sentences into Hungarian. First use the informal singular and then the formal singular form.

Example: **Nem szeretem a kamillateát.**
Would you suggest another tea?

Informal singular: **Javasolnál egy másik teát?**
Formal singular: **Javasolna egy másik teát?**

1 Nem tetszik ez a film. (Would you watch another one with me?)
2 Nem ízlik a Bikavér. (Would you bring another wine?)
3 Ezek az én fotóim. (Now would you show your photos?)
4 Szeretnék valamit mondani. (What would you like to say?)

Irregular verbs and the conditional

Most irregular verbs form the conditional regularly from their infinitival stem. The following list contains the irregular verbs by now familiar to you and the stems they use in forming the conditional; you need only to add the conditional endings regularly:

is	van	vol- or len-	drinks	iszik	in-
goes	megy	men-	becomes	lesz	len-
comes	jön	jön-	puts	tesz	ten-
sleeps	alszik	alud-	takes	vesz	ven-
eats	eszik	en-	carries	visz	vin-
believes	hisz	hin-			

Bárcsak több időm lenne!
If only I had more time.

Meginnál velem egy pohár bort?
Would you drink a glass of wine with me?

Megvenném a házat, ha lenne elég pénzem.
I would buy the house if I had enough money.

Elmennék, ha nem lenne annyi dolgom.
I would go if I didn't have so much to do.

Exercise 2

Translate the following sentences into Hungarian.

1 I would come if you (**te**) invited me.
2 Would you (**ti**) eat this if you (**ti**) were not sick?
3 She would sleep, if she were at home.
4 Would they drink it, if it were cold?
5 I would go if I didn't have so much to do.

Dialogue 2

Bárcsak már egy hónappal ezelőtt tudtuk volna! (CD2; 48)

ZOLTÁN   Ki hitte volna, hogy éppen *te* fogsz rátalálni Alízra?
Bárcsak előbb szóltál volna! Elmondtad már a hírt
Gabrielnek?

ZSÓFIA   Miért mondtam volna el neki? Én magam sem
voltam biztos benne, hogy Alíz ugyanaz a személy,
akit Newman úr keres. Már egy héttel ezelőtt hagytam neki
üzenetet, de csak tegnap hívott vissza. Ha előbb
visszahívott volna, akkor már a hétvégén tudtam volna
nektek szólni.

ZOLTÁN   Newman úr néhány héttel ezelőtt érkezett
Magyarországra. Bárcsak már egy hónappal ezelőtt
tudtuk volna, hogy tulajdonképpen ismerjük Alízt. Képzeld,
mennyire örült volna Newman úr, ha már akkor tudtak
volna találkozni.

ZSÓFIA   Szerintem holnap sem lesz késő.

ZOLTÁN   Igazad van. Különben is, jobb későn, mint soha.

ZSÓFIA   Remélem felismerik egymást ennyi év után!

Vocabulary

egymás	each other
elmond	tells (the whole story)
előbb	earlier
ennyi	so much
felismer	recognises
hónap	month
különben is	anyway; otherwise
magam sem	not even I
mennyire	how much (so)
rátalál	comes across, hits upon, finds
személy	person
tulajdonképpen	actually
ugyanaz	the same
Jobb később, mint soha.	Better late than never.

Language point

'I would have told you': past conditional

You use the past conditional when you wish to express that you *would have done* or *liked* something, etc. It couldn't be easier to form, just put the verb in the past tense and add the word **volna** after it:

Elmentem volna, ha meghívtak volna.
I would have gone if they had invited me.

Bárcsak néhány héttel ezelőtt találkoztak volna!
If only they had met a few weeks ago!

If the coverb must be removed from before the verb, it is moved to all the way after **volna**:

Ki hitte volna?
Who would have thought it?

Miért mondtam volna meg neked?
Why would I have told you?

Exercise 3

Put the following present conditionals into their past conjugation.

Example: Miért énekelnék az étteremben? →
Miért énekeltem volna az étteremben?

1 Ki hinné?
2 Bárcsak nekem szólnál!
3 Miért mondanám el neked?
4 Képzeld, mennyire örülne Newman úr!
5 Elmennék, ha meghívnának.

Exercise 4

Match the following sentences.

1 Hova szeretnétek menni a hétvégén?
2 Csak magyar együttesek játszottak?
3 Szeretnék indulni!
4 Nagyon hiányoznál, ha visszamennél!
5 Mit csinálnátok Egerben, ha több időtök lenne?

A. Megnéznénk a történelmi emlékeket.
B. De nem megyek!
C. Tőlem akár most is indulhatunk!
D. Igen, bárcsak mások is felléptek volna!
E. A Balatonra, de sajnos rossz lesz az idő.

Dialogue 3

Kié ez a kézírás? (CD2; 50)

Eszter szülei meghívták Lilláékat szalonnasütésre. Zsófia vette át az üzenetet, majd elment otthonról Melanieval egy koncertre. Koncz Zsuzsa lépett fel a Petőfi Csarnokban. Lilla és Mike hamarosan hazaérkeztek. Mike találta meg az üzenetet.

MIKE   Lilla, találtam egy cetlit a konyhában. Kié ez a kézírás? Kinek szól ez az üzenet? Nem a tied?
LILLA   Hadd nézzem! Ez a kézírás anyáé. Az üzenet pedig a miénk.

MIKE   A te nevedet látom a papíron, de nem látom az enyémet.
LILLA Mindegy, az a lényeg, hogy Eszterék meghívtak minket
       a hétvégén szalonnasütésre. Ott lesznek a szülei is.
MIKE   Mi az a szalonnasütés?
LILLA Majd mindjárt elmagyarázom, de előbb lenne egy fontos
       kérdésem: Nem félsz?
MIKE   Mitől?
LILLA [*nevetve*]   Attól, hogy most már nem úszod meg, mert Eszter
       be fog mutatni az övéinek!
MIKE   [*viccelődve*]   Hát igen, mint tudjuk, így most az egész jövőm
       forog kockán!

Vocabulary

átvesz	takes (over)
cetli	slip of paper
csarnok	hall, arena, marketplace
elmagyaráz	explains
fél	is afraid (with **-tól/-től**)
hadd	let! (always with the subjunctive)
kézírás	handwriting
kockán forog	is at risk (lit. spins on a cube)
lényeg	essential thing; point of the matter
meghív	invite
megúszik	gets out of a tough spot easily (figurative meaning)
mindjárt	right away, immediately
Petőfi Csarnok	*a cultural arena/market in Budapest*
szalonnasütés	Hungarian style barbecue with bacon
Most már nem úszod meg!	You can't get out of it now so easily! (lit. You can't swim it.)

Dialogue 4

A tűz melege (CD2; 52)

Lilláék nagyon örültek Eszter meghívásának. A szülők hétvégi nyaralója a Velencei tó partján volt. A vendégek a hét eseményeiről beszélgettek. Lilla, Mike, Eszter és barátaik a tűz körül ültek. A szalonna illata bejárta az egész környéket.

LILLA	Kié ez a nyárs? A tied?
ANDRÁS	Azt hiszem, Eszter édesapjáé.
LILLA	Sanyi bácsi, Öné ez a szalonna?
SANYI	Teljesen mindegy. Ami az enyém, az a tietek is. Vegyetek mindenből!
ANDRÁS	Ki szeretne még egy kis bort? És ki látta a borosüveg dugóját?
LILLA	Tessék, itt van.
ESZTER	Hogy tetszik a szüleim nyaralója?
MIKE	Ha tehetném, minden hétvégén eljönnék ide!
ESZTER	Pedig azt hittem, hogy te jobban érezted volna magad, ha egy pesti kávéházba hívtalak volna meg.
MIKE	Arra sem mondtam volna nemet!
ESZTER	És mit szólsz a szalonnasütéshez?
MIKE	Nagyon örülök, hogy eljöttünk. Nem is gondoltam volna, hogy ilyen élvezetes egy szalonnasütés. Tényleg minden nagyon kellemes . . . A nyári szellő, tó közelsége, a tűz melege, a friss kenyér íze, a hagyma ínycsiklandozó illata . . .

Vocabulary

bejár	travels through	**illat**	fragrance
borosüveg	wine bottle	**ilyen**	such
dugó	cork	**ínycsiklandozó**	appetising
élvezetes	enjoyable, pleasant	**íz**	flavour, taste
esemény	event	**közelség**	nearness, proximity
hagyma	onion		

meghívás	invitation	**szellő**	breeze
nyaraló	summer cottage	**tó**	lake
nyárs	skewer	**tűz**	fire
part	shore	**Velencei tó**	*lake not far from*
szalonna	bacon		*Budapest*

Language points

What's mine is yours: possessive pronouns

When you need to express that something is *mine, yours, his* or *hers*, etc., you use possessive pronouns. There are singular and plural forms too, depending on whether you possess one or more items – a distinction we do not make in English.

	én	te	ő
singular	**az enyém**	**a tied**	**az övé**
plural	**az enyéim**	**a tieid**	**az övéi**

	mi	ti	ők
singular	**a mienk**	**a tietek**	**az övék**
plural	**a mieink**	**a tieitek**	**az övéik**

Ez a kávé az enyém. This coffee is mine.
Azok a jegyek az tied. Those tickets are yours.

You may attach any case to these pronouns as well:

Ez az én fiam. Most mutass be a tiednek!
This is my son. Now introduce me to yours.

A te nevedet látom a papíron, de nem látom az enyémet.
I see your name on the paper but I do not see mine.

'Whose?' Kié?

Similarly, to express that something is *Eszter's*, or *the boy's*, you will use the ending **-é**. Just as above, the possessed form may also occur in any case:

Ez a könyv Ferié. Még nem láttam Annáét.
This book is Feri's. I haven't seen Anna's.

The collective suffix -ék

Hungarian has a unique way of referring to a family or other close-knit group of people. By adding the ending **-ék** to a family name, it is like referring to the whole family. You may, however, add **-ék** to somebody's given name and thus refer to that person and his or her usual companion(s) – whether they are friends, family, a couple, children, etc. Here are a few examples:

Meghívtak Zoltánék vacsorára.
Zoltán and his wife/friends/family have invited us to dinner.

Mikor találkoztak Feketéékkel?
When did you meet the Feketes?

 Exercise 5

Fill in the missing words.

1 A _____ meghívták Newman urat vendégségbe. (The Feketes)
2 Newman úr azt javasolta _____, hogy menjenek el a Gellértbe.
  (To Zoltán and others)
3 Mikor találkoztál _____? (With Lilla and others)
4 Megtalálták az ő kulcsát, de nem találták az _____ (Mine)
5. _____ ez a könyv? (Whose?)

 Exercise 6

Nominal possession review: now that you have learned all the ways to indicate possession, translate the following into Hungarian:

1 my books
2 my mother's books
3 these books are mine
4 this book is my mother's
5 your (**te**) girlfriend
6 your (**te**) girlfriend's name
7 your (**te**) girlfriends
8 your (**te**) girlfriends' names
9 their names
10 She is not János's girlfriend, but Bence's.

Exercise 7

István Örkény, one of Hungary's most famous short-story writers, employs many of these possessive constructions in his story, **Szakmai Önérzet** ('Professional Pride'). First review the following expressions, and then, with the help of a dictionary, translate the entire (very!) short story below.

hosszú évek munkája	the work of long years
tehetségem elismerése	the acknowledgement of my talent
a gerle búgása	the coo of the turtle-dove
a nádiveréb cserregése	the chitter-chatter of the reed-sparrow
a fűrj pitypalattyolása	the quail's pipe
a sirály vikkogása	the gull's screech
a pacsirta éneke	the song of the lark

Szakmai Önérzet

Engem kemény fából faragtak!
Tudok magamon uralkodni.
Nem látszott rajtam semmi, pedig hosszú évek szorgalmas munkája, tehetségem elismerése, egész jövőm forgott a kockán.

— Állatművész vagyok – mondtam.
— Mit tud? – kérdezte az igazgató.
— Madárhangot utánzok.
— Sajnos – legyintett – ez kiment a divatból.
— Hogyhogy? A gerle búgása? A nádiveréb cserregése? A fűrj pitypalattyolása? A sirály vikkogása? A pacsirta éneke?
— Passzé – mondta unottan az igazgató.

Ez fájt. De azt hiszem, nem látszott rajtam semmi.

— A viszontlátásra – mondtam udvariasan, és kirepültem a nyitott ablakon.

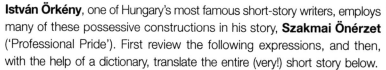

Szalonnasütés

Szalonnasütés cannot really be translated into English, although 'bacon-barbecue' might come the closest. Many foreigners, especially those who were raised to trim the fat from their food and discard it, might find it rather alarming that people would go to all the trouble of melting fat and dripping it on bread for the express purpose of eating it! Of course, after the first taste, the impression may change, and one can easily become a **szalonna** fanatic. It is certainly a special social occasion where people gather around an open fire and share good times. The site of the **szalonnasütés** can vary from a forest campsite, to cottages, or small gardens which city folks often have outside the city where they grow fruit and vegetables. People sit around the fire, put bacon, onions, tomatoes and peppers on their skewers and sing songs. Once you are part of the bacon feast, you forget about the fat. All you worry about is the mosquitoes!

While sitting around the fire, the songs may vary from folk songs, through popular folksy songs to popular songs of favourite Hungarian singers, **Zsuzsa Koncz** being one of them. Her songs of social justice are often veiled in symbolism. While singing 'Ha én rózsa volnék' ('If I Were a Rose . . .') you may notice the abundant use of the conditional in the first and last verses of the song as well as discover the political suggestion between the lines.

> Ha én rózsa volnék
> nemcsak egyszer nyílnék
> Minden évben négyszer
> virágba borulnék
> Nyílnék a fiúnak
> nyílnék én a lánynak
> Az igaz szerelemnek
> és az elmúlásnak
>
> Ha én zászló volnék
> sohasem lobognék
> Mindenféle szélnek
> haragosa lennék
> Akkor lennék boldog
> Ha kifeszítenének
> s nem lennék játéka
> Mindenféle szélnek
>
> *If I were a rose*
> *I would open more than once*

Four times per year
I would bury myself in blossoms
I would open up to boys
I would open up to girls
I would open up to true love
and to the passing of time

If I were a flag
I would never wave
I would be the foe
of all kinds of winds
I would be happy
to be drawn taut
and not let loose
just any *way the breeze blows.*

Kávéházi kultúra

Hungarians feel at home both around the open fire at **szalonnasütés** as well as in the cosy coffee shops in the city. Though Western-style coffee shops are on every other corner, Budapest can still boast many famous, old-style coffee houses. **Auguszt cukrászda** (café-cum-pastry shop), one of the oldest cafés, has locations both in Buda and Pest. One can never tire of the wonderful **krémes** (puff pastry with crème pâtissière) they offer. A famous café in the Castle District is **Ruszwurm** which dates back to the early 1800s. Antique elegance is offered by the classic coffee house **Művész**, located a few steps away from the Opera. **Alibi**, near Kálvin Square, is a special café with a romantic, classical and cosy atmosphere. The legendary **New York Café** was the favourite hangout for Budapest literati back in the early twentieth century. Consider the sentiment it inspired in one of its most famous customers – early twentieth-century essayist, poet and novelist, **Dezső Kosztolányi.**

New York, te kávéház, ahol oly sokat ültem
hadd nyissam ki az ajtód, leülni még szabad tán
csak mint a koldusnak, aki pihen a padkán
s megnézni mi maradt belőlem és körültem.

E nyári koraestén, hogy még mind vacsoráznak,
meginnék asztalomnál egy langyos esti kávét,
és mint hívő keresztény elmondanék egy ávét,
múltán az ifjúságnak, és múltán a régi láznak.
Kosztolányi Dezső, 1924

New York, you coffee-house, where I have sat so often,
let me open your door and perhaps take a seat,
and see what remains of me, around me
just as the beggar who rests on a bench.
On this early summer evening, when all still dine
I would drink at my table a warm evening coffee,
and like a believing Christian I would say a prayer
to youth and the ardour of yore.

Unit Fifteen

A leghihetetlenebb történet

The most unbelievable story

In this unit you will learn:

- the comparative
- potential actions
- to get someone to do something for you
- the superlative

Dialogue 1

Megkérhetnélek egy szívességre? (CD2; 53)

ZSÓFIA   Megkérhetnélek egy szívességre?

MELANIE   Persze. Örülök, ha segíthetek.

ZSÓFIA   El kell mennem a boltba kávéért. Ha Alíz telefonálna, mondd meg neki, hogy délután egykor várom a Gellért bejáratánál.

MELANIE   Ez egy kicsit kényes ügy, mert én még nem ismerem őt. Inkább te beszélj vele, én könnyen elronthatom a dolgokat. Vidd el inkább magaddal a mobiltelefonodat. Megadhatom neki azt a számodat?

ZSÓFIA   Sajnos, lemerült a mobilom. Inkább akkor itthon maradok. Leugranál helyettem kávéért?

MELANIE   Szívesen. Hozzak még valami mást is?

ZSÓFIA   Köszönöm, más nem kell. Útközben viszont megnézheted,
          hogy mit adnak a Radnótiban. Mielőtt visszamész New
          Yorkba, megnézhetnénk egy jó darabot!

Vocabulary

darab	piece, *here*: play
elront	spoils, ruins
helyett	instead of (postposition)
kényes	delicate
könnyen	easily
lemerül	runs down (of a battery)
leugrik	jumps down
megad	gives
megkér	asks, requests
mielőtt	before (conjunction)
mobil(telefon)	cell phone
mobilszám	cell phone number
Radnóti	*short for* **Radnóti Miklós** *theatre in Budapest*
szívesen	gladly, with pleasure
szívesség	favour
ügy	matter
útközben	on the way

Language points

Changing the meanings of verbs

Hungarian offers several ways of modifying verbs. In this unit
we will introduce two different endings that you can attach to the
stem of any verb to alter its meaning. These endings form entirely
new verbs, and you can add the regular past, present, imperative and
conditional onto these new verbs.

Expressing the potential: **-hat/-het**

The potential ending adds the meaning 'may, might' to any verb. It can be used to make your request more polite or to indicate the possibility or uncertainty of an action. In negative sentences it often has the meaning of prohibition. Look at the following examples to see how it might used:

| felhív | felhívhat: | **Felhívhatlak ma este?** |
| | | May I call you this evening? |

megnéz	megnézhet:	**Megnézheted a filmet, már**
		elmúltál 18 éves.
		You may see the film, you are
		over eighteen now.

| találkozik | találkozhat: | **Többé nem találkozhatunk.** |
| | | We must not meet any more. |

When the potential is combined with the conditional it may be translated as 'could'. This can be used to make very polite requests:

| megkér | megkérhet: | **Megkérhetnélek egy szívességre?** |
| | | Could I ask you a favour? |

Exercise 1

Change the following sentences into new ones that express potentiality.

> Example: Megkérem egy szívességre. →
> Megkérhetem egy szívességre.

1 (Ti) nem kértek kávét.
2 Nem érti a lényeget.
3 Sanyi nem nézi meg azt a filmet.
4 Holnap találkozunk.
5 Elolvasom az apróhirdetéseket.

Exercise 2

Translate the following phrases into Hungarian. Make sure you follow the vowel harmony rules for the appropriate **-hat/-het** endings.

1 I could ask it.
2 You (**önök**) may sit down.

3 We could meet.
4 They could sing.
5 Can I phone you?
6 You may write to him.
7 They could help.

Gabriel hívatott egy taxit Zsófiával (CD2; 55)

Gabriel ma reggel találkozott először hivatalos keretek között budapesti főnökével. Már tegnapelőtt elment a patyolatba és kitisztíttatta zakóját. Ma nagyon korán kelt, hogy le ne késse a megbeszélt időpontot. Indulás előtt megetette Lilla papagáját. Zsófia is ébren volt már, Zoltán viszont mélyen aludt. Kivett egy nap szabadságot, ilyenkor tőle akár egy elefánt is jöhet-mehet a lakásban, ő nem hall semmit. Úgy alszik, mint egy mormota. Gabriel hívatott egy taxit Zsófiával és időben elindult. A taxiban jól elbeszélgetett a sofőrrel, de nem tudta vele megértetni, hogy miért is választotta az egy év tanítást Budapesten New York helyett. Mikor megérkeztek a gimnáziumhoz, a taxisofőr kifizettette Gabriellel a számlát. A gimnázium igazgatója szimpatikus ember volt. Megbeszélték a részleteket, majd az igazgató legépeltette a szerződést a titkárnővel. A titkárnő aláíratta a papírt Gabriellel, majd hívatott egy taxit neki. Gabriel késésben volt. Zoltán és Newman úr már várták őt a megbeszélt helyen, a Szabadság híd budai hídfőjénél a Gellért előtt.

Vocabulary

akár ... is	even
aláír	signs (one's signature)
ébren	awake
elbeszélget	chats at length
elefánt	elephant
főnök	boss

hivatalos keretek között	officially
hídfő	bridge abutment
időben	on time
igazgató	director
ilyenkor	at such time(s)
indulás	departure
jön-megy	comes and goes
késésben van	is late
kitisztít	(dry)cleans
legépel	types up
lekésik	is late for
megbeszélt	agreed-upon
megetet	feeds
mormota	marmot
papagáj	parrot
papír	paper
szimpatikus	nice, kind, friendly
tegnapelőtt	day before yesterday
titkárnő	secretary
Úgy alszik, mint egy mormota.	He sleeps like a log. (lit. He sleeps like a marmot.)

Language points

Getting something done

Now that you can ask for a favour, you are ready to express how one person does something for someone else, e.g., 'She'll have Gábor call her a taxi.' The causative ending **-(t)at/-(t)et** is attached to a verb stem to indicate that someone other than the subject performs an action. The new verb stem is subsequently placed in any verb conjugation (or infinitive).

The person who actually performs the action is placed in the **-val/-vel** case; in the above example, that would be Gábor. However, you don't always have to express who did the deed; depending on the context you may leave that part out altogether.

The long form of the causative **-tat/-tet** is attached to verbs of more than one syllable and verbs ending in a long vowel + **t**:

kitisztít	kitisztíttat:	**Kitisztíttattam a télikabátomat.**
		I had my winter coat cleaned.
elénekel	elénekeltet:	**Elénekeltette velem a kedvenc népdalát.**
		He had me sing his favourite folk song.

The short form of the causative **-at/-et** is attached to verbs of only one syllable and verbs ending in a consonant + **t**. (Don't include the coverb when counting syllables.)

hív	hívat:	**Gáborral majd hívat egy taxit.**
		She'll have Gábor call her a taxi.
megért	megértet:	**Nem tudtam vele megértetni, hogy haza kell mennem.**
		I couldn't make him understand that I have to go home.

Exercise 3

Translate the English answers into Hungarian.

1 Voltatok moziban? (Yes, I did not want to go but Gábor made me watch the film.)
2 Nálunk vacsorázik Newman úr. (Great! Then I will make Zoltán bring some wine.)
3 Mit csináltatok az iskolában? (The teacher made us read the third chapter.)
4 Mit csinált Zsófia? (She made me sing her favourite folksong.)
5 Mit csinált a taxisofőr? (He made Zoltán pay the bill.)

Irregular verbs

The following are the new verbs formed when adding the potential or causative to these (by now familiar) irregular verbs. You may add any conjugation to these new verb stems.

	van/lesz	eszik	hisz	iszik	tesz
potential:	lehet	ehet	hihet	ihat	tehet
causative:	–	etet	hitet	itat	tetet

	vesz	visz	jön	megy	alszik
potential:	vehet	vihet	jöhet	mehet	alhat
causative:	vetet	vitet	–	–	altat

Exercise 4

Look for the pairs.

1 Elaltattad a gyereket.
2 Megetettem Lilla papagáját.
3 Elvihetem ezt a könyvet?
4 Alhatsz nálunk ma este.
5 Elhitette velem a történetét.

A. Nem is tudtam, hogy Lillának van papagája.
B. Igen, már alszik.
C. Inkább hazamegyek.
D. Mindenkivel mindent elhitet.
E. Melyiket?

Putting it all together

By now you may even wish to express the possibility that you will have something done! To do this, form the causative of the verb first, then add the potential ending, and then add the conjugation endings and you will have achieved this feat:

hív + at + hat + nál
call + causative + potential + conditional (**te**)

Gáborral hívathatnál egy taxit.
You could have Gábor call you a taxi.

Exercise 5

Translate the following English sentences into Hungarian.

1 You (**te**) could feed the children.
2 You (**ti**) could order a taxi.
3 We could have your (**ti**) suits cleaned.
4 They could have Gábor buy the wine.
5 You (**ön**) could have Lilla look for the map.

Melegebb ott a víz? (CD2; 57)

Zoltán, Gabriel és Newman úr a Gellértben vannak. A medence
szélénél beszélgetnek.

GABRIEL	Jól tetted, hogy kivettél egy nap szabadságot.
ZOLTÁN	Teljesen igazad van. Csak az a baj, szabadság alatt sokkal gyorsabban szalad az idő, mint a munkahelyen.
GABRIEL	Newman úr, Önnek hogy tetszik a fürdő?
NEWMAN ÚR	Csodás. Az épület nagyobb, mint gondoltam. Már láttam sok képet a fürdőről, de élőben a mozaikok sokkal szebbek, mint képzeltem.
ZOLTÁN	Gabriel, csak nem fázol?
GABRIEL	Egy kicsit.
ZOLTÁN	Hogyhogy?
GABRIEL	A másik medencében jobban éreztem magam. Ott melegebb a víz.
ZOLTÁN	Én a hidegebbet jobban kedvelem.
NEWMAN ÚR	Én is jobban éreztem magam abban a másik medencében. A meleget hosszabb ideig bírom. Ott könnyebben tudok pihenni és valahogy jobban el tudom magam engedni.
GABRIEL	Newman úr, ha Ön is ennyire kedveli a meleget, menjünk át a gőzfürdőbe!

NEWMAN ÚR Nagyszerű, de előbb vissza kell mennem az öltözőbe. Hozok magamnak egy szárazabb törülközőt, mert ez itt már nagyon nedves.

GABRIEL Jó, akkor negyed óra múlva találkozunk a gőzben!

Vocabulary

az a baj, hogy . . .	the problem is . . .
bír	endures, withstands
csodás	wonderful
elengedi magát	lets oneself go, relaxes
élőben	live, in person
ennyire	so much so
fázik	is cold
gőz	steam
gőzfürdő	steam bath
hideg	cold
hogy tetszik	how do you like . . .
kép	picture
könnyű	easy
medence	pool
mozaik	mosaic
negyed óra múlva	in fifteen minutes
öltöző	dressing room
szalad az idő	time flies
száraz	dry
szél	edge
törülköző	towel
valahogy	somehow

Language points

Making comparisons

When you wish to express that something is bigger, prettier, more expensive, etc., you will need the comparative ending **-(a)bb/-(e)bb** on an adjective. Use the linking vowel on adjectives which end in a consonant.

dear	**drága**	→	**drágább**	more dear
grey	**szürke**	→	**szürkébb**	greyer
inexpensive	**olcsó**	→	**olcsóbb**	cheaper, less expensive
sweet	**édes**	→	**édesebb**	sweeter
important	**fontos**	→	**fontosabb**	more important

Some common exceptions include:

	good	beautiful	big	slow
	jó	**szép**	**nagy**	**lassú**
comparative:	**jobb**	**szebb**	**nagyobb**	**lassabb**

	long	easy	a lot
	hosszú	**könnyű**	**sok**
comparative:	**hosszabb**	**könnyebb**	**több**

You will need to use the conjunction **mint** 'than' to complete a comparison:

Zoltán boldogabb most, mint tavaly.
Zoltán is happier now than he was last year.

A te csókod édesebb, mint a cukor.
Your kiss is sweeter than sugar.

Adding endings to the comparative

Any ending that may be attached to an adjective may be attached to its comparative form as well – including, of course, the adverbial ending **-an/-en**.

Beszélj lassabban, légy szíves!
Speak more slowly, please.

Most már jobban érzem magam.
I feel better now.

Máshol nem találsz finomabbat.
You won't find anything more delicious anywhere else.

Degree of comparison

To express the degree of comparison, i.e., *three centimetres* taller, *much* faster, the degree to which something is taller, faster, etc., is placed in the **-val/-vel** case.

Szabadság alatt sokkal gyorsabban szalad az idő.
During the holidays the time goes by *much* more quickly.

Mennyivel fizettél többet?
How much more did you pay?

Ferenc három centiméterrel magasabb, mint Gyula.
Ferenc is *three centimetres* taller than Gyula.

If the **mint** phrase in comparisons consists of only a subject noun, it is quite common to replace it with the same noun in the **nál/-nél** case. Compare the following pairs:

Judit vidámabb, mint Kinga.
Judit is happier than Kinga.
Judit vidámabb Kingánál.

Imre egy évvel fiatalabb, mint Pisti.
Imre is one year younger than Pisti.
Imre egy évvel fiatalabb Pistinél.

You'll find that comparisons are as widespread as your imagination allows. In Text 1, we read about Zoltán who sleeps like a log, i.e. **úgy alszik, mint egy mormota.** Here are a few more expressions to help expand your knowledge of comparative structures:

Úgy örültem, mint majom a farkának.
I was as happy as a clam. (lit. I was as happy as a monkey is with its tail.)

Olyan ravasz, mint a róka.
He is as sly as a fox.

**Úgy kerüli ezt a témát, mint macska
a forró kását.**
He drops the subject like a hot potato.
   (lit. He avoids this topic like the cat
   avoids hot porridge.)

Szemtelen, mint a piaci légy.
He is as annoying as a horse fly.
   (lit. He is as impertinent as a market fly.)

Szegény, mint a templom egere.
He is as poor as a churchmouse.

Exercise 6

Look at the following apartment and answer the questions below. Indicate whether the statements are true (**igaz**) or false (**hamis**).

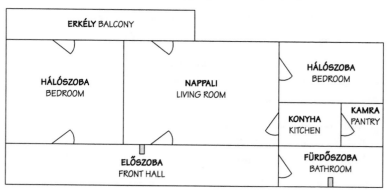

1 A nappali nagyobb, mint a hálószoba. Igaz vagy hamis?
2 Az erkély kisebb, mint a konyha. Igaz vagy hamis?
3 A kamra kisebb a konyhánál. Igaz vagy hamis?
4 A két hálószoba együtt nagyobb, mint a nappali. Igaz vagy hamis?
5 Az előszoba kisebb, mint a fürdőszoba. Igaz vagy hamis?

Exercise 7

Translate the following English sentences into Hungarian. Whenever possible, use two different ways of expressing comparison.

1 Eszter is two centimetres shorter than Lilla.
2 We are poorer than a churchmouse.

3 Mr Mondini is happier than Mr Newman.
4 He was more impertinent than a market fly.
5 Your smile is sweeter than sugar.

Dialogue 3

A leghihetetlenebb történet (CD2; 59)

Gabriel és Zoltán már a gőzfürdőben ülnek. Megállapodtak abban,
hogy a legjobb taktika a színlelés. Úgy tesznek, mintha semmit sem
sejtenének. A világ legtermészetesebb módján viselkednek
mindketten. Nyílik az ajtó. Belép Newman úr.

GABRIEL   Zoltán! Nézd csak, Newman úr máris csupa veríték!
NEWMAN ÚR [*izgatottan*]   Nem maradhatok itt sokáig!
ZOLTÁN [*Gabrielre kacsintva*]   Newman úr, azt hittem, Ön jobban
                 bírja a meleget!
NEWMAN ÚR [*reszketve*]   Nem, nem . . . Nem a meleggel van
                 baj . . . Nem értik . . . Nem is érthetik . . .
GABRIEL   Newman úr, jól van? Mondja, mi történt?
NEWMAN ÚR Képzeljék, ahogy az öltöző felé indultam,
                 összefutottam azzal az emberrel, aki az elmúlt
                 negyven évben még a legszürkébb napjaimat is
                 beédesítette a távolból.
ZOLTÁN   Csak nem Alízról beszél??
NEWMAN ÚR De igen! Itt van a Gellértben, s most kint vár rám,
                 a medence mellett. Magam sem hiszem el! A
                 legváratlanabb helyen, a legváratlanabb időpontban
                 találtam rá a világ legédesebb, legdrágább
                 teremtésére!
ZOLTÁN [*kacagva*]   Ez a leghihetetlenebb történet, amit
                 valaha is hallottam! Newman úr, biztos, hogy jól
                 van? Szerintem legjobb lesz, ha visszamegy az
                 orvoshoz!
GABRIEL [*Zoltánra kacsintva*]   Newman úr, lehet, hogy megártott
                 Önnek ez a forró gőz!?

Vocabulary

beédesít	sweetens
csupa veríték	all covered in sweat
édes	sweet
elhisz	believes
forró	hot, boiling
izgatottan	nervously, worriedly
kacag	laughs loudly
kacsint	winks
megállapodik	agrees upon, sets, fixes
megárt	hurts, harms
mindketten	both (adverb)
mintha	as if
néz	looks
nyílik	opens
összefut	runs into
reszket	trembles
sejt	guesses
színlel	pretends
színlelés	pretence
taktika	tactic
távol	distance
teremtés	creation, *here*: creature, person
természetes	natural
természetes módon	naturally
történik	happens
úgy tesz, mintha . . .	acts as though . . .
valaha is	(sometime) ever
váratlan	unexpected
veríték	sweat
viselkedik	behaves

Language point

But most of all . . .

If you must go one step further and declare the superior nature
of someone or something, i.e. the biggest, prettiest, most expen-
sive, you will need the superlative prefix **leg-** attached to the
comparative:

drága	→ **legdrágább**	most expensive
szürke	→ **legszürkébb**	greyest
édes	→ **legédesebb**	sweetest
olcsó	→ **legolcsóbb**	least expensive

Exercise 8

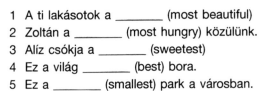

Fill in the missing superlatives.

1 A ti lakásotok a _____ (most beautiful)
2 Zoltán a _____ (most hungry) közülünk.
3 Alíz csókja a _____ (sweetest)
4 Ez a világ _____ (best) bora.
5 Ez a _____ (smallest) park a városban.

Cultural note

Revisiting Hungarian poetry

The poem '**Ez a nap is**' ('This Day as Well'), written by **Árpád Tóth**
(1886–1928), is a beautiful testimony to Hungarian literature incorporat-
ing the adverbial particles (**-va/-ve**), introduced in the previous unit
as well as the comparative construction in this unit.

> Ez a nap is,
> Mint a többi.
> Elmúlt. Vége.
> Ez az est is,
> Mint a többi.
> Eljött. Béke.

Szerény béke,
De hálával
Veszem ezt is,
Jó pihenni,
Ha az ember
Csatát veszt is.

Furcsa béke:
Hallgat, talpig
Feketében,
Mint egy titkos
Esti virág,
Mely az ében

Alkonyatban
Nem egyéb, csak
Néma illat,
Mit az ember
Behúnyt szemmel
Mélyre szívhat,

Elmosódva,
Álmosodva,
Nem keresve,
Milyen lehet
Az illatnak
Szirom-teste:

Szép virág-e,
Mint az ifjú?
Mint a pőre
Rózsabimbók
Hajnalszínű,
Gyenge bőre,

Vagy csak fáradt,
Régi rózsa,
Mely reggelre
Széthull némán,
Föld porával
Elkeverve.

This day also,
Like the others,
Has passed. It is over.
This night also,
Like the others,
Has come. Peace.

Modest peace,
But it is with gratitude
I take it.
It is good to rest
Even though the
Battle is lost.

Strange peace:
Listening
Dressed in black
Like a secret
Evening flower
Which in an ebony

twilight
Is nothing but
A silent fragrance,
Deeply
Inhaled
With closed eyes

Fading,
Slumbering,
Not searching,
What might be
The fragrance
Of its petal body:

Is it a beautiful flower,
Like a youth?
Like the tender skin of
Dawn coloured,
Nude,
Rosebuds?

Or is it just a weary
Old rose which
By morning
Flutters apart silently,
Blending with the
Dust of the earth.

Common sayings and proverbs

The following chart introduces you to more proverbs and common expressions. This time the common theme is comparison and superlative. Enjoy!

Mindenütt jó, de legjobb otthon!
It is good everywhere but the best is at home.
There's no place like home./East, west – home is best!

Édesebb a tiltott gyümölcs.
Forbidden fruit is all the sweeter.

Többet ésszel, mint erővel!
One should do more with
   brain than by force.
The pen is mightier than the
   sword.

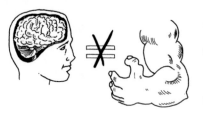

Több szem többet lát!
More eyes can see more.
Two heads are better than one.

Nagyobb a füstje, mint a lángja.
Its smoke is bigger than its flame.
His bark is worse than his bite.

Lassan járj, tovább érsz!
Walk slower – you'll get further.
Slow and steady wins the race.

Több vasat tart a tűzben.
He keeps several irons in the fire.

Jobb későn, mint soha.
Better late than never.

Budapest bridges

Buda and Pest were separate settlements until their official unification in 1873. Nowadays the two parts of the city are connected by many

Photo by András Mayer

bridges. Six of them are quite well known. The oldest is **Lánchíd** (Chain Bridge), the first permanent bridge across the Danube, built between 1839 and 1849. The bridge was built at the initiative of Count István Széchenyi. It is supported by two towers and has giant stone lions which have guarded the bridge at both ends over past decades. The northernmost bridge of Budapest is **Margit híd** (Margaret Bridge), which curves around Margaret Island. It is a pleasant stroll across the bridge, looking at the magnificent view of the city. **Petőfi híd** (Petőfi Bridge) and **Lágymányosi híd** (Lágymányosi Bridge) are situated on the southernmost part of the Danube in Budapest. Lágymányosi Bridge is the most modern bridge in the city, built in 1996. It mainly serves as a bypass diverting traffic around the city. **Erzsébet híd** (Elizabeth Bridge) was constructed at the turn of the twentieth century, and at that time it was the longest suspension bridge in the world. It was destroyed during the Second World War and rebuilt afterwards. It is distinguished by its modern shape, and its gleaming white colour can be spotted from afar.

Between Elizabeth and Petőfi Bridges lies **Szabadság híd** (Liberty Bridge). The bridge was built in the late 1890s and had to be rebuilt after its destruction in the Second World War. The green bridge was originally named after Franz Josef. It has retained its original structures; on the top of the pillars are historical ornaments: the legendary Hungarian *turul*-bird and the crests of old Hungary. You must not miss the sunset while standing on the middle of the bridge facing Castle Hill. The Liberty Bridge connects the huge marketplace in Pest with the Gellért complex in Buda. Standing at the foot of the bridge, overlooking the Gellért Bath, we wave farewell to our friends, Mr Newman, Alíz, the Feketes, the Szabó family and their friends: **A viszontlátásra!**

Key to exercises

Unit 1

Exercise 1

1 Ő ki? Ki ő? 2 Mi ez? 3 Ez (egy) füzet, az pedig (egy) könyv. 4 Anna tanár. 5 Ildikó anya is és zenész is. 6 Ő (egy) amerikai diák. 7 Ő nem fotóművész, hanem filmrendező. 8 Az a magyar-angol szótár. 9 Ez nem (egy) ceruza, hanem (egy) toll. 10 Ez egy terem?

Exercise 2

1 Sevda isztambuli. 2 Mark kaliforniai. 3 Jackie amerikai. 4 Afinata afrikai. 5 Stefano római. 6 Pierre párizsi. 7 Ágnes szegedi. 8 Carol kanadai. 9 Olga moszkvai. 10 Tamás soproni. 11 István szombathelyi. 12 Ildikó debreceni.

Exercise 3

1 back 2 back 3 front unrounded 4 front unrounded 5 back 6 back 7 back 8 front unrounded 9 back 10 back 11 front unrounded 12 front unrounded 13 front rounded 14 back 15 front unrounded

Exercise 4

1 székek 2 tanárok 3 zenészek 4 egyetemisták 5 csészék 6 filmrendezők 7 szülők 8 családok 9 antropológusok 10 jogászok 11 gyerekek 12 ablakok 13 táblák 14 füzetek 15 nyelvek

Exercise 5

magasak, alacsonyak, hosszúak, rövidek, kövérek, soványak, szépek, csúnyák, vidámak, szomorúak, gyönyörűek, szörnyűek, gyorsak, lassúak, drágák, olcsók, jók, rosszak

Exercise 6

1 A fiúk vidámak. 2 Azok magas lányok. 3 A könyvek drágák, az újságok pedig olcsók. 4 Ezek szörnyűek! 5 Ők érdekes tanárok. 6 A magyar nyelv nem egyszerű, de gyönyörű. 7 A táblák hosszúak és az asztalok is hosszúak. 8 Milyenek a gyerekek? És milyenek a szülők?

Exercise 7

afrikaiak, brazíliaiak (brazilok), kanadaiak, kínaiak, horvátok, csehek, angolok, finnek, franciák, németek, olaszok, japánok, mexikóiak, lengyelek, oroszok, szenegáliak, svédek, svájciak

Unit 2

Exercise 1

1 A buszmegálló balra van. A buszmegállók balra vannak. 2 Az egyetem jobbra van. Az egyetemek jobbra vannak. 3 A gyerek nagyon fiatal. A gyerekek nagyon fiatalok. 4 A nagymama itt van. A nagymamák itt vannak. 5 A pohár középen van. A poharak középen vannak.

Exercise 2

1 Van itt amerikai utas? Nincs. 2 Van ott antropológus? Nincs. 3 Vannak itt magyar újságok? Nincsenek. 4 Vannak ott londoni utasok? Nincsenek. 5 A gyerekek otthon vannak? Nincsenek. 6 Vannak itt fekete tollak? Nincsenek. 7 Van itt érdekes regény? Nincs.

Exercise 3

1 Hol van a buszmegálló? 2 A magyar egyetemisták jobbra vannak. 3 Sok amerikai újság van itt. 4 Jó emberek (is) és rossz emberek is vannak. Vannak jó emberek (is) és rossz emberek is. 5 A nagyszülők otthon vannak?

Exercise 4

1 Hol vannak a nagyszülők? Nincsenek itt. Itt nincsenek. 2 Itt nincsenek francia újságok. De vannak! 3. Itt nincs nagy (tan)terem. 4 Nincsenek rossz diákok, de vannak rossz tanárok. 5 A MALÉV

légiutaskísérők nem jobbra, hanem balra vannak. A MALÉV légiutaskísérők nem jobbra vannak, hanem balra.

Exercise 5

1 (Én) orvos vagyok. (Én) alacsony és vékony vagyok. 2 (Te) antropológus vagy. (Te) francia vagy. (Te) nő vagy. 3 (Ön) magyar. (Ön) egyetemista. 4 Ő egy érdekes férfi. Ő egy érdekes ember. (Ő) otthon van. 5 Ő (egy) anya. (Ő) olasz. 6 Itt van a jogász. Mindenki jelen van. 7 (Mi) németek vagyunk. (Mi) fiatalok vagyunk. (Mi) hátul vagyunk. 8 (Ti) gyerekek vagytok. (Ti) kanadaiak vagytok. (Ti) otthon vagytok. 9 Ezek tollak. Azok ceruzák. A tankönyvek jobbra vannak, a regények (pedig) balra vannak.

Exercise 6

1 (Én) nem vagyok orvos. (Én) nem vagyok alacsony és nem vagyok vékony. 2 (Te) nem vagy antropológus. (Te) nem vagy francia. (Te) nem vagy nő. 3 (Ön) nem magyar. (Ön) nem egyetemista. 4 Ő nem egy érdekes férfi. Ő nem egy érdekes ember. (Ő) nincs otthon. 5 Ő nem (egy) anya. (Ő) nem olasz. 6 Nincs itt a jogász. Nincs mindenki jelen. 7 (Mi) nem vagyunk németek. (Mi) nem vagyunk fiatalok. (Mi) nem vagyunk hátul. 8 (Ti) nem vagytok gyerekek. (Ti) nem vagytok kanadaiak. (Ti) nem vagytok otthon. 9 Ezek nem tollak. Azok nem ceruzák. A tankönyvek nincsenek jobbra, a regények (pedig) nincsenek balra.

Exercise 7

Julia	Jó napot!
Alex	Jó napot!
Julia	Taylor Julia vagyok.
Alex	Én Smith Alex vagyok. Örülök, hogy megismertem.
Julia	Ön amerikai?
Alex	Nem, én kanadai vagyok.
Julia	Torontói?
Alex	Igen, torontói vagyok. És Ön?
Julia	Én magyar vagyok. Nem budapesti vagyok, hanem szombathelyi.
Alex	Óh, akkor szomszédok vagyunk! Örülök, hogy megismertem.
Julia	Én is örülök, hogy megismertem.

Exercise 8

Julia   Szia!
Alex   Heló!
Julia   Taylor Julia vagyok.
Alex   Én Smith Alex vagyok. Örülök, hogy megismertelek.
Julia   Te amerikai vagy?
Alex   Nem, én kanadai vagyok.
Julia   Torontói vagy?
Alex   Igen, torontói vagyok. És te?
Julia   Én magyar vagyok. Nem budapesti vagyok, hanem szombathelyi.
Alex   Óh, akkor szomszédok vagyunk! Örülök, hogy megismertelek.
Julia   Én is örülök, hogy megismertelek.

Unit 3

Exercise 1

1 Beszélek magyarul. 2 Beszélek németül. 3 Beszélek angolul. 4 Beszélek spanyolul. 5 Beszélek portugálul. 6 Beszélek albánul. 7 Beszélek románul. 8 Beszélek olaszul. 9 Beszélek törökül. 10 Beszélek japánul.

Exercise 2

1 Tudsz magyarul? Tud magyarul? 2 Tudsz németül? Tud németül? 3 Tudsz angolul? Tud angolul? 4 Tudsz spanyolul? Tud spanyolul? 5 Tudsz portugálul? Tud portugálul? 6 Tudsz albánul? Tud albánul? 7 Tudsz románul? Tud románul? 8 Tudsz olaszul? Tud olaszul? 9 Tudsz törökül? Tud törökül? 10 Tudsz japánul? Tud japánul?

Exercise 3

1 Értesz magyarul? Értetek magyarul? 2 Írsz magyarul? Írtok magyarul? 3 Olvasol magyarul? Olvastok magyarul? 4 Tudsz magyarul? Tudtok magyarul? 5 Tanulsz magyarul? Tanultok magyarul? 6 Énekelsz magyarul? Énekeltek magyarul?

Exercise 4

1 Ön ért magyarul? Önök értenek magyarul? 2 Ön ír magyarul? Önök írnak magyarul? 3 Ön olvas magyarul? Önök olvasnak magyarul? 4 Ön tud magyarul? Önök tudnak magyarul? 5 Ön tanul magyarul? Önök tanulnak magyarul? 6 Ön énekel magyarul? Önök énekelnek magyarul?

Exercise 5

1 (Te) nagyon jól beszélsz magyarul. 2 Ön magyar? 3 (Ti) beszéltek németül? 4 (Ők) tanulnak angolul? 5 (Önök) tudnak táncolni? 6 (Mi) szeretünk írni. 7 (Te) tanulsz zongorázni? 8 Minden rendben. 9 Jó utat! 10 Egyáltalán nem szeretek táncolni! 11 (Én) inkább magyarul beszélek, mint angolul.

Exercise 6

1 egy kedves görög 2 egy magas amerikai 3 a nehéz táska 4 az a nehéz táska 5 Ez (egy) magyar útlevél. 6 Ez a magyar útlevél kék. 7 Az egy olasz táska. 8. Az az olasz táska piros. 9 Ez a nehéz nyelv szép. 10 Az a nehéz nyelv szép.

Exercise 7

1 kedves görögök 2 magas amerikaiak 3 a nehéz táskák 4 azok a nehéz táskák 5 Ezek magyar útlevelek. 6 Ezek a magyar útlevelek kékek. 7 Azok olasz táskák. 8. Azok az olasz táskák pirosak. 9 Ezek a nehéz nyelvek szépek. 10 Azok a nehéz nyelvek szépek.

Exercise 8

1 Zsolt elég jól beszél magyarul. 2 (Te) tudsz táncolni? 3 Inkább franciául olvasok, mint spanyolul. 4 Egyáltalán nem szeret zongorázni 5 (Ők) hol laknak? 6 Remélem, (hogy) Laci reggelizik. 7 Találkozunk elöl. Elöl találkozunk. 8 Judit nem beszél japánul. 9 Milyen színű az olasz zászló? 10 Nem tudom, (hogy) milyen színű.

Unit 4

Exercise 1

1 napot 2 ceruzát 3 kolbászt 4 csészét 5 füzetet 6 gyümölcsöt
7 családot 8 nyelvet 9 csomagot 10 rendet 11 bőröndöt 12 sporttáskát
13 taxit 14 virslit 15 ismerőst

Exercise 2

1 Kérek egy salátát. 2 Kérek egy vöröshagymát. 3 Kérek 30 deka
párizsit. 4 Kérek egy kiló cseresznyét. 5 Kérek egy tucat tojást.

Exercise 4

D, 2, C, 4, E, 5, B, 1, A, 3

— Jó napot kívánok!
— Jó napot!
— Friss a tojás?
— Igen, természetesen.
— Egy tucat tojást, legyen szíves.
— Más valamit?
— Kérek szépen egy kiló cseresznyét.
— Tessék. Jó lesz?
— Igen, köszönöm. Mennyivel tartozom?
— Hétszáznyolcvan forint lesz összesen.

Exercise 5

1 négy huszonnégy [pause] négy hetvenegy, négyszáz huszonnégy
[*pause*] négyszáz hetvenegy 2 négy nyolvankettő [*pause*] hetvenöt
hetvennyolc, négyszáz nyolvankettő [*pause*] hetvenöt hetvennyolc 3
kettő tizenhat [*pause*] tizenhat hetvenhárom, kettőszáz tizenhat [*pause*]
tizenhat hetvenhárom, 4 nulla hat húsz [*pause*] öt nyolcvannégy [*pause*]
nyolcvannyolc hetvenegy 5 nulla hat harminc [*pause*] három hetvenhét
[*pause*] kilencvennyolc huszonnégy

Exercise 6

A Harminchárom meg hetvenegy az száznégy. B Kilenc meg hét az
tizenhat. C Száz meg hét az százhét. D Hetvenkettő meg nyolcvanegy
az százötvenhárom. E Öt meg négy az kilenc.

Unit 5

Exercise 1

1 indefinite 2 definite 3 definite 4 indefinite 5 definite 6 definite
7 definite 8 definite 9 indefinite 10 definite

Exercise 2

1 küldöm 2 vár 3 keresel 4 érkezik 5 nézi 6 olvasod 7 nézünk 8 tanulsz
9 tudja 10 látjátok

Exercise 3

1 engem 2 minket 3 Önt 4 őt 5 titeket, benneteket 6 Önöket, magukat
7 Önöket, magukat 8 téged, őt 9 őket 10 őt

Exercise 4

1 kereslek 2 kér 3 szeret 4 ismeritek 5 imádom 6 imádlak 7 keresel
8 utálják 9 látlak 10 szereti

Exercise 5

1 A telefonszámot legyen szíves! 2 Azonnal küldöm az autót,
asszonyom. 3 Öt-hat perc és ott vagyunk. 4 Haló, 6x6 Taxi, jó napot
kívánok! 5 Haló, jó napot, egy taxit kérek!

Exercise 6

1 taxit 2 küldöm 3 diákot 4 Budapestet 5 szereti 6 szeretem 7 várjuk

Exercise 7

Examples for possible sentences: Engem nagyon érdekelnek az
afrikai táncok. Téged érdekel az amerikai foci? Minket nem nagyon
érdekel az európai történelem. Titeket nem érdekelnek az izgalmas
könyvek? Őt egyáltalán nem érdekli a pénz. Önt érdeklik a számítógépek?
Őket nem nagyon érdeklik a régi könyvek. Önöket nem érdekli a
népzene? *etc.*

Exercise 8

1 javasolsz 2 érdekli 3 érdekelnek 4 javasolja 5 hiányoznak 6 javasol 7 érdekli 8 javaslom 9 hiányoznak 10 érdekel

Exercise 9

1 D, 2 E, 3 A, 4 B, 5 C

Exercise 10

1 Te is akarsz egy új kompjutert venni? 2 Ez a laptop érdekli Önt? 3 Asztali számítógépet vagy notebookot parancsol? Asztali számítógépet vagy notebookot keres? Asztali számítógép vagy notebook érdekli (inkább)? 4 Sokat használja a számítógépet? 5 Melyik márkát szereti?

Exercise 11

1 kér 2 látom 3 veszel 4 csináltok 5 szeretjük 6 keresel 7 készíti 8 hívnak 9 olvassa 10 kéred

Exercise 12

1 kérem 2 látod 3 szeretjük 4 ismeritek 5 látom 6 tudják 7 vesszük 8 olvassák 9 használod 10 keresel

Unit 6

Exercise 1

1 ennek a bőröndnek 2 ezeknek a csomagoknak 3 azoknak a turistáknak 4 annak a lánynak 5 mindenkinek 6 azoknak a külföldieknek 7 Zsuzsának 8 azoknak a gyerekeknek 9 Szabó úrnak 10 kiknek

Exercise 2

1 Lillának telefonálok. 2 Nagyon örülök az utazásnak. 3 (Te) a gyerekeknek írsz? (Ti) a gyerekeknek írtok? (Ön) a gyerekeknek ír? (Önök) a gyerekeknek írnak? 4 Ez nehéz nekem. 5 Ez nagyon nehéz neki. 6 Mit adnak neked? Mit adnak nektek? Mit adnak Önnek? Mit adnak Önöknek? 7 Nagyon tetszik (nekem) ez a piros táska. 8 Kinek

nem tetszik Budapest? 9 Az apa olvas a fiúknak. 10 Mit mondasz (majd) a tanároknak?

Exercise 3

1 Mikor jön Tamás? 2 – Asszonyom, itt van a taxi. – Azonnal jövök. 3 Merre mész? 4 Hova mennek a szülők? 5 Itt jön apa. Nem neki küldöd ezt az üzenetet? 6 Hogy megy a házi feladatod? 7 Hova megy a repülő(gép)? 8 Megyek és segítek neki.

Exercise 4

1 a (mi) fényképezőgépünk 2 az ő pénze, a pénze 3 a (te) barátod 4 a (ti) problémátok 5 az ő lányuk, a lányuk 6 az (én) autóm 7 az ő családja, a családja 8 a (mi) gyerekünk 9 a (te) utazásod, az utazásod 10 a (ti) telefonkártyátok

Exercise 5

1 I cannot see our picture/photo. I do not see our picture/photo. 2 I am showing a picture/photo to your (pl., informal) London friends. 3 I am looking for my luggage. 4 I am looking at our customs officer. 5 What are you (sing., informal) showing to Imre?

Exercise 6

1 Kinek telefonálsz? Jánosnak. 2 – Kinek olvastok? – A gyerekeknek. 3 A bátyádnak írsz? 4 Örülünk a budapesti utazásnak. 5 Mit mond a tanárnak?

Exercise 7

Miért sietsz? 2 Hogy vagy? 3 Mikor érkezik a gép? 4 Kik ők? 5 Hol van Magyarország? 6 Mi ez? 7 Millyen állampolgár? 8 Mik ezek? 9 Ki ez a turista? 10 Merre van a kijárat?

Exercise 8

1 a jegyed 2 a tanárom 3 az aprópénze 4 a táskánk 5 a barátnőd 6 a gyereketek

Exercise 9

1 Ki ez? A nővéred? 2 Nem, ez a húgom. 3 Hol van az apád? 4 Hol van a nagyapád? 5 Mikor jön az unokatestvéred? 6 Az unokánk nagyon nagy.

Unit 7

Exercise 1

1 Párizs, Párizsban, Párizsba, Párizsból 2 ajtó, ajtónál, ajtóhoz, ajtótól 3 egyetem, egyetemen, egyetemre, egyetemről 4 vágány, vágányon, vágányra, vágányról 5 uszoda, uszodában, uszodába, uszodából 6 ott, ott, oda, onnan 7 itthon, itthon, haza, itthonról 8 Budapest, Budapesten, Budapestre, Budapestről 9 pályaudvar, pályaudvaron, pályaudvarra, pályaudvarról 10 fodrász, fodrásznál, fodrászhoz, fodrásztól

Exercise 2

1 Holnap Párizsba megyünk. 2 A táska az ajtónál van? 3 Az egyetemről jövök. 4 A hotelből/hotelból telefonálok. 5 Gabriel (a) telefonon beszél. 6 Otthonról telefonálok. 7 Sándor nem megy oda. 8 (Ti) onnan az étterembe mentek? 9 Zsuzsi hova megy a múzeumból? 10 A könyveket a bőröndbe teszik?

Exercise 3

1 Kényelmes széken ülsz? 2 Vendégeink egy érdekes országból érkeznek. 3 Nincs cukor a kávédban. 4 Hova mennek a piacról? 5 Pesten az Auguszt cukrászdában/kávéházban ülünk. 6 Ma otthon reggelizem és otthonról megyek az egyetemre.

Exercise 4

1 ebbe a szép kávéházba 2 arra a széles utcára 3 ezekben a nagy hotelekben/hotelokban 4 ennél az egyetemnél 5 azokhoz a szép házakhoz

Exercise 5

1 villamoson   2 étteremből   3 orvosnál, Mónihoz   4 orvostól
5 Budapestre

Exercise 6

1 Felszállnak a sárga földalattira az Oktogonnál. 2 Lilla beugrik egy
bankba. 3 A vendégek belépnek az étterembe. 4 A pincér odamegy
a családhoz. 5 Zoltán kilép az étteremből. 6 Bemegyek az uszodába.
7 Holnap reggel felmegyünk a hegyre. 8 Idehozod a könyveket?
9 Debrecenből telefonálnak. 10 Felszállunk a sárga villamosra.

Unit 8

Exercise 1

1 How many siblings do you have? 2 The girl has two dogs. 3 The
hotel has 100 rooms. 4 The university doesn't have a swimming pool.
5 I'm very hot! 6 Fruzsi has a lot of American acquaintances. 7 How
much money do they have? 8 I don't have enough notebooks.

Exercise 2

1 Ma (nekem) nagyon jó kedvem van. Ma (nekem) nincs nagyon jó
kedvem. 2 Tamásnak nagy családja van. Tamásnak nincs nagy családja.
3 Van valami jó ötleted? Nincs valami jó ötleted? 4 Newman úrnak
van szobafoglalása. Newman úrnak nincs szobafoglalása. 5 Ennek a
hotelnek sok fürdőszobája van. Ennek a hotelnek nincs sok fürdő-
szobája. 6 (Neked) három húgod van. (Neked) nincs három húgod.
7 (Nektek) hány könyvetek van? 8 (Nekünk) sok időnk van. (Nekünk)
nincs sok időnk.

Exercise 3

1 Van fiútestvéred? 2 Hány lánytestvéred van? 3 Nagy családotok
van. Nagy a családotok. 4 Péternek nincs sok pénze. 5 (Önnek) van
szobafoglalása? 6 Mike-nak csak három ismerőse van Budapesten.
7. Annak a lánynak sok könyve van. 8 Van (nekik) telefonkártyájuk?

Exercise 4

1 Nem hallunk semmit. 2 Nem látsz senkit se(m) a hotelben? 3 Senkinek se(m) telefonálok. 4 Melanie se(m) iszik semmit. 5 Zsófiának se(m) veszünk zsemlét. 6 Ők se(m) látják a képünket. 7 Ma nincs jó kedvem. Nekem sincs. 8 Nem akarok menni se(m) uszodába, se(m) szaunába. 9 Nem veszek se(m) kék, se(m) zöld bőröndöt.

Exercise 5

1 kulcsai 2 családjai 3 ötletei 4 szobafoglalásai 5 számítógépei 6 ismerősei 7 kártyái 8 csomagjai 9 bőröndjei 10 virágai

Exercise 6

1 Hol vannak a kulcsaim? 2 A családjaink Budapesten vannak. 3 Nektek mindig jó ötleteitek vannak. 4 Miért nincsen szobafoglalásotok? 5 Nagyon szépek az uszodáik. 6 Minden nap telefonálnak az ismerőseiknek. 7 A telefonkártyáink a táskában vannak. 8 A hordár viszi a táskáját. 9 A számítógépeim otthon vannak. 10 Hova teszed a virágaidat?

Exercise 7

1 kinek a barátnője? 2 ennek a fiúnak a laptopja 3 a tanár osztálya, a tanárnak az osztálya 4 azoknak az utasoknak a táskái 5 a magyarok nyelve, a magyaroknak a nyelve 6 a villamos színe, a villamosnak a színe 7 az egyetem tanárai, az egyetemnek a tanárai 8 Newman úr poggyásza, Newman úrnak a poggyásza 9 (édes)apám (édes)anyja, (édes)apámnak az (édes)anyja 10 az amerikaiak szomszédjai, az amerikaiaknak a szomszédjai.

Exercise 8

1 az ő neve, az orvosnak a neve, 2 az ő könyveik, a fiúknak a könyvei 3 az ő kutyái, a fiúnak a kutyái 4 az ő barátaik, a lányoknak a barátai 5 az ő problémája, a családnak a problémája 6 az ő szendvicseik, Zsófiának és Lillának a szendvicsei 7 a hivatalos papírjaik, a laptopnak a hivatalos papírjai 8 az ő kulcsai, Mikenak a kulcsai 9 a kávéháza, az étterem(nek a) kávéháza 10 az ő utazásai, a bátyámnak az utazásai

Exercise 9

1 szerelmeink 2 jutalmai 3 álmaitok 4 tükreid 5 poharaitok 6 levelei
7 helyeink 8 házaik 9 leveleitek 10 tükreik

Unit 9

Exercise 1

1 rendeljük 2 megeszik 3 megreggelizik 4 olvasom 5 nézi

Exercise 2

1 eszünk 2 megrendeli 3 megkívánja 4 megérkezik 5 megrendelik

Exercise 3

1 Zsófia fel akar szállni a villamosra. 2 Newman úr el akar menni
a postára. 3 A vendégek meg akarják nézni az étlapot. 4 A barátaim
el tudják énekelni Melanie kedvenc dalát. 5 Ki tudja elkészíteni az
ebédet? 6 John be akarja kapcsolni a rádiót. 7 A testvéreim már el
tudják olvasni az újságot. 8 Meg akar venni egy könyvet a gyerekeknek.
A gyerekek meg akarnak venni egy könyvet. 9 Ma este (én) el akarom
olvasni az újságot. 10 Itt ki tud lengyelül beszélni?

Exercise 4

1 Meg kell rendelnünk az italokat. 2 Lacinak fel kell hívnia az édesany-
ját. 3 Be kell vásárolnunk ma este. El kell mennünk vásárolni ma
este. 4 Zsófiának le kell foglalnia egy asztalt egy belvárosi étteremben.
5 El kell olvasnom a híreket. 6 Fel kell szállnod a hatos villamosra.
7 Be kell kapcsolnom a számítógépemet. 8 Newman úrnak meg kell
találnia a régi szerelmét. 9 Ma délután el kell mennem a fodrászhoz.
10 Magyarországon Gabrielnek kell rendelnie desszerteket.

Exercise 5

1 Nem kell megrendelnünk az italokat. 2 Lacinak nem kell felhívnia
az édesanyját. 3 Nem kell bevásárolnunk ma este. Nem kell elmen-
nünk vásárolni ma este. 4 Zsófiának nem kell lefoglalnia egy asztalt
egy belvárosi étteremben. 5 Nem kell elolvasnom a híreket. 6 Nem

kell felszállnod a hatos villamosra. 7 Nem kell bekapcsolnom a számítógépemet. 8 Newman úrnak nem kell megtalálnia a régi szerelmét. 9 Ma délután nem kell elmennem a fodrászhoz. 10 Magyarországon Gabrielnek nem kell rendelnie desszerteket.

Unit 10

Exercise 1

A Fél négy. B Háromnegyed hat. C Hét óra. D Negyed öt. E Tizenegy óra. F Fél tíz.

Exercise 2

1 Kilenc harmincötkor. 2 Tíz tízig. 3 A Brooklyn-híd (című) filmet. 4 Tíz huszonötig. 5 Fél nyolckor.

Exercise 3

1 A *Dühöngő Ifjúság* 2 Negyed ötkor, negyed hétkor és nyolckor is. 3 Az *Élet szép*-et. 4 Este hétkor és 10-én délután ötkor. 5 Igen. 6 Délelőtt tizenegykor.

Exercise 4

1 februárban 2 szeptemberben 3 márciusban 4 augusztusban 5 szeptemberben

Exercise 5

1 Hétfőn. 2 Mondini úrral. 3 Gabriellel találkozik a Nyugatinál. 4 Pénteken. 5 Szombaton és vasárnap. A hétvégén.

Exercise 6

1 C, 2 D, 3 A, 4 E, 5 B

Exercise 7

1 láttál 2 vettetek 3 kaptam 4 írt 5 láttunk

Exercise 8

1 szerettem 2 felhívtátok 3 megírta 4 vártuk 5 ettem

Exercise 9

1 D, 2 E, 3 A, 4 C, 5 B

Exercise 10

1 amelyiket 2 akivel 3 akit 4 ahol 5 ami 6 amikor 7 amiről, amelyikről 8 amikor 9 ahova 10 akinek

Exercise 11

1 Ott van a mozi, ahova mentünk tegnap este. 2 Elmegyünk a filmre, amelyik kilenckor kezdődik. 3 Ez a szálloda, amelyiknek nincs szaunája. 4 Gasparo Mondini egy olasz turista, akivel Newman úr találkozik. 5 Zsuzsa egy magyar lány, akiért kimegyünk a repülőtérre. 6 Gabriel az az ember, akinek a kezében egy gyönyörű csokor virág van. 7 Nem ismerem azt a kanadai filmet, ami a Puskin moziban megy. 8 Ez itt egy szoba, aminek nincs saját fürdőszobája.

Exercise 12

Zsófia otthonról **felhívott** egy belvárosi éttermet és **lefoglalt** egy asztalt. Az étterem a Ferenciek terénél **volt**, így a Szabó család ma **bement** a belvárosba. **Kiléptek** a házból, **végigsétáltak** a körúton. Az Oktogonnál **felszálltak** a földalattira. A Vörösmarty térnél **kijöttek** a metróból. Zsófia, Melanie és Mike **beszélgettek**. Lilla **beugrott** egy bankba és **kivett** néhány ezer forintot a számlájáról. Zoltán **rágyújtott** egy cigarettára.

A vendégek **megérkeztek** az étteremhez. **Beléptek**. A pincér **odavezette** őket az asztalhoz. A vendégek **leültek** a fapadokra. Egy másik pincér **odament** a családhoz. **Átadott** mindenkinek egy étlapot és **felvette** a rendelésüket. Utána **visszament** a konyhába és **leadta** a rendelést. Hamarosan **visszajött** és **letette** az asztalra az italokat. Zoltán hirtelen **felállt**, **begombolta** a zakóját és azt **mondta** a többieknek, hogy kint rágyújt még egy cigarettára. **Kiment** az étteremből és titokban **felhívott** egy számot. Néhány perc múlva **befordult** a sarkon egy ismerős arc, Gabriel Fekete. Meglepetés **készült**. Melanie ma **lett** negyven éves. Zoltán egy kis csomagot **hozott**, Gabriel pedig egy gyönyörű csokor virágot. Gabriel és Zoltán **lementek** a lépcsőn. Gabriel **körülnézett** az étteremben, de akkor már Melanie is **mosolygott**. Mindenki **rajtakapta** Zoltánt és Gabrielt a kellemes összeesküvésen!

Unit 11

Exercise 1

1 hozzám, hozzátok 2 nekem 3 nálad 4 nekünk 5 velük 6 belőle 7 érted 8 vele 9 rajtam 10 rá

Exercise 2

1 nekünk 2 minket 3 nálunk 4 értetek 5 náluk 6 ránk 7 nektek

Exercise 3

1 Szeptemberben el fogom dönteni. 2 Mit fogsz csinálni holnap délután? 3 Hova fog menni Newman úr a hétvégén? 4 Mit fogtok venni a piacon? 5 Mikor fogtok hozzánk vendégségbe jönni?

Exercise 4

1 Szeptemberben vissza fogunk menni Amerikába. 2 Ma este meg fogom csinálni a német házi feladatot. 3 El fogsz menni ma este moziba? 4 Vissza fogtok jöttök Magyarországra? 5 Be fogod kapcsolni a számítógépedet? 6 Fel fogsz szállni erre a villamosra? 7 Meg fogja venni az autót? 8 El fogsz jönni velem a múzeumba? 9 Meg fogják inni a bort? 10 Meg fogja látogatni a szüleit.

Exercise 5

1 magam 2 magunkat 3 magát 4 magadban 5 magamban

Exercise 6

1 Newman úr nagyon jól érezte magát a hétvégén. 2 Meggondolta magát és visszafordult. 3 Azt mormogta magában, hogy: *Érzem, hogy ma biztosan fogok levelet kapni. Ma biztosan válaszolni fog.* 4 Kifelé menet megnézte magát a tükörben. 5 Egy szomorú arcot látott benne.

Unit 12

Exercise 1

1 Táncoljunk! 2 Ne aggódjatok! 3 Hívj fel ma este! Telefonálj ma
este! 4 Beszéljünk magyarul! 5 Fejezd be! 6 Foglaljon helyet! Üljön le!
7 Fejezd be a házi feladatodat! 8 Gyerekek, a ketben játsszatok!
9 Állj fel! 10 Ne vetkőzzetek le!

Exercise 2

1 Ne főzzünk ma! 2 Ne menjetek moziba holnap! 3 Ne olvassátok el
a képeslapot! 4 Ne beszélj gyorsan! 5 Ne játsszál ott!

Exercise 3

1 Ébreszd fel Zoltánt! 2 Ne fesd az ördögöt a falra! 3 Légy szíves
értsd meg, (hogy) most mennem kell. 4 Taníts meg két magyar szót
a gyerekeknek! 5 Szeressétek a szüleiteket!

Exercise 4

Dear children,
I hope you are well and having a great time at Grandma's. What
are you doing? Don't sit at home all day! Go for walks but don't go
close to the lake since the water is very deep. Talk to the neighbour's
children but don't play with the dog! At the weekend, don't go to the
cinema too late. And go to bed early! And read every day!
Have a good time!
Lots of kisses from Balaton,
Mum

Exercise 5

1 Aludj! Aludjatok! 2 Gyere ide hozzám! Gyertek ide hozzám! 3 Higgy(él)
nekem! Higgyetek nekem! 4 Ebédelj! Ebédeljetek! 5 Igyál sok vizet!
Igyatok sok vizet!

Exercise 6

1 Nekem fáj a szemem. 2 Neked fáj a fogad. 3 Péternek fáj a hasa. 4 A gyerekeknek fáj a feje. 5 Önnek fáj a lába. 6 Az anyámnak fáj a nyaka. 7 A diáknak fáj a háta.

Exercise 7

1 B, 2 A, 3 E, 4 C, 5 D

Exercise 8

1 igyak 2 meghívjanak 3 szükségünk van 4 szüksége van 5 menjek (el).

Exercise 9

1 Ne parkolj! Ne parkoljon! Ne parkoljatok! Ne parkoljanak! 2 Ne lépj a fűre! Ne lépjen a fűre! Ne lépjetek a fűre! Ne lépjenek a fűre! 3 Ne vigyél be kutyát! Ne vigyen be kutyát! Ne vigyetek be kutyát! Ne vigyenek be kutyát!

Exercise 10

Elderflower lemonade: Buy five lemons. Prepare a lemonade of 2 litres of water, adding lemon and sugar according to taste. Then place five to seven elderflower sprays in the fresh lemonade. Let the lemonade stand for one to two days, then serve the refreshing drink with ice. Cheers!

Exercise 11

1 C 2 D 3 G 4 E 5 A 6 B 7 F

Exercise 12

1 Szükségem van egy új kosztümre. 2 Péternek szüksége van egy ingre. 3 Az apámnak szüksége van egy nadrágra. 4 Szükséged van egy szoknyára. 5 Szüksége van egy zakóra. 6 Szükségünk van egy télikabátra. 7 A nagyapának szüksége van egy kalapra. 8 Szükséged van egy harisnyára. 9 Szükségem van egy nyári ruhára. 10 A tanárnak szüksége van egy fehér blúzra.

Unit 13

Exercise 1

1 a forradalom után 2 négy és öt (óra) között 3 az autó alatt 4 a mozi mögött 5 az egyetem felé 6 szó nélkül 7 a vonat előtt 8 Eszter miatt 9 a barátom nélkül 10 az étterem fölött

Exercise 2

1 D 2 E 3 C 4 A 5 B

Exercise 3

1 Mosolyogva nézett Eszterre. 2 Könyörögve nézett a tanárra. 3 Sírva lépett be a szobába. 4 Nevetve jött felém. 5 Az apróhirdetéseket nézve beszélt hozzám.

Exercise 4

1 Az asztal köré. 2 A bank előtt. 3 Az ágy alatt. 4 A szék alól. 5 A Deák tér mögött.

Exercise 5

1 ezelőtt 2 alatt 3 között 4 ezelőtt 5 közül

Exercise 6

1 Két nappal ezelőtt telefonáltam nekik. 2 A telefonszámot a régi levelek között találtam meg. 3 A forradalom előtt a szüleim Egerben éltek. 4 Ez sok-sok évvel ezelőtt történt. 5 Nem ismertük egymást a filmfesztivál előtt.

Exercise 7

1 C, 2 A, 3 B, 4 F, 5 G, 6 E, 7 A gyerekszobában az ágy a szekrény mellett van. 8 A játékok a polc előtt vannak, az éjjeli lámpa pedig az íróasztalon van. 9 Van egy csap a fürdőszobában (is) és a konyhában is. 10 A konyhában három szék van az asztal körül.

Exercise 8

1 Tedd a tükröt a csap fölé! 2 Lilla a könyvet keresi a szőnyeg alatt.
3 Légy szíves tedd a könyvespolcot az ágy mellé! 4 Tedd a TV (tévé)
fölé a képet! 5 Az ágy mellé akarom tenni a lámpát. 6 Vedd ki a
bőröndöket a szekrény mögül! 7 Légy szíves, tegyél négy széket az
asztal köré! Legyen szíves, tegyen négy széket az asztal köré! 8 – Nem
találom a cipőmet! – Ott van az ágy alatt! 9 Ezt a kis szőnyeget a
komód elé tesszük? 10 A konyhaszekrény a hűtő(szekrény) és a
gáz(tűzhely) között van.

Exercise 9

1 bajusz 2 Eszter 3 Tessék? 4 Megvárlak. 5 Siess! 6 alatt 7 akarlak
8 Elvigyelek? 9 lakás

Unit 14

Exercise 1

1 Megnéznél velem egy másikat? Megnézne velem egy másikat?
2 Hoznál egy másik bort? Hozna egy másik bort? 3 Most megmutat-
nád a te fotóidat? Most megmutatná az Ön fotóit? 4 Mit szeretnél
mondani? Mit szeretne mondani?

Exercise 2

1 Mennék, ha hívnál. Elmennék, ha meghívnál. 2 Megennétek, ha
nem lennétek/volnátok betegek? 3 Aludna, ha otthon lenne/volna. 4
Meginnák, ha nem lenne/volna hideg? 5 Elmennék, ha nem lenne/
volna annyi dolgom.

Exercise 3

1 Ki hitte volna? 2 Bárcsak nekem szóltál volna! 3 Miért mondtam
volna el neked? 4 Képzeld, mennyire örült volna Newman úr! 5
Elmentem volna, ha meghívtak volna.

Exercise 4

1 E 2 D 3 C 4 B 5 A

Exercise 5

1 Feketéék 2 Zoltánéknak 3 Lilláékkal 4 enyémet 5 Kié?

Exercise 6

1 a(z én) könyveim 2 az édesanyám(nak a) könyvei 3 Ezek a könyvek az enyémek. 4 Ez a könyv az (édes)anyámé. 5 a (te) barátnőd 6 a (te) barátnőd(nek a) neve 7 a (te) barátnőid 8 a (te) barátnőid(nek a) nevei 9 az ő neveik 10 Ő nem János barátnője, hanem Bencéé.

Exercise 7

Professional pride

I was carved from a hard piece of wood!
I can control myself.
It didn't show on my face, but the long years of hard work, the acknowledgement of my talent, my entire future was at risk.
'I am an animal artist,' I said.
'What can you do?' the director asked.
'I imitate bird-calls.'
'Sorry,' he said, with a dismissive wave of the hand, 'it's gone out of fashion.'
'What do you mean? The coo of the turtle-dove? The chitter-chatter of the reed-sparrow? The quail's pipe? The gull's screech? The song of the lark?'
'Passé,' said the director in a bored voice.
That hurt. But I don't think it showed on my face.
'Goodbye,' I said politely, and flew out the open window.

Unit 15

Exercise 1

1 (Ti) nem kérhettek kávét. 2 Nem értheti a lényeget. 3 Sanyi nem nézheti meg azt a filmet. 4 Holnap találkozhatunk. 5 Elolvashatom az apróhirdetéseket.

Exercise 2

1 Megkérdezhetem. 2 (Önök) leülhetnek. 3 Találkozhatunk. 4 Énekelhetnek. 5 Felhívhatlak? 6 Írhatsz neki. 7 Segíthetnek.

Exercise 3

1 Igen. Én nem akartam (el)menni, de Gábor megnézette velem a filmet. 2 Nagyszerű! Akkor hozatok Zoltánnal bort. 3 A tanár elolvastatta velünk a harmadik fejezetet. 4 Elénekeltette velem kedvenc népdalát. 5 Kifizettette Zoltánnal a számlát.

Exercise 4

1 B 2 A 3 E 4 C 5 D

Exercise 5

1 Megetethetnéd a gyerekeket. 2 Hívathatnátok/hívhatnátok egy taxit. 3 Kitisztíttathatnánk az öltönyeiteket. 4 Megvetethetnék Gáborral a bort. 5 Megkerestethetné Lillával a térképet.

Exercise 6

1 Igaz 2 Hamis 3 Igaz 4 Igaz 5 Hamis

Exercise 7

1 Eszter két centiméterrel alacsonyabb, mint Lilla. Eszter két centiméterrel alacsonyabb Lillánál. 2 Szegényebbek vagyunk, mint a templom egere. Szegényebbek vagyunk a templom egerénél. 3 Mondini úr boldogabb, mint Newman úr. Mondini úr boldogabb Newman úrnál. 4 Szemtelenebb volt, mint a piaci légy. Szemtelenebb volt a piaci légynél. 5 A mosolyod édesebb, mint a cukor. A mosolyod édesebb a cukornál.

Exercise 8

1 legszebb 2 legéhesebb 3 legédesebb 4 legjobb 5 legkisebb

Appendix I
Conjugations of irregular verbs

lesz `becomes', `will be'

(this verb uses only indefinite conjugations)

	present	past	subjunctive	conditional
én	leszek	lettem	legyek	lennék
te	leszel	lettél	légy/legyél	lennél
ő	lesz	lett	legyen	lenne
mi	leszünk	lettünk	legyünk	lennénk
ti	lesztek	lettetek	legyetek	lennétek
ők	lesznek	lettek	legyenek	lennének

infinitive: **lenni**   potential: **lehet**

vesz `takes', `buys'*; tesz `does', `puts'

	present		past	
	indef.	def.	indef.	def.
én	veszek	veszem	vettem	vettem
te	veszel	veszed	vettél	vetted
ő	vesz	veszi	vett	vette
mi	veszünk	vesszük	vettünk	vettük
ti	vesztek	veszitek	vettetek	vettétek
ők	vesznek	veszik	vettek	vették
én (téged/	veszlek			vettelek
benneteket/titeket)				

* The verb **tesz** is conjugated exactly the same as **vesz**.

	subjunctive indef.	def.	conditional indef.	def.
én	vegyek	vegyem	vennék	venném
te	végy/vegyél	vegyed/vedd	vennél	vennéd
ő	vegyen	vegye	venne	venné
mi	vegyünk	vegyük	vennénk	vennénk
ti	vegyetek	vegyétek	vennétek	vennétek
ők	vegyenek	vegyék	vennének	vennék
én (téged/ benneteket/titeket)		vegyelek		vennélek

infinitive: **venni**   potential: **vehet**   causative: **vetet**

visz `takes`, `carries`

	present indef.	def.	past indef.	def.
én	viszek	viszem	vittem	vittem
te	viszel	viszed	vittél	vitted
ő	visz	viszi	vitt	vitte
mi	viszünk	visszük	vittünk	vittük
ti	visztek	viszitek	vittetek	vittétek
ők	visznek	viszik	vittek	vitték
én (téged/ benneteket/titeket)		viszlek		vittelek

	subjunctive indef.	def.	conditional indef.	def.
én	vigyek	vigyem	vinnék	vinném
te	vigyél	vigyed/vidd	vinnél	vinnéd
ő	vigyen	vigye	vinne	vinné
mi	vigyünk	vigyük	vinnénk	vinnénk
ti	vigyetek	vigyétek	vinnétek	vinnétek
ők	vigyenek	vigyék	vinnének	vinnék
én (téged/ benneteket/titeket)		vigyelek		vinnélek

infinitive: **vinni**   potential: **vihet**   causative: **vitet**

hisz `believes´

	present indef.	def.	past indef.	def.
én	hiszek	hiszem	hittem	hittem
te	hiszel	hiszed	hittél	hitted
ő	hisz	hiszi	hitt	hitte
mi	hiszünk	hisszük	hittünk	hittük
ti	hisztek	hiszitek	hittetek	hittétek
ők	hisznek	hiszik	hittek	hitték
én (téged/ benneteket/titeket)		hiszlek		hittelek

	subjunctive indef.	def.	conditional indef.	def.
én	higgyek	higgyem	hinnék	hinném
te	higgy/higgyél	higgyed/hidd	hinnél	hinnéd
ő	higgyen	higgye	hinne	hinné
mi	higgyünk	higgyük	hinnénk	hinnénk
ti	higgyetek	higgyétek	hinnétek	hinnétek
ők	higgyenek	higgyék	hinnének	hinnék
én (téged/ benneteket/titeket)		higgyelek		hinnélek

infinitive: **hinni**   potential: **hihet**   causative: **hitet**

eszik `eats´

	present indef.	def.	past indef.	def.
én	eszek/eszem	eszem	ettem	ettem
te	eszel	eszed	ettél	etted
ő	eszik	eszi	evett	ette
mi	eszünk	esszük	ettünk	ettük
ti	esztek	eszitek	ettetek	ettétek
ők	esznek	eszik	ettek	ették
én (téged/ benneteket/titeket)		(meg)eszlek		(meg)ettelek

| | subjunctive | | conditional | |
	indef.	def.	indef.	def.
én	egyek/egyem	egyem	ennék	enném
te	egyél	egyed/edd	ennél	ennéd
ő	egyen	egye	enne	enné
mi	együnk	együk	ennénk	ennénk
ti	egyetek	egyétek	ennétek	ennétek
ők	egyenek	egyék	ennének	ennék
én (téged/	(meg)egyelek			(meg)ennélek
benneteket/titeket)				

infinitive: **enni**　　potential: **ehet**　　causative: **etet**

iszik `drinks'

| | present | | past | |
	indef.	def.	indef.	def.
én	iszok/iszom	iszom	ittam	ittam
te	iszol	iszod	ittál	ittad
ő	iszik	issza	ivott	itta
mi	iszunk	isszuk	ittunk	ittuk
ti	isztok	isszátok	ittatok	ittátok
ők	isznak	isszák	ittak	itták
én (téged/	(meg)iszlak			(meg)ittalak
benneteket/titeket)				

| | subjunctive | | conditional | |
	indef.	def.	indef.	def.
én	igyak/igyam	igyam	innék	innám
te	igyál	igyad/idd	innál	innád
ő	igyon	igya	inna/innék	inná
mi	igyunk	igyuk	innánk	innánk
ti	igyatok	igyátok	innátok	innátok
ők	igyanak	igyák	innának	innák
én (téged/	(meg)igyalak			(meg)innálak
benneteket/titeket)				

infinitive: **inni**　　potential: **ihat**　　causative: **itat**

megy `goes`

(this verb uses only indefinite conjugations)

	present	past	subjunctive	conditional
én	megyek	mentem	menjek	mennék
te	mész	mentél	menj/menjél	mennél
ő	megy	ment	menjen	menne
mi	megyünk	mentünk	menjünk	mennénk
ti	mentek	mentetek	menjetek	mennétek
ők	mennek	mentek	menjenek	mennének

infinitive: **menni**   potential: **mehet**

jön `comes`

(this verb uses only indefinite conjugations)

	present	past	subjunctive	conditional
én	jövök	jöttem	jöjjek	jönnék
te	jössz	jöttél	jöjjél/gyere	jönnél
ő	jön	jött	jöjjön	jönne
mi	jövünk	jöttünk	jöjjünk/gyerünk	jönnénk
ti	jöttök	jöttetek	jöjjetek/gyertek	jönnétek
ők	jönnek	jöttek	jöjjenek	jönnének

infinitive: **jönni**   potential: **jöhet**

In the imperative the forms **gyere, gyertek, gyerünk** are more common; the forms **jöjjél, jöjjetek, jöjjünk** are more common in the subjunctive use of this verb.

van `is´

	present	past	subjunctive	conditional
én	vagyok	voltam	legyek	volnék/lénnék
te	vagy	voltál	légy/legyél	volnál/lennél
ő	(van)	volt	legyen	volna/lenne
mi	vagyunk	voltunk	legyünk	volnánk/lennénk
ti	vagytok	voltatok	legyetek	volnátok/lennétek
ők	(vannak)	voltak	legyenek	volnának/lennének

infinitive: **lenni**   potential: **lehet**

Appendix II
Sample noun declensions

Low vowel, no loss of length

	Back vowel		Front vowel	
	Singular 'house'	*Plural* 'houses'	*Singular* 'book'	*Plural* 'books'
Nominative	ház	házak	könyv	könyvek
Accusative	házat	házakat	könyvet	könyveket
Illative	házba	házakba	könyvbe	könyvekbe
Inessive	házban	házakban	könyvben	könyvekben
Elative	házból	házakból	könyvből	könyvekből
Sublative	házra	házakra	könyvre	könyvekre
Superessive	házon	házakon	könyvön	könyveken
Delative	házról	házakról	könyvről	könyvekről
Allative	házhoz	házakhoz	könyvhöz	könyvekhez
Adessive	háznál	házaknál	könyvnél	könyveknél
Ablative	háztól	házaktól	könyvtől	könyvektől
Dative	háznak	házaknak	könyvnek	könyveknek
Instrumental	házzal	házakkal	könyvvel	könyvekkel
Causal-Final	házért	házakért	könyvért	könyvekért
Terminative	házig	házakig	könyvig	könyvekig

Low vowel, loses length

	Back vowel		Front vowel	
	Singular 'glass'	Plural 'glasses'	Singular 'hand'	Plural 'hands'
Nominative	pohár	poharak	kéz	kezek
Accusative	poharat	poharakat	kezet	kezeket
Illative	pohárba	poharakba	kézbe	kezekbe
Inessive	pohárban	poharakban	kézben	kezekben
Elative	pohárból	poharakból	kézből	kezekből
Sublative	pohárra	poharakra	kézre	kezekre
Superessive	poháron	poharakon	kézen	kezeken
Delative	pohárról	poharakról	kézről	kezekről
Allative	pohárhoz	poharakhoz	kézhez	kezekhez
Adessive	pohárnál	poharaknál	kéznél	kezeknél
Ablative	pohártól	poharaktól	kéztől	kezektől
Dative	pohárnak	poharaknak	kéznek	kezeknek
Instrumental	pohárral	poharakkal	kézzel	kezekkel
Causal-Final	pohárért	poharakért	kézért	kezekért
Terminative	pohárig	poharakig	kézig	kezekig

Regular noun, ending in vowel

	Back vowel		Front vowel	
	Singular 'bag'	Plural 'bags'	Singular 'cup'	Plural 'cups'
Nominative	táska	táskák	csésze	csészék
Accusative	táskát	táskákat	csészét	csészéket
Illative	táskába	táskákba	csészébe	csészékbe
Inessive	táskában	táskákban	csészében	csészékben
Elative	táskából	táskákból	csészéből	csészékből
Sublative	táskára	táskákra	csészére	csészékre
Superessive	táskán	táskákon	csészén	csészéken
Delative	táskáról	táskákról	csészéről	csészékről
Allative	táskához	táskákhoz	csészéhez	csészékhez
Adessive	táskánál	táskáknál	csészénél	csészéknél
Ablative	táskától	táskáktól	csészétől	csészéktől
Dative	táskának	táskáknak	csészének	csészéknek
Instrumental	táskával	táskákkal	csészével	csészékkel
Causal-Final	táskáért	táskákért	csészéért	csészékért
Terminative	táskáig	táskákig	csészéig	csészékig

Regular noun, ending in consonant

	Back vowel		Front, unrounded vowel		Front, rounded vowel	
	Singular 'girl'	Plural 'girls'	Singular 'chair'	Plural 'chairs'	Singular 'guard'	Plural 'guards'
Nominative	lány	lányok	szék	székek	őr	őrök
Accusative	lányt	lányokat	széket	székeket	őrt	őröket
Illative	lányba	lányokba	székbe	székekbe	őrbe	őrökbe
Inessive	lányban	lányokban	székben	székekben	őrben	őrökben
Elative	lányból	lányokból	székből	székekből	őrből	őrökből
Sublative	lányra	lányokra	székre	székekre	őrre	őrökre
Superessive	lányon	lányokon	széken	székeken	őrön	őrökön
Delative	lányról	lányokról	székről	székekről	őrről	őrökről
Allative	lányhoz	lányokhoz	székhez	székekhez	őrhöz	őrökhöz
Adessive	lánynál	lányoknál	széknél	székeknél	őrnél	őröknél
Ablative	lánytól	lányoktól	széktől	székektől	őrtől	őröktől
Dative	lánynak	lányoknak	széknek	székeknek	őrnek	őröknek
Instrumental	lánnyal	lányokkal	székkel	székekkel	őrrel	őrökkel
Causal-Final	lányért	lányokért	székért	székekért	őrért	őrökért
Terminative	lányig	lányokig	székig	székekig	őrig	őrökig

Fleeting vowel

	Back vowel		Front, unrounded vowel		Front, rounded vowel	
	Singular 'thing'	*Plural* 'things'	*Singular* 'twin'	*Plural* 'twins'	*Singular* 'mirror'	*Plural* 'mirrors'
Nominative	dolog	dolgok	iker	ikrek	tükör	tükrök
Accusative	dolgot	dolgokat	ikret	ikreket	tükröt	tükröket
Illative	dologba	dolgokba	ikerbe	ikrekbe	tükörbe	tükrökbe
Inessive	dologban	dolgokban	ikerben	ikrekben	tükörben	tükrökben
Elative	dologból	dolgokból	ikerből	ikrekből	tükörből	tükrökből
Sublative	dologra	dolgokra	ikerre	ikrekre	tükörre	tükrökre
Superessive	dolgon	dolgokon	ikren	ikreken	tükrön	tükrökön
Delative	dologról	dolgokról	ikerről	ikrekről	tükörről	tükrökről
Allative	dologhoz	dolgokhoz	ikerhez	ikrekhez	tükörhöz	tükrökhöz
Adessive	dolognál	dolgoknál	ikernél	ikreknél	tükörnél	tükröknél
Ablative	dologtól	dolgoktól	ikertől	ikrektől	tükörtől	tükröktől
Dative	dolognak	dolgoknak	ikernek	ikreknek	tükörnek	tükröknek
Instrumental	dologgal	dolgokkal	ikerrel	ikrekkel	tükörrel	tükrökkel
Causal-Final	dologért	dolgokért	ikerért	ikrekért	tükörért	tükrökért
Terminative	dologig	dolgokig	ikerig	ikrekig	tükörig	tükrökig

Possessive declension

	Low vowel (no loss of length) ház 'house'		Low vowel (loss of length) levél 'letter'		Regular noun lány 'girl; daughter'	
	Singular 'my house'	*Plural* 'my houses'	*Singular* 'your letter'	*Plural* 'your letters'	*Singular* 'his girl'	*Plural* 'his girls'
Nominative	házam	házaim	leveled	leveleid	lánya	lányai
Accusative	házamat	házaimat	leveledet	leveleidet	lányát	lányait
Illative	házamba	házaimba	leveledbe	leveleidbe	lányába	lányaiba
Inessive	házamban	házaimban	leveledben	leveleidben	lányában	lányaiban
Elative	házamból	házaimból	leveledből	leveleidből	lányából	lányaiból
Sublative	házamra	házaimra	leveledre	leveleidre	lányára	lányaira
Superessive	házamon	házaimon	leveleden	leveleiden	lányán	lányain
Delative	házamról	házaimról	leveledről	leveleidről	lányáról	lányairól
Allative	házamhoz	házaimhoz	leveledhez	leveleidhez	lányához	lányaihoz
Adessive	házamnál	házaimnál	levelednél	leveleidnél	lányánál	lányainál
Ablative	házamtól	házaimtól	leveledtől	leveleidtől	lányától	lányaitól
Dative	házamnak	házaimnak	levelednek	leveleidnek	lányának	lányainak
Instrumental	házammal	házaimmal	leveleddel	leveleiddel	lányával	lányaival
Causal-Final	házamért	házaimért	leveledért	leveleidért	lányáért	lányaiért
Terminative	házamig	házaimig	leveledig	leveleidig	lányáig	lányaiig

Possessive declension

	-alom **jutalom** 'reward'		Fleeting vowel **álom** 'dream'		Regular noun **kép** 'picture'	
	Singular 'our reward'	*Plural* 'our rewards'	*Singular* 'your dream'	*Plural* 'your dreams'	*Singular* 'their picture'	*Plural* 'their pictures'
Nominative	jutalmunk	jutalmaink	álmotok	álmaitok	képük	képeik
Accusative	jutalmunkat	jutalmainkat	álmotokat	álmaitokat	képüket	képeiket
Illative	jutalmunkba	jutalmainkba	álmotokba	álmaitokba	képükbe	képeikbe
Inessive	jutalmunkban	jutalmainkban	álmotokban	álmaitokban	képükben	képeikben
Elative	jutalmunkból	jutalmainkból	álmotokból	álmaitokból	képükből	képeikből
Sublative	jutalmunkra	jutalmainkra	álmotokra	álmaitokra	képükre	képeikre
Superessive	jutalmunkon	jutalmainkon	álmotokon	álmaitokon	képükön	képeiken
Delative	jutalmunkról	jutalmainkról	álmotokról	álmaitokról	képükről	képeikről
Allative	jutalmunkhoz	jutalmainkhoz	álmotokhoz	álmaitokhoz	képükhöz	képeikhez
Adessive	jutalmunknál	jutalmainknál	álmotoknál	álmaitoknál	képüknél	képeiknél
Ablative	jutalmunktól	jutalmainktól	álmotoktól	álmaitoktól	képüktől	képeiktől
Dative	jutalmunknak	jutalmainknak	álmotoknak	álmaitoknak	képüknek	képeiknek
Instrumental	jutalmunkkal	jutalmainkkal	álmotokkal	álmaitokkal	képükkel	képeikkel
Causal-Final	jutalmunkért	jutalmainkért	álmotokért	álmaitokért	képükért	képeikért
Terminative	jutalmunkig	jutalmainkig	álmotokig	álmaitokig	képükig	képeikig

Hungarian–English glossary

The abbreviations in the lists indicate the following: lv = low-vowel noun class; ll = low-vowel & loses length noun class; fv = fleeting vowel (noun or verb). Low vowel noun classes are discussed in Unit 8; fleeting vowel verbs are discussed in Unit 5. The numbers indicate the unit in which the vocabulary item is introduced.

A, Á

a közelben	nearby; in the neighbourhood (8)
á	ah (dismissive) (5)
a(z); az	the (1); that (1)
abbahagy	quits (12)
ablak	window (1)
abszolút (nem)	absolutely (not) (6)
ad	gives (6)
áfonya	blueberry (4)
afrikai	African (1)
aggódik	worries (12)
ajándék	gift (4)
ajándékozik	gives as a gift (6)
ajánl	offers; recommends (9)
akár . . . is	even . . . (15)
akar	wants (4)
akkor	then (4)
alacsony	low; short (1)
aláír	signs (15)
alaposan	thoroughly (12)
alatt	under (13)
albérlet	apartment for rent (13)
alkalom	occasion (14)
államhatalom	powers of state (8)
állampolgár	citizen (3)
állampolgárság	citizenship (6)
alma	apple (4)
alól	from under (13)
álom	dream (8)
alszik	sleeps (6)
általában	usually (9)
amerikai	American (1)
amíg	while (11)
amint	as; when (9)
angol	English (person) (1)
antikvárium	used book store (5)
antropológus	anthropologist (1)
anya	mother (1)
annyi	so/as much (14)
annyira	so much so (14)
apa	father (1)
apróhirdetés	classified ad (13)
apropó	that reminds me, by the way (5)
ár (lv)	price (9)
aranyos	cute (3)
arc	face (7)

árleszállítás	mark-down, price reduction (5)
áru	ware; goods (5)
ásványvíz (ll)	mineral water (9)
asszisztens	assistant (12)
asszonyom	Ma'am (5)
asztal	table (1)
asztali	of a table (5)
átad	hands over, delivers (7)
átlagos	average (5)
átmegy	goes over/across (10)
attól függ, hogy	it depends . . . (13)
átvesz	takes (over) (14)
autó	car (5)
automata	vending machine (1)
az a baj, hogy	the problem is that . . . (15)
az	that (1)
azaz	that is, in other words (8)
azért	for this reason, that is why (12)
aznap	that day (9)
azonban	however (8)
azonnal	immediately (5)
azóta	since then (12)
aztán	then, after that (9)
azután	then, after that (4)
B	
baj	problem, trouble (3)
bajusz	moustache (13)
ballagás	graduation ceremony (12)
balra	to/on the left (2)
banán	banana (4)
bánik	minds (11)
bank	bank (7)
bankautomata	ATM machine (7)
bankomat	ATM machine (7)
bár	though (5)
bárányhús	lamb (meat) (4)
barát	friend (1)
barátnő	girlfriend (6)

bárcsak	if only (14)
bármikor	any time (13)
barna	brown (3)
bátorság	courage (9)
bátya	older brother (6)
beédesít	sweetens (15)
beépített	built-in (8)
befejez	finishes (10)
befordul	turns in (7)
begombol	buttons up (7)
bejár	travels through (14)
bejelentkezik	checks in, registers (8)
bekapcsol	turns on (9)
beköltözik	moves in (13)
belemegy	goes into (12)
belenéz	looks into (12)
belép	steps in (7)
beleszeret	falls in love (with) (11)
belső	inner (10)
belvárosi	downtown (7)
bélyeg	stamp (9)
bemutat	introduces (10)
benéz	looks in (10)
bent	inside (2)
bérház (lv)	apartment building (13)
beszél	speaks (3)
beszélget	chats (7)
beteg	sick; patient (12)
betesz	puts in (9)
beugrik	jumps in (7)
beül	sits into (13)
bevall	confesses (13)
bevásárlás	shopping (4)
bír	endures, withstands (15)
bizony	sure(ly) (11)
biztos	certain, sure (6)
biztos, ami biztos	to be on the safe side (6)
biztosan	certainly (4)
Bocs	Excuse me (colloquial) (2)
Bocsánat	Excuse me (2)

boka	ankle (12)	csiga	snail (7)
boldog	happy (6)	csinál	does, makes (4)
bolt	store (5)	csípő(csont)	hip(s) (12)
böngészik	browse (5)	csirke(hús)	chicken (meat) (4)
bor	wine (9)	csodák csodájára	wonder of wonders
borító	envelope (10)		(13)
borjúhús	veal (4)	csodálkozik	is amazed (14)
borjúpaprikás	veal dish with	csodás	wonderful (15)
	paprika (9)	csók	kiss (8)
borosüveg	wine bottle (14)	csokoládé	chocolate (4)
bölcső	cradle (8)	csókolom!	Hello! (2)
bőrönd	suitcase (3)	csokor (fv)	bouquet (4)
braziliai	Brazilian (1)	csomag	bag, luggage;
brokkoli	broccoli (4)		package (6)
budapesti	person from	csomagol	wraps (6)
	Budapest (1)	csukló	wrist (12)
buli	party (7)	csúnya	ugly (1)
burgonya	potato (4)	csupa veríték	broken out in
busz	bus (2)		a sweat (15)
büfé	snack bar	csütörtök	Thursday (10)

C		D	
ceruza	pencil (1)	dal	song (9)
cetli	slip of paper (14)	darab	piece (12); play (15)
cigaretta	cigarette (7)	De jó!	Great! (1)
cím	address; title (9)	de	but (1)
cinege	titmouse (11)	de (igen)	but, yes! (6)
cipő	shoes (12)	dehogy	of course not (5)
citrom	lemon (4)	dehogynem	but of course (6)
colos	(x) inches (8)	deka	decagram (4)
comb	thigh(s) (12)	délután	afternoon (7)
cukor (fv)	sugar (8)	derék (ll)	waist (12)
		desszert	dessert (9)
CS		diák	student (1)
csak	only (3)	digitális	digital (6)
csak nem	you don't mean to	divatjamúlt	out of fashion (12)
	say. . . . (6)	dobos torta	type of cake (9)
csak úgy	just like that! (13)	doboz	box (13)
család	family (1)	dolog (fv)	thing (6)
csarnok	hall, arena, market	dönt	decides (11)
	place (14)	drága	dear, expensive (1)
csatlakozik	join up with (12)	dugó	cork (14)
csavargó	wanderer (11)		
cseh	Czech (1)	E, É	
cseresznye	cherry (4)	ébred	wakes up (12)
csésze	cup (1)	ébren	awake (15)

édes	sweet (15)	**eljön**	comes along (12)
édesanya	mother (6)	**elkészít**	prepares (9)
édesség	sweets, dessert (9)	**elkészül**	becomes prepared
egész	whole, entire (10)		(9)
Egészségére!	To your health!	**elkezd**	begins (10)
	(*formal*) (8)	**elküld**	sends (off) (9)
egy	one (1)	**ellenőriz** (fv)	controls, checks
egy kicsit	a little (6)		(12)
egyágyas	having one bed (8)	**ellenség**	enemy (11)
egyáltalán nem	not at all (3)	**elmagyaráz**	explains (14)
egyedül	alone (13)	**elmegy**	leaves, goes off (9)
egyelőre	for the time being	**elmesél**	tells (the whole
	(12)		story) (14)
egyenesen	straight (9)	**elmond**	says (14)
egyéniség	individual (10)	**elmúlt**	past (13)
egyetem	university (2)	**Elnézést!**	Excuse me! (2)
egyetemista	college student (1)	**elolvas**	reads (to the end)
egy-két	one or two (10)		(9)
egykori	former, old (8)	**előadó**	performer, lecturer
egymás	each other (14)		(11)
egyszer	once (11)	**előbb**	earlier (14)
egyszerűen	simply (6)	**élőben**	live, in person (15)
egyszobás	studio apartment	**előétel**	appetiser (9)
	(13)	**elöl**	in the front (2)
együtt	together (5)	**először**	first(ly) (9)
együttes	band, orchestra (11)	**előtt**	in front of (13)
éhes	hungry (4)	**elront**	ruins (15)
éjfél	midnight (10)	**elsétál**	walks the length of
éjszaka	night (8)		(9)
él	lives (7)	**első**	first (10)
eladó	sales clerk (4)	**eltervez**	plans (9)
elájul	faints (12)	**eltéveszt**	misses (the aim) (9)
elbeszélget	chats at length (15)	**elutazik**	travels away (10)
elefánt	elephant (15)	**elvesz**	takes away (9)
elég (II)	rather, fairly (1)	**élvezetes**	enjoyable (14)
	enough (6)	**elvisz**	takes, carries
elénekel	sings to the end (9)		(away) (10)
elenged	lets go (13)	**email-ezik**	emails (5)
elengedi magát	lets oneself go (15)	**emancipáció**	emancipation (12)
elér	reaches (10)	**ember**	person, human,
elgondolkodik	thinks over (9)		man (6)
elhatároz	decides (9)	**emlék**	memory (10)
elhisz	believes (15)	**emlékszik**	remembers (13)
elhív	invites (12)	**én**	I (2)
elindul	sets out, starts off	**énekel**	sings (3)
	(10)	**énekes**	singer (11)

ennyi	this much (14)	fél	is afraid (14)
ennyire	so much so (15)	felad	posts (9)
eper (fv)	strawberry (4)	feláll	stands up (7)
eposz-trilógia	epic trilogy (10)	felébreszt	wakes (somebody)
épp(en)	just (5)		up (12)
épület	building (9)	felhív	calls up (7)
érdekel (fv)	interests (5)	felhőkarcoló	skyscraper (7)
érdekes	interesting (1)	felirat	sign (13)
erdő	forest (11)	felismer	recognise (14)
eredetileg	originally (10)	felkel	gets up (9)
érettségizik	graduates (from	fellép	steps up, performs
	secondary		(11)
	school) (10)	felnőtt	adult (2)
érez (fv)	feels (11)	felől	from the direction
érkezés	arrival (6)		of (13)
érkezik	arrives (5)	felszáll	gets on, boards (7)
ért	understands (5)	féltékeny	jealous (14)
és	and (1)	felvesz	picks/takes up (7);
esemény	event (14)		puts on (12)
esetleg	perhaps (5)	fent	above; upstairs (2)
este	evening (9)	fénykép	photograph (2)
eszembe jut	(it) occurs to me	fényképezőgép	camera (5)
	(10)	férfi	man (1)
eszik	eats (4)	férjhez megy	gets married (of
étlap	menu (7)		women only)
étterem (fv)	restaurant (7)		(12)
étvágy (lv)	appetite (12)	fesztivál	festival (11)
év	year (8)	fiatal	young (1)
éves	(x) years old (7)	fiatalkori	of/from youth or
ez	this (1)		childhood (10)
ezelőtt	before this, ago	film	film (10)
	(13)	filmrendező	director (1)
ezenkivűl	besides/in addition	finn	Finnish (1)
	to this (11)	finom	delicious (9)
ezüst	silver (6)	fiú	boy (1)
		fizet	pays (5)
F		fodrász	hair dresser (7)
fa	tree (11)	fog (lv)	tooth (12)
fáj	hurts (12)	fogás	course, dish (9)
fantasztikus	fantastic (11)	fogja a pártját	takes the side of
fapad	wooden bench (7)		(14)
fázik	is cold (15)	foglalkozás	profession (1)
fehér	white (3)	fokhagyma	garlic (4)
fej (lv)	head (4)	folyosó	corridor (13)
fejsze	axe (11)	fontos	important (8)
fekete	black (1)	fordul	turns (9)

forradalom	revolution (8)	**gyerek**	child (2)
forró	hot, boiling (15)	**gyermekkori**	of childhood (10)
fotó	photo (10)	**gyógyfürdő**	medicinal baths
fotóművész	photographer (1)		(12)
főétel	main course (9)	**gyógyszer**	medicine (12)
földalatti	subway (7)	**gyors**	quick (1) (7)
földszint	ground floor (13)	**gyönyörű**	wonderful, beautiful
fölé	up over (13)		(1)
fölött	above (13)	**gyulai kolbász**	type of sausage (4)
főnök	boss (15)	**gyümölcs**	fruit (4)
főposta	main post office (9)		
főz	cooks (4)	**H**	
francia	French (1)	**hadd**	let . . . ! (14)
friss	fresh (4)	**hagy**	leaves, lets (13)
furcsa	strange (7)	**hagyma**	onion (14)
fuvar	ride (5)	**haj** (Iv)	hair (12)
függőfolyosó	hanging corridor in	**hajol**	bend (13)
	interior courtyard	**hal** (Iv)	fish (4)
	(13)	**hall**	hears (11)
fül (Iv)	ear(s) (12)	**hallgat**	listens to (5)
fülcimpa	earlobe(s) (12)	**haló**	hello (5)
fürdő	bath (14)	**hálószoba**	bedroom (12)
fürdőszoba	bathroom (8)	**hamar**	soon (10)
füzet	notebook (1)	**hamarosan**	before long, soon
			(7)
G		**hanem**	but, rather (1)
garancia	warranty (8)	**hang**	voice, sound (11)
gép	machine; plane (5)	**hangos**	loud (9)
gigabájtos	having gigabytes (8)	**hány?** (Iv)	how many? (4)
gimnázium	secondary school	**has** (Iv)	abdomen, belly
	(11)		(12)
gitár	guitar (11)	**hasonló**	similar (5)
gitáros	guitarist (11)	**használ**	uses (5)
gomb	button (13)	**hát**	well . . . (3)
gond	worry, care,	**hát** (Iv)	back (7)
	problem (11)	**hatalmas**	huge; powerful (3)
gondol	thinks (10)	**határidőnapló**	appointment book
gondolkodás	thought (13)		(6)
gondolkozik	thinks over (13)	**hatással van**	has an effect on
gőz	steam (15)		(11)
gőzfürdő	steam bath (15)	**hátizsák**	backpack (7)
		hátul	in the back (2)
GY		**ház** (Iv)	house; building (7)
gyakran	often (5)	**haza**	homeland (7)
gyanús	suspicious (13)	**haza**	towards home (8)
gyengén	poorly, weakly (3)	**hazaér**	arrives home (10)

hazamegy	goes home (10)	**hosszú ideig**	for a long time (13)
házi feladat	homework (6)	**hosszú**	long (1)
házmester	superintendent (13)	**hoz**	bring (5)
hegy	mountain (11)	**hőemelkedés**	raised temperature
hely (lv)	place (9)		(12)
helyet foglal	takes a seat (12)	**húg**	younger sister
helyett	instead of (15)	**hús**	meat; flesh (11)
helyi	local (9)	**húsfélék**	types of meat (4)
helyzet	situation (12)		
hentesáru	meat products (4)	**I, Í**	
hess	shoo! (11)	**idead**	gives here (12)
hét (ll)	seven; week (8)	**idejön**	comes here (13)
hétfő	Monday (10)	**idenéz**	looks here (12)
hétvége	weekend (10)	**idő**	time (2)
hiányzik (fv)	is missing (3)	**időben**	on time (15)
hideg	cold (15)	**időjárásjelentés**	weather report (9)
hídfő	bridge abutment	**időpont**	point in time (13)
	(15)	**igazad van**	you're right (12)
hihetetlen	unbelievable (14)	**igazán**	truly (10)
hír	news (9)	**igazgató**	director (15)
híres	famous (7)	**igazi**	true, real, genuine
hirtelen	suddenly (7)		(5)
hisz	believes (6)	**igazság**	truth (13)
hív	calls (5)	**igen**	yes (1)
hivatalos	official (8)	**így**	thus (7)
hivatalos keretek	in an official	**így is**	so, thus (13)
között	capacity (15)	**igyekszik**	strives, tries (12)
Hogy mondják	How do you say in	**illat**	fragrance (14)
magyarul?	Hungarian? (1)	**ilyen**	such (14)
hogy tetszik . . . ?	how do you	**ilyenkor**	at such time(s) (15)
	like . . . ? (15)	**imád**	adores (5)
hogy	how; that (2)	**íme**	here you are (5)
hogy-hogy?	what do you	**indul**	departs (10)
	mean? (7)	**indulás**	departure (15)
hol	where (2)	**információ**	information (7)
holnap	see you tomorrow	**ing**	shirt (12)
találkozunk	(5)	**ingatlanközvetítő**	estate agent (13)
holnap	tomorrow (7)	**inkább**	rather, preferably,
holnapután	day after tomorrow		instead (3)
	(7)	**integet**	waves (6)
homlok	forehead (12)	**internetezik**	surfs the web (5)
hónap	month (14)	**ínycsiklandozó**	tantalising (14)
honlap	web page (5)	**ír**	writes (6)
hordár	porter (8)	**író**	writer (10)
hordozható	portable (5)	**iroda**	office (13)
horvát	Croatian (1)	**irodalom**	literature (8)

is	also (1)	**jogász**	lawyer (1)
ismer	knows; is	**joghurt**	yogurt (4)
	acquainted	**jóízű**	delicious (9)
	with (5)	**jókedvűen**	pleasantly, in a
ismerős	acquaintance (1)		good mood (12)
ismét	again (10)	**jól áll valakinek**	looks good on
isten	god (8)		someone (12)
iszik	drinks (9)	**jól érzi magát**	feels well (11)
ital	beverage (7)	**Jól hangzik!**	Sounds good (11)
itallap	drinks menu (9)	**jól megy**	goes well with
itt	here (1)	**valamihez**	something (12)
itthon	(here) at home (4)	**jól néz ki valakin**	looks good on
íz	flavour, taste (14)		someone (12)
izgatottan	excitedly (15)	**jól**	well (3)
ízlik	tastes (good) (10)	**jót tesz**	does one good
			(11)
J		**jön**	comes (6)
jajj	oh, dear (5)	**jön-megy**	comes and goes
japán	Japanese (1)		(15)
jár	goes/runs on	**jövő**	future; coming (11)
	a regular basis		
	(10)	**K**	
járókelő	pedestrian (9)	**kacag**	laughs loudly (15)
játékzongora	toy piano (6)	**kacsa**	duck (4)
játszik	plays (11)	**kacsint**	winks (15)
javasol	recommends (5)	**kakaóscsiga**	chocolate swirl
javul	improves (12)		pastry (9)
jéghideg	ice cold (12)	**kakas**	rooster (11)
jegypénztár	ticket office (7)	**kaliforniai paprika**	bell pepper (4)
jegypénztáros	ticket clerk (7)	**kanadai**	Canadian (1)
jelen	(here in the)	**kanál** (ll)	spoon (2)
	present (2)	**kancsó**	pitcher (12)
Jó éjszakát	Good night (2)	**kap**	receives (6)
Jó estét	Good evening (2)	**káposzta**	cabbage (4)
Jó napot	Hello; Good day (2)	**kapucsengő**	entrance bell (13)
Jó pihenést!	Have a good	**kár**	(it's) a shame (7)
	holiday (3)	**kar**	arm (12)
Jó reggelt	Good morning (2)	**karácsony**	Christmas (6)
Jó utat!	Have a good trip	**karfiol**	cauliflower (4)
	(5)	**kártya**	card (8)
jó	good (1)	**kávé**	coffee (4)
Jobb később, mint	Better late than	**kávéház** (lv)	coffee house (7)
soha.	never. (14)	**kávézás**	drinking coffee (12)
jobban	better (12)	**kávézik**	drinks coffee (12)
jobbra	to/on the right (2)	**kedd**	Tuesday (8)
Jobbulást!	Feel better! (12)	**kedvel**	likes (8)

kedvenc	favourite (9)	**kifelé menet**	on the way out (11)
kedves	nice, kind (3)	**kifizet**	pays for (9)
kefir	kefir yogurt (4)	**kifli**	crescent roll (4)
kék	blue (3)	**kigombol**	unbuttons (12)
kel	rises (10)	**kijárat**	exit (6)
keleti	eastern (7)	**kijelzőméret**	screen size (8)
kell	is necessary (9)	**kijön**	comes out (7)
kellemes	pleasant (10)	**kikapcsolódás**	relaxation (12)
kellemes ünnepek	happy holidays (6)	**kikapcsolódik**	relaxes (12)
kenyér (ll)	bread (4)	**kilép**	steps out, exits (7)
kép	picture (15)	**kimegy**	goes out (7)
képeslap	postcard (9)	**kimerült**	exhausted (12)
képmutató	hypocrite (11)	**kínai**	Chinese (1)
képzel	imagines (13)	**kinő**	outgrows (12)
képzeld!	Imagine! (7)	**kint**	outside (2)
képzelet	imagination (7)	**kinyit**	opens (9)
kér	asks, requests (4)	**kipróbál**	tries out (12)
kérd	asks a question (12)	**kirakat**	display window (5)
		kitisztít	(dry)cleans (15)
kérdés	question (8)	**kiválaszt**	selects (9)
kérdez	asks a question (9)	**kiváló**	outstanding (8)
Kérek szépen . . .	May please have . . . (4)	**kivesz**	takes out (7)
		kivételes	exceptional (14)
kérem	Please. You're welcome. (2)	**kizárólag**	exclusively (5)
		koccint	clinks glasses (9)
keres	looks for (4)	**kockán forog**	is at risk (14)
kerület(i)	(of a) district (9)	**kocsi**	car (4)
kés	knife (2)	**kocsma**	bar (7)
késésben van	is late (15)	**kolbász**	sausage (4)
késik	is late (5)	**köldök**	navel (12)
késő	late (6)	**kolléga(nő)**	(female) colleague (8)
később	later (13)		
készít	prepares (4)	**költő**	poet (10)
készül	gets ready for (7)	**komoly**	serious (12)
két/kettő	two (4)	**komolyra fordítva a szót**	to speak seriously (13)
kétszobás	one-bedroom apartment (13)	**kompjuter**	computer (5)
kéz (ll)	hand (12)	**kondicionálóterem**	gym (8)
kezd	begins (13)	**konyha**	kitchen (7)
kezdődik	begins (10)	**korán**	early (10)
kézipoggyász	hand luggage (3)	**korsó**	mug (9)
kézírás	handwriting (14)	**korty**	sip (12)
ki	who (1)	**kosztüm**	matching skirt and jacket (12)
kiadó	for rent (13)		
kicsi	small (2)	**könnyű**	easy (15)
kicsoda	who the heck (14)	**könyök**	elbow (12)

könyörög (fv) — begs (13)
könyörül — pleads (11)
könyv (lv) — book (1)
könyvesbolt — book store (5)
könyvmoly — bookworm (5)
köret — side dish (9)
környék — neighbourhood (9)
körözött — cottage cheese with spices (4)
körte — pear (4)
körülnéz — looks around (7)
körút (ll) — boulevard; ring road (5)
Köszönöm — Thank you (2)
köt — ties; associates with (12)
kövér — fat (1)
következő — following, next (10)
közben — (in the) meantime (4)
közel áll — stands/is near (11)
közeli — close, near (6)
közelség — proximity (14)
középen — in the middle (2)
között — between, among (13)
közül — from among (13)
krumpli — potato (4)
kulcs — key (8)
kutat — searches, researches (13)
kutya — dog (2)
küld — sends (5)
külföldi — foreign(er)
különben is — anyway, otherwise (14)
különböző — different (5)
különleges — special (9)
különösen — especially (11)

L
láb — foot, leg (11)
lábujj — toe(s) (12)
lakás — apartment (13)
lakásközvetítő — estate agent (13)
lakik — resides, lives (3)

lámpa — lamp (2) traffic light (9)
lány — girl (1)
lap — (post)card (9)
lassú — slow (1)
lát — sees (5)
látszik — seems (11)
láz (lv) — fever (12)
lead — gives/hands in (7)
leánykori név — maiden name (12)
lefoglal — reserves (7)
legépel — types up (15)
légiutaskísérő — flight attendant (2)
legyen szíves — please (2)
lehet — is possible (9)
lehetetlen — impossible (13)
lekésik — is late for, misses (15)
lélegzet — breath (12)
lemegy — goes down (7)
lemerül — runs down (15)
lemez — album (11)
lengyel — Polish (1)
lent — down below; downstairs (2)
lényeg — point; essence (14)
lépcső — stairs (7)
lesz — will be; becomes (4)
leszakad — tears off (11)
letesz — puts down (7)
leugrik — jumps down (15)
leül — sits down (7)
levegő — air (12)
levél (ll) — letter (8)
levélírás — letter writing (10)
levesz — takes off/down (12)
levetkőzik — undresses (12)
lila — lilac (3)
limonádé — lemonade (4)
lop — steals (11)

M
ma — today (2)
madár (ll) — bird (11)
magához tér — revives, comes to one's senses (12)

magam sem	not even I (14)	**megért**	understands (12)
magánügyi	private (12)	**megetet**	feeds (15)
magas	high, tall (1)	**megfelel**	corresponds (13)
magassarkú	high-heeled (12)	**meggondolja**	changes one's
magyar	Hungarian (1)	**magát**	mind (11)
magyaráz	explains (6)	**meggyógyul**	becomes cured (12)
Magyarország	Hungary (6)	**meggyőz**	convinces (13)
majd	soon, then (8)	**meghallgat**	listens to
mákos kifli	poppy seed roll (4)		(completely) (12)
málna	raspberry (4)	**meghatódik**	is touched by (9)
már nincs/már	no longer (5)	**meghív**	invites (14)
nem		**meghívás**	invitation (14)
már	already, by now (1)	**megijeszt**	scares (12)
marad	remains, stays (10)	**megint**	again (12)
marhahús	beef (4)	**megír**	writes (10)
marhapörkölt	beef stew (9)	**megismer**	recognises (10)
máris	already (9)	**megismerkedik**	becomes
márka	brand (5)		acquainted with
más	other, else (4)		(10)
másik	(the) other (3)	**megiszik**	drinks (up) (9)
meddig?	for how long/how	**megjelenik**	appears; gets
	far (10)		published (10)
medence	pool (15)	**megkedvel**	takes a liking to
meg	and (14)		(13)
még egy	another (6)	**megkér**	asks, requests (15)
még mindig	still (6)	**megkeres**	looks for (and
még nem	not yet (5)		finds) (9)
még	still, yet (3)	**megkíván**	has a craving for
még . . . is	still, even (3)		(9)
még . . . sem	not even (13)	**megköszön**	thanks (11)
megad	gives (15)	**meglátogat**	visits (9)
megállapodik	settles on, agrees	**meglepetés**	surprise (7)
	to (15)	**meglepődik**	is surprised (13)
megálló	stop, station (2)	**megmér**	takes a
megárt	harms (15)		measurement
megátkozik	curses, damns (11)		(12)
megbeszél	discusses and	**megmond**	tells (9)
	agrees to (13)	**megmozdul**	budges (12)
megbeszélés	agreement (13)	**megmutat**	shows (10)
megbeszélt	agreed-upon (15)	**megnéz**	has a look at;
megbízható	reliable (13)		watches (9)
megebédel	has lunch (9)	**megpróbál**	tries (12)
megél	lives/gets by on	**megreggelizik**	has breakfast (9)
	(13)	**megrendel**	orders (9)
megérdemel (fv)	deserves (14)	**megszólal**	speaks up (9)
megérkezik	arrives (9)	**megszólít**	addresses (9)

megtalál	finds (8)	**minden jót**	all the best (12)
megtapogat	taps (12)	**minden rendben**	(all is) OK (3)
megúszik	gets out of easily (14)	**minden**	every, all (2)
		mindenhova	(to) everywhere (7)
megvan	has (11)	**mindenképp(en)**	by all means (5)
megvár	waits for (9)	**mindenki**	everyone (2)
megver	beats (11)	**mindez**	all this (12)
megvesz	buys (9)	**mindig**	always (5)
megvirrad	dawns, day breaks (11)	**mindjárt**	immediately (14)
		mindketten	both (15)
megvizsgál	examines (12)	**mindkettő**	both (8)
megy	goes (5)	**miniszterelnök**	Prime minister (6)
mekkora?	how big? (8)	**mintha**	as if (15)
meleg	warm (9)	**Mit szólsz?**	What do you say? (12)
mell	breast, chest (12)		
mellett	next to (13)	**miután**	after (9)
mély	deep (12)	**mobil(telefon)**	mobile phone (1, 15)
melyik?	which (3)		
mennyi?	how much (4)	**mobilszám**	mobile phone number (15)
Mennyibe kerül?	How much does (x) cost (4)	**mód**	way, mode (15)
mennyire	to what/such an extent (14)	**modell**	model (5)
		mond	says (6)
Mennyivel tartozom?	How much do I owe you? (4)	**mormog**	mumbles (11)
		mormota	marmot (15)
mer	measures (12)	**mosdó**	WC (2)
merev lemez	hard disk (8)	**mosolyog** (fv)	smiles (7)
merre?	where, which way (6)	**most**	now (1)
		mostanában	nowadays (12)
mert	because (4)	**mozaik**	mosaic (15)
mesél	tells, relates (13)	**mozdul**	moves (12)
messze	far away (7)	**mozi**	cinema (10)
metró	metro (7)	**mögött**	behind (13)
mexikói	Mexican (1)	**múló**	passing (12)
mező	field (11)	**munka**	work (13)
mi	what; we (1)	**munkahely** (lv)	workplace (14)
miatt	because of (13)	**mutat**	shows (5)
micsoda	what the heck/what kind of? (11)	**múzeum**	museum (7)
		műsorfüzet	programme, playbill (11)
mielőtt	before (15)		
miért?	why (6)	**műszaki**	technical (5)
mikor?	when (4)	**művész**	artist (11)
milyen színű?	what colour (3)		
milyen	what kind of (1)	**N**	
mindegy	all the same, doesn't matter (4)	**na**	well! (5)
		nád	reed(s) (11)

nadrág	pants (12)	**nyelv**	language (1);
nagy	big (3)		tongue (12)
nagymama	grandmother (2)	**nyelvérzék**	feeling/talent for
nagyon	very (1)		language (11)
nagypapa	grandfather (2)	**nyelviskola**	language school
nagyszerű	excellent (4)		(13)
nagyszülők	grandparents (6)	**nyelvtan**	grammar (6)
nap	day; sun (5)	**nyílik**	opens (15)
naponta	daily (12)	**nyitva**	(is) open (10)
narancs	orange (3)	**nyom**	presses (13)
narancssárga	orange (3)	**nyugat-afrikai**	West African (11)
narancsszínű	orange coloured (3)		
-né	Mrs (1)	**O, Ó**	
nedves	wet, damp (12)	**oda**	towards there (7)
néhány	several (4)	**odaad**	gives over (9)
nehéz (II)	difficult; heavy (3)	**odalép**	steps over (to) (11)
nélkül	without (13)	**odamegy**	goes towards (7)
nem	no, not (1)	**odavezet**	leads there (7)
nem is	not even (5)	**okos**	smart, intelligent
nem kizárt	not out of the		(3)
	question (11)	**olasz**	Italian (1)
nem tudom	I don't know (2)	**Olaszország**	Italy (10)
német	German (1)	**olcsó**	inexpensive (1)
nép	people; folk; nation	**olvas**	reads (3)
	(11)	**olyan**	such, that kind of
népzene	folk music (11)		(5)
netán	perhaps (13)	**onnan**	from there (7)
név (II)	name	**operációs**	operating system
névre	in the name of (x)	**rendszer**	(8)
	(5)	**óra**	hour, class, clock,
New-Yorki	New Yorker (1)		meter (5)
néz	looks at, watches	**orr**	nose (12)
	(5)	**ország**	country (7)
Nincs mit	no problem (2)	**orvos**	doctor (2)
nincs	there isn't (2)	**ott**	there (1)
nocsak	well, well (14)	**otthon**	(there) at home (2)
nos	well, . . . (5)		
nóta	song, tune (9)	**Ö, Ő**	
nő	woman (1)	**ő**	he/she (1)
		öltöző	dressing room (15)
NY		**ön**	you (formal) (2)
nyak (Iv)	neck (12)	**öreg**	old (2)
nyár (II)	summer (9)	**örök**	eternal (11)
nyaraló	summer house	**örül**	is glad, happy (6)
	(14)	**ősz**	fall (10)
nyárs (Iv)	skewer (14)	**őszibarack**	peach (4)

őszintén	honestly (12)
összebarátkozik	makes friends with (10)
összeesküvés	conspiracy (7)
összefut	runs into (13)
összesen	all together (4)
öv (lv)	belt (7)
övtáska	belt pouch, fanny pack (7)
P	
padló	floor (2)
palacsinta	thin pancake (9)
pályaudvar	railway station (7)
pályázat	application (11)
panasz	complaint (12)
papagáj	parrot (15)
papír	paper (1)
paprikás	having paprika (4)
pár	pair, couple (4)
paradicsom	tomato (4)
parancsol	orders, commands (4)
Pardon!	Pardon me! (2)
Párizs	Paris (8)
párizsi	bologna (4)
parkol	parks (13)
part	shore, embankment (14)
patyolat	dry cleaners (10)
pedig	but, though, and (1)
pékáru	baked goods (4)
pékség	bakery (4)
például	for example (12)
pendrive	pen/flash drive (8)
péntek	Friday (10)
pénz	money (6)
pénztár	cashier's (8)
perc múlva	in (x) minutes (7)
perc	minute (5)
persze	of course (1)
piac	market (5)
pihen	rests (7)
pillanat	moment (5)

pincér	waiter (7)
piros	red (3)
poggyász	bag, luggage (8)
pohár (ll)	glass (2)
polc	shelf (5)
pontos	punctual, exact (13)
poros	dusty (5)
porta	concierge's desk (9)
portás	concierge (8)
posta	post office (7)
postaláda	post box (13)
próbál	tries (12)
probléma	problem (12)
program	programme (11)
pult	counter (11)
pulyka(hús)	turkey (meat) (4)
pulzus	pulse (12)
R	
ráadásul	moreover (9)
rábeszél	persuades (12)
rádió	radio (9)
rágyújt	lights up (a cigarette) (7)
rájön	occurs to (11)
rajtakap	catches in the act (7)
rászáll	flies on to (11)
rátalál	comes/hits upon (14)
rávág	slams onto, gives quickly (13)
recept	recipe, prescription (12)
regény	novel (1)
reggel	(in the) morning (3)
reggeli	breakfast (9)
reggelizik	eats breakfast (3)
régi	old (2)
régóta	for (since) a long time (13)
remél	hopes (11)
remény	hope (10)
rend	order (4)

rendelés	order (*restaurant*) (7)
rendelő	doctor's office (12)
rendet csinál	tidies up (4)
rendkívül	extraordinary (10)
rendőr	police officer (5)
reptéri transzfer	airport transfer (5)
reszket	trembles (15)
részlet	details (13)
rétes	strudel (9)
rettenetesen	awfully (6)
ribizli	currant(s) (4)
rohan	rushes (5)
rom	ruin (7)
roma	person of Roma origin (11)
romkocsma	ruin pub (7)
rossz	bad (1)
rózsa	rose (3)
rózsaszínű	pink (3)
rögzítő	answering machine (13)
rövid	short (1)
ruha	clothes; dress; cloth (12)

S

saját	own (8)
sajnos	unfortunately (2)
sajt	cheese (4)
saláta	salad; lettuce (4)
sárga	yellow (2)
sárgabarack	apricot(s) (4)
sárgarépa	carrot(s) (4)
sarok (fv)	corner (7)
se(m)	(n)either (8)
segít	helps (6)
segítség	help (8)
sejt	senses, guesses (15)
selyem	silk (12)
sertéshús	pork (4)
sétál	walks, strolls (4)
siet	hurries (4)
sík	flat, plain (11)
siker	success (10)
sikerül	succeeds (11)

SMS	text message (6)
sofőr	driver, chauffeur (5)
sok	much, a lot (2)
sokáig	for a long time (10)
sokszor	often (5)
somolyog (fv)	smirks (13)
sor	queue, row (9)
sovány	skinny (1)
sör	beer (9)
sőt	moreover (10)
sötét	dark (3)
spanyol	Spanish (2)
spenót	spinach (4)
sport	sport(s) (3)
srác	guy (11)
súg	whispers (11)
sűrűn	densely; frequently (5)
sütemény	pastry (9)
svájci	Swiss (1)
svéd	Swedish (1)

SZ

szabadidő	free time (14)
szabadság	holiday, freedom (10)
szabó	tailor (1)
száj (lv)	mouth (12)
szak	period (10)
szál (lv)	link, length, strand (4)
szalad az idő	times flies (15)
szalagavató	formal dance in last year of secondary school (12)
szalámi	salami (4)
szalámis	having salami (4)
Szállj le rólam!	Get off my back! (13)
szálloda	hotel (8)
szállodaportás	hotel concierge (8)
szállodavendég	hotel guest (8)
szalonna	bacon (14)
szalonnasütés	barbecue (14)
szalvéta	napkin (2)

szám	number (7)
számítógép	computer (1)
számla	bill, receipt, account (5)
száraz	dry (15)
származású	of (a certain) heritage (10)
szárnya	wing(s) (11)
szédül	feels faint (12)
szék	chair (1)
szél (ll)	wind (15)
szellő	breeze (14)
szem	eye(s) (12)
személy	person (14)
személyesen	personally (13)
szemfedő	eyelid(s) (8)
szemöldök	eyebrow(s) (12)
szempilla	eyelash(es) (12)
szemüveg	eyeglasses (9)
szendvics	sandwich (4)
szenegáli	Senegalese (1)
szénsavas	carbonated (9)
szénsavmentes	non-carbonated (9)
szenved	suffers (11)
szép	beautiful, nice (1)
szépen	beautifully, nicely, kindly (4)
szerda	Wednesday (10)
szerelem	love (8)
szerencse	fortune (8)
szeret	loves (3)
szerető	lover (8)
szerintem	in my opinion (1)
szervusz	hi (informal) (2)
szerződés	contract (13)
szia	hi (informal) (2)
sziget	island (7)
szilva	plum (4)
szimpatikus	nice (15)
szín	colour (12)
színlel	pretends, acts (15)
színlelés	pretence (15)
színpad	stage (11)
színű	of a colour (3)
szív	heart (12)

szívesen	you're welcome (2); gladly (5)
szívesség	favour (15)
szoba	room (8)
szobafoglalás	room reservation (8)
szokásos	usual (9)
szoknya	skirt (12)
szól	says, utters (11)
szólít	addresses (12)
szombat	Saturday (10)
szomorú	sad (1)
szomszéd	neighbour (2)
szomszédban	next door (13)
szorít	squeezes, is tight (12)
szótár	dictionary (1)
szóval	so (14)
szög (lv)	nail (11)
szőlő	grape(s) (4)
szörnyű	awful (1)
szöveg	text (10)
szükség	need (12)
születésnap(i)	(of a) birthday (9)
születik	is born (10)
szülő	parent (2)
szürke	grey (3)

T

tábla	blackboard (1)
taktika	tactic (15)
talál	finds (13)
találkozás	meeting (9)
találkozik	meets (3)
talán	perhaps (8)
támogatás	support (8)
tanár	teacher (1)
táncol	dances (3)
tanfolyam	course (13)
tanít	teaches (8)
tanítás	teaching (13)
tankönyv (lv)	textbook (1)
tanterem (fv)	classroom (2)
tanul	studies (3)
tanulás	studying (11)
tányér	plate (2)

tarhonya	egg barley (9)	**terv**	plan (11)
tarka	multicoloured (3)	**tessék**	please; excuse
társaság	company (10)		me? (4)
tart	holds, keeps, lasts	**test**	body (12)
	(13)	**tesz**	puts; does (7)
tartalmaz	contains (8)	**tető**	roof; top (11)
tartózkodik	stays, sojourns (9)	**tetszik**	is pleasing (6)
táska	bag, purse (2)	**tipikus**	typical (1)
tatarozás	renovation (13)	**titkárnő**	secretary (15)
tavasz	spring (10)	**titkol**	keeps secret (14)
távol	distant (15)	**titok** (fv)	secret (6)
távozik	departs, leaves (9)	**tó**	lake (14)
taxi	taxi (2)	**tojás**	egg(s) (4)
taxiállomás	taxi stand (3)	**toll** (lv)	pen (1)
taxis	taxi driver (6)	**tolmácsol**	interprets (13)
te	you (informal) (2)	**tolvaj**	thief (11)
teázik	drinks tea (12)	**További jó utat!**	Have a good
téglaépület	brick building (9)		(continuation of
tegnap	yesterday (7)		your) trip! (3)
tegnapelőtt	day before	**több**	more; several (11)
	yesterday (15)	**többiek**	the rest, the others
tej (lv)	milk (4)		(7)
tejes káve	café latte (9)	**tölt**	fills; spends 10
tejföl	sour cream (4)	**történelem**	history (8)
tejszín	cream (4)	**történelmi**	historical (10)
tejtermék	dairy product (4)	**történik**	happens (15)
tél (ll)	winter (10)	**törülköző**	towel (15)
tele	full (12)	**tucat**	dozen (4)
telefon	telephone (13)	**tud**	knows (how), can,
telefonál	telephones, calls (6)		(3)
telefonkártya	telephone card (6)	**túl**	too (excessively)
telefonszám	telephone number		(12)
	(5)	**tulajdonképpen**	actually (14)
telik	is filled, passes (10)	**túlságosan**	exaggeratedly;
téliszalámi	winter salami (4)		overly (11)
teljes	full, complete (11)	**turista**	tourist (6)
teljesen	completely (9)	**turistacsoport**	tourist group (10)
téma	theme, topic (13)	**túró**	cottage cheese (4)
tenyér (ll)	palm (11)	**túrós táska**	cheese pastry (9)
tényleg	really (6)	**tükör** (fv)	mirror (11)
térd	knee (12)	**tűz** (ll)	fire (14)
teremtés	creature (15)		
térkép	map (7)	**U, Ú**	
termék	product (5)	**uborka**	cucumber (4)
természetes	natural (15)	**úgy néz ki,**	it looks as
természetesen	naturally (4)	**hogy ...**	though. . . . (13)

úgy tűnik, hogy...	it seems that ... (12)	
ugyanaz	same (14)	
ugyanis	for, because (10)	
ugye?	isn't that so? (5)	
új	new (1)	
ujj (lv)	finger(s) (12)	
újra	anew, again (8)	
újság	newspaper; novelty (1)	
unokatestvér	cousin (6)	
úr (ll)	Sir	
uram	Sir (5)	
USB csatlakozó	USB port (8)	
úszik	swims (7)	
uszoda	swimming pool (7)	
utál	hates (5)	
után	after (13)	
utána	afterward (4)	
utas	passenger (2)	
utazás	travelling (6)	
utazik	travels (7)	
utca	street (9)	
útikönyv (lv)	guide book (9)	
útközben	on the way (15)	
útlevél (ll)	passport (3)	
útlevélellenőr	passport officer (3)	
útlevélellenőrzés	passport control (3)	

Ü, Ű

üdvözlöm	Good day! Greetings! (8)
ügy	matter (15)
ügyes	clever, savvy (11)
ügyfélszolgálat	customer service (8)
ügynök	agent (13)
ül	sits (7)
ünnepi	festive; holiday (12)
üveg	bottle (9)
üzen	sends a message (14)
üzenet	message (6)
üzlet	business; store (5)
űzött	persecuted (11)

V

vacsora	dinner (13)
vacsorázik	has dinner (3)
vág	cuts (11)
vágány	train platform (7)
vagyis	or, in other words (12)
vaj (lv)	butter (4)
vajon	I wonder ... (2)
vakáció	holiday (12)
valaha is	(if) ever (15)
valahogy	somehow (15)
valahol	somewhere (4)
valaki	someone (14)
valami	something (4)
válasz	answer (11)
válaszol	answers (11)
választ	chooses (9)
váll (ll)	shoulder (12)
válogat	selects, chooses (12)
valójában	truly, really (11)
vám	customs (6)
vámhivatalnok	customs official (6)
van	is (2)
vár	waits (5)
várakozik	waits at length (12)
váratlan	unexpected (15)
város	city (7)
városnézés	sightseeing (11)
váróterem	waiting room (12)
Várszínház	Castle Theatre (10)
vas (ll)	iron (12)
vásárlás	shopping (5)
vasárnap	Sunday (10)
vásárol	shops (5)
váza	vase (9)
végigsétál	walks the length of (7)
végre	finally (13)
véletlenül	by accident (13)
vendég	guest (4)
vendégségbe megy	goes to visit as a guest (10)
vendégségben van	is invited as a guest (10)

veríték	sweat (15)	visszamegy	goes back (7)
vérnyomás	blood pressure (12)	visszanéz	looks back (8)
vers	poem (10)	visszatelefonál	calls back (12)
verseskötet	volume of poetry	víz (ll)	water (12)
	(10)	vizsgál	examines (12)
verző	bleeding (11)	vonat	train (7)
vesz	buys (4) takes	vörös	red (3)
vezetéknév (ll)	family name (6)	vörösáfonya	cranberry (4)
viccelődik	jokes (13)	vöröshagyma	(yellow) onion(s) (4)
vicces	funny (6)		
vidám	cheerful (1)	W	
videókamera	video camera (6)	winchester	hard drive (8)
videóklipp	video clip (5)		
világ	world (8)	Z	
világos	light (in colour) (3)	zakó	jacket (7)
világzene	world music (11)	zászló	flag (3)
villa	fork (2)	zavarba jön	gets embarrassed,
villamos	tram (2)		confused (13)
virág	flower(s) (4)	zeller	celery (4)
virsli	hot dog (4)	zene	music (11)
viselkedik	behaves (15)	zenekar	orchestra, band
visz	takes; carries (7)		(11)
viszont	on the other hand	zenész	musician (1)
	(12)	zeneszám	musical number (5)
viszonthallásra	goodbye (on the	zongorázik	plays piano (3)
	phone) (5)	zöld	green (3)
viszontlátásra	goodbye (2)	zöld paprika	green pepper (4)
visszaérkezik	arrives back (10)	zöldség	vegetable(s) (4)
visszafordul	turns back (11)		
visszahív	calls back (12)	ZS	
visszajáró	change (5)	zseb	pocket (7)
visszajön	comes back (7)	zsemle	roll (4)

English–Hungarian glossary

The abbreviations in the lists indicate the following: lv = low-vowel noun class; ll = low-vowel and loses length noun class; fv = fleeting vowel (noun or verb). Low vowel noun classes are discussed in Unit 8; fleeting vowel verbs are discussed in Unit 5. The numbers indicate the unit in which the vocabulary item is introduced.

A

abdomen, belly	**has** (12)
above	**fölött** (13)
above; upstairs	**fent** (2)
absolutely (not)	**abszolút (nem)** (6)
acquaintance	**ismerős** (1)
actually	**tulajdonképpen** (14)
address	**cím** (9)
addresses	**megszólít** (9) **szólít** (12)
adores	**imád** (5)
adult	**felnőtt** (2)
African	**afrikai** (1)
after	**után** (13)
after (*conj.*)	**miután** (9)
after that	**aztán** (9) **azután** (4)
afternoon	**délután** (7)
afterward	**utána** (4)
again	**ismét** (10) **megint** (12)
agent	**ügynök** (13)
agreed-upon	**megbeszélt** (15)
agreement	**megbeszélés** (13)
ah (dismissive)	**á** (5)
air	**levegő** (12)
airport transfer	**reptéri transzfer** (5)
album	**lemez** (11)
(all is) OK	**minden rendben** (3)
all the best	**minden jót** (12)
all the same, doesn't matter	**mindegy** (4)
all this	**mindez** (12)
all together	**összesen** (4)
alone	**egyedül** (13)
already	**máris** (9)
already, by now	**már** (1)
also	**is** (1)
always	**mindig** (5)
American	**amerikai** (1)
and	**és** (1) **meg** (14)
anew, again	**újra** (8)
ankle	**boka** (12)
another	**még egy** (6)
answer	**válasz** (11)
answering machine	**rögzítő** (13)
answers	**válaszol** (11)
anthropologist	**antropológus** (1)
any time	**bármikor** (13)

anyway, otherwise	**különben is** (14)	banana	**banán** (4)
apartment building	**bérház** (13)	band, orchestra	**együttes** (11)
apartment	**lakás** (13)	bank	**bank** (7)
appears; gets	**megjelenik** (10)	bar	**kocsma** (7)
published		barbecue	**szalonnasütés** (14)
appetiser	**előétel** (9)	bath	**fürdő** (14)
appetite	**étvágy** (12)	bathroom	**fürdőszoba** (8)
apple	**alma** (4)	beats	**megver** (11)
application	**pályázat** (11)	beautiful, nice	**szép** (1)
appointment book	**határidőnapló** (6)	beautifully, nicely,	**szépen** (4)
apricot(s)	**sárgabarack** (4)	kindly	
arm	**kar** (12)	because	**mert** (4)
arrival	**érkezés** (6)	because of	**miatt** (13)
arrives	**érkezik** (5)	becomes	**megismerkedik**
	megérkezik (9)	acquainted with	(10)
arrives back	**visszaérkezik** (10)	becomes cured	**meggyógyul** (12)
arrives home	**hazaér** (10)	bedroom	**hálószoba** (12)
artist	**művész** (11)	beef	**marhahús** (4)
as	**amint** (9)	beef stew	**marhapörkölt** (9)
as if	**mintha** (15)	beer	**sör** (9)
asks a question	**kérd** (12) **kérdez**	before (conj.)	**mielőtt** (15)
	(9)	before long, soon	**hamarosan** (7)
asks, requests	**kér** (4) **megkér** (15)	before this, ago	**ezelőtt** (13)
assistant	**asszisztens** (12)	begins	**elkezd** (10) **kezd**
associates with	**köt** (12)		(13) **kezdődik**
at the back	**hátul** (2)		(10)
at the front	**elöl** (2)	begs	**könyörög** (13)
at such time(s)	**ilyenkor** (15)	behaves	**viselkedik** (15)
ATM machine	**bankautomata/**	behind	**mögött** (13)
	bankomat (7)	believes	**elhisz** (15) **hisz** (6)
average	**átlagos** (5)	bell pepper	**kaliforniai**
awake	**ébren** (15)		**paprika** (4)
awful	**szörnyű** (1)	belt	**öv** (7)
awfully	**rettenetesen** (6)	belt pouch, fanny	**övtáska** (7)
axe	**fejsze** (11)	pack	
		bend	**hajol** (13)
B		besides/in addition	**ezenkivűl** (11)
back	**hát** (7)	to this	
backpack	**hátizsák** (7)	better	**jobban** (12)
bacon	**szalonna** (14)	Better late than	**Jobb később, mint**
bad	**rossz** (1)	never.	**soha.** (14)
bag	**csomag** (6)	between, among	**között** (13)
bag, luggage	**poggyász** (8)	beverage	**ital** (7)
bag, purse	**táska** (2)	big	**nagy** (3)
baked goods	**pékáru** (4)	bill, receipt,	**számla** (5)
bakery	**pékség** (4)	account	

bird	madár (11)	buys	megvesz (9)
birthday	születésnap (9)	buys, takes	vesz (4)
black	fekete (1)	by accident	véletlenül (13)
blackboard	tábla (1)	by all means	mindenképp(en)
bleeding	verző (11)		(5)
blood pressure	vérnyomás (12)	by the way	apropó (5)
blue	kék (3)		
blueberry	áfonya (4)	C	
body	test (12)	cabbage	káposzta (4)
bologna	párizsi (4)	café latte	tejes káve (9)
book	könyv (1)	cake	torta (9)
book store	könyvesbolt (5)	calls	hív (5)
bookworm	könyvmoly (5)	calls back	visszahív (12)
boss	főnök (15)		visszatelefonál
both	mindkettő (8)		(12)
	mindketten (15)	calls up	felhív (7)
bottle	üveg (9)	camera	fényképezőgép (5)
boulevard; ring road	körút (5)	Canadian	kanadai (1)
bouquet	csokor (4)	car	autó (5) kocsi (4)
box	doboz (13)	carbonated	szénsavas (9)
boy	fiú (1)	card	kártya (8)
brand	márka (5)	carrot(s)	sárgarépa (4)
Brazilian	braziliai (1)	cashier's	pénztár (8)
bread	kenyér (4)	Castle Theatre	Várszínház (10)
breakfast	reggeli (9)	catches in the act	rajtakap (7)
breast, chest	mell (12)	cauliflower	karfiol (4)
breath	lélegzet (12)	celery	zeller (4)
breeze	szellő (14)	cell phone	mobil(telefon) (1)
brick building	téglaépület (9)	cell phone number	mobilszám (15)
bridge abutment	hídfő (15)	certain, sure	biztos (6)
brings	hoz (5)	certainly	biztosan (6)
broccoli	brokkoli (4)	chair	szék (1)
brown	barna (3)	change	visszajáró (5)
browse	böngészik (5)	changes one's	meggondolja
budges	megmozdul (12)	mind	magát (11)
building	épület (9)	chats	beszélget (7)
built-in	beépített (8)	chats at length	elbeszélget (15)
bus	busz (2)	checks in, registers	bejelentkezik (8)
business; store	üzlet (5)	cheerful	vidám (1)
but	de (1)	cheese	sajt (4)
but of course	dehogynem (6)	cheese pastry	túrós táska (9)
but, rather	hanem (1)	cherry	cseresznye (4)
but, though, and	pedig (1)	chicken (meat)	csirke(hús) (4)
butter	vaj (4)	child	gyerek (2)
button	gomb (13)	Chinese	kínai (1)
buttons up	begombol (7)	chocolate	csokoládé (4)

chocolate swirl pastry	kakaóscsiga (9)	corresponds	megfelel (13)
		corridor	folyosó (13)
chooses	választ (9)	corridor in interior	függőfolyosó (13)
Christmas	karácsony (6)	courtyard	
cigarette	cigaretta (7)	cottage cheese	túró (4)
cinema	mozi (10)	cottage cheese	körözött (4)
citizen	állampolgár (3)	with spices	
citizenship	állampolgárság (6)	counter	pult (11)
city	város (7)	country	ország (7)
class	óra (11)	courage	bátorság (9)
classified ad	apróhirdetés (13)	course	tanfolyam (13)
classroom	tanterem (2)	course, dish	fogás (9)
clever, savvy	ügyes (11)	cousin	unokatestvér
clinks glasses	koccint (9)	cradle	bölcső (8)
clock	óra (5)	cranberry	vörösáfonya (4)
close, near	közeli (6)	cream	tejszín (4)
clothes; dress; cloth	ruha (12)	creature	teremtés (15)
coffee	kávé (4)	crescent roll	kifli (4)
coffee house	kávéház (7)	Croatian	horvát (1)
cold	hideg (15)	cucumber	uborka (4)
colleague	kolléga(nő) (8)	cup	csésze (1)
college student	egyetemista (1)	currant(s)	ribizli (4)
colour	szín (12)	curses, damns	megátkozik (11)
comes	jön (6)	customer service	ügyfélszolgálat (8)
comes along	eljön (12)	customs	vám (6)
comes and goes	jön-megy (15)	customs official	vámhivatalnok (6)
comes back	visszajön (7)	cute	aranyos (3)
comes here	idejön (13)	cuts	vág (11)
comes out	kijön (7)	Czech	cseh (1)
comes/hits upon	rátalál (14)		
company	társaság (10)	**D**	
complaint	panasz (12)	daily	naponta (12)
completely	teljesen (9)	dairy product	tejtermék (4)
computer	kompjuter (5)	dances	táncol (3)
	számítógép (1)	dark	sötét (3)
concierge	portás (8)	dawns, day breaks	megvirrad (11)
concierge's desk	porta (9)	day after tomorrow	holnapután (7)
confesses	bevall (13)	day before	tegnapelőtt (15)
conspiracy	összeesküvés (7)	yesterday	
contains	tartalmaz (8)	day; sun	nap (5)
contract	szerződés (13)	dear, expensive	drága (1)
controls, checks	ellenőriz (12)	decagram	deka (4)
convinces	meggyőz (13)	decides	dönt (11) elhatároz
cooks	főz (4)		(9)
cork	dugó (14)	deep	mély (12)
corner	sarok (7)	delicious	finom (9) jóízű (9)

densely; frequently	sűrűn (5)	earlier	előbb (14)
departs	indul (10)	earlobe(s)	fülcimpa (12)
departs, leaves	távozik (9)	early	korán (10)
departure	indulás (15)	eastern	keleti (7)
deserves	megérdemel (14)	easy	könnyű (15)
dessert	desszert (9)	eats	eszik (4)
details	részlet (13)	eats breakfast	reggelizik (3)
dictionary	szótár (1)	egg(s)	tojás (4)
different	különböző (5)	egg barley	tarhonya (9)
difficult; heavy	nehéz (3)	elbow	könyök (12)
digital	digitális (6)	elephant	elefánt (15)
dinner	vacsora (13)	emails	email-ezik (5)
director	filmrendező (1)	emancipation	emancipáció (12)
	igazgató (15)	endures,	bír (15)
discusses and	megbeszél (13)	withstands	
agrees to		enemy	ellenség (11)
display window	kirakat (5)	English	angol (1)
distant	távol (15)	enjoyable	élvezetes (14)
district	kerület (9)	enough	elég (6)
doctor	orvos (2)	entrance bell	kapucsengő (13)
doctor's office	rendelő (12)	envelope	borító (10)
does, makes	csinál (4)	epic trilogy	eposz-trilógia (10)
does one good	jót tesz (11)	especially	különösen (11)
dog	kutya (2)	estate agent	lakásközvetítő (13)
down, below;	lent (2)		ingatlanközvetíte
downstairs			(13)
downtown	belvárosi (7)	eternal	örök (11)
dozen	tucat (4)	even . . .	akár . . . is (15)
dream	álom (8)	evening	este (9)
dressing room	öltöző (15)	event	esemény (14)
drinking coffee	kávézás (12)	every, all	minden (2)
drinks	iszik (9)	everyone	mindenki (2)
drinks (up)	megiszik (9)	(to) everywhere	mindenhova (7)
drinks coffee	kávézik (12)	exaggeratedly;	túlságosan (11)
drinks menu	itallap (9)	overly	
drinks tea	teázik (12)	examines	megvizsgál (12)
driver, chauffeur	sofőr (5)		vizsgál (12)
dry	száraz (15)	excellent	nagyszerű (4)
drycleaners	patyolat (10)	exceptional	kivételes (14)
drycleans	kitisztít (15)	excitedly	izgatottan (15)
duck	kacsa (4)	exclusively	kizárólag (5)
dusty	poros (5)	Excuse me	Bocsánat (2)
			Elnézést (2)
E		Excuse me	Bocs (2)
each other	egymás (14)	(colloquial)	
ear(s)	fül (12)	exhausted	kimerült (12)

exit	**kijárat** (6)	first(ly)	**először** (9)
explains	**elmagyaráz** (14)	fish	**hal** (4)
	magyaráz (6)	flag	**zászló** (3)
extraordinary	**rendkívül** (10)	flat, plain	**sík** (11)
eye(s)	**szem** (12)	flavour, taste	**íz** (14)
eyebrow(s)	**szemöldök** (12)	flies on to	**rászáll** (11)
eyeglasses	**szemüveg** (9)	flight attendant	**légiutaskísérő** (2)
eyelash(es)	**szempilla** (12)	floor	**padló** (2)
eyelid(s)	**szemfedő** (8)	flower(s)	**virág** (4)
		folk music	**népzene** (11)
F		following, next	**következő** (10)
face	**arc** (7)	foot, leg	**láb** (11)
faints	**elájul** (12)	for, because	**ugyanis** (10)
fall	**ősz** (10)	for (since) a long	**régóta** (13)
falls in love (with)	**beleszeret** (11)	time	
family	**család** (1)	for a long time	**hosszú ideig** (13)
family name	**vezetéknév** (6)		**sokáig** (10)
famous	**híres** (7)	for example	**például** (12)
fantastic	**fantasztikus** (11)	for how long/how	**meddig?** (10)
far away	**messze** (7)	far?	
fat	**kövér** (1)	for rent	**kiadó** (13)
father	**apa father** (1)	for the time being	**egyelőre** (12)
favourite	**kedvenc** (9)	forehead	**homlok** (12)
favour	**szívesség** (15)	foreign(er)	**külföldi**
feeds	**megetet** (15)	forest	**erdő** (11)
Feel better!	**Jobbulást!** (12)	fork	**villa** (2)
feeling/talent for	**nyelvérzék** (11)	formal dance in	**szalagavató** (12)
language		last year of	
feels	**érez** (11)	secondary	
feels faint	**szédül** (12)	school	
feels well	**jól érzi magát**	former, old	**egykori** (8)
	(11)	fortune	**szerencse** (8)
festival	**fesztivál** (11)	fragrance	**illat** (14)
festive; holiday	**ünnepi** (12)	free time	**szabadidő** (14)
fever	**láz** (12)	French	**francia** (1)
field	**mező** (11)	fresh	**friss** (4)
fills; spends	**tölt** (10)	Friday	**péntek** (10)
film	**film** (10)	friend	**barát** (1)
finally	**végre** (13)	from above	**felől** (13)
finds	**megtalál** (8) **talál**	from among	**közül** (13)
	(13)	from there	**onnan** (7)
finger(s)	**ujj** (12)	fruit	**gyümölcs** (4)
finishes	**befejez** (10)	full	**tele** (12)
Finnish	**finn** (1)	full, complete	**teljes** (11)
fire	**tűz** (14)	funny	**vicces** (6)
first	**első** (10)	future; coming	**jövő** (11)

G

garlic	**fokhagyma** (4)
German	**német** (1)
gets embarrassed, confused	**zavarba jön** (13)
gets married (*of women only*)	**férjhez megy** (12)
gets on, boards	**felszáll** (7)
gets out of easily	**megúszik** (14)
gets ready	**for készül** (7) **elkészül** (9)
gets up	**felkel** (9)
gift	**ajándék** (4)
girl	**lány** (1)
girlfriend	**barátnő** (6)
gives	**ad** (6) **megad** (15)
gives as a gift	**ajándékozik** (6)
gives here	**idead** (12)
gives/hands in	**lead** (7)
gives over	**odaad** (9)
gladly	**szívesen** (5)
glass	**pohár** (2)
god	**isten** (8)
goes	**megy** (5)
goes back	**visszamegy** (7)
goes down	**lemegy** (7)
goes home	**hazamegy** (10)
goes into	**belemegy** (12)
goes on a regular basis	**jár** (10)
goes out	**kimegy** (7)
goes over/across	**átmegy** (10)
goes towards	**odamegy** (7)
goes to visit as a guest	**vendégségbe megy** (10)
goes well with something	**jól megy valamihez** (12)
good	**jó** (1)
Good day! Greetings!	**üdvözlöm** (8)
Good evening	**Jó estét** (2)
Good morning	**Jó reggelt** (2)
Good night	**Jó éjszakát** (2)
goodbye	**Viszontlátásra!** (2)
goodbye! (*on the phone*)	**viszonthallásra** (5)

graduates (from secondary school)	**érettségizik** (10)
graduation ceremony	**ballagás** (12)
grammar	**nyelvtan** (6)
grandfather	**nagypapa** (2)
grandmother	**nagymama** (2)
grandparents	**nagyszülők** (6)
grape(s)	**szőlő** (4)
Great!	**De jó!** (1)
green	**zöld** (3)
green pepper	**zöld paprika** (4)
grey	**szürke** (3)
ground floor	**földszint** (13)
guest	**vendég** (4)
guide book	**útikönyv** (9)
guitar	**gitár** (11)
guitarist	**gitáros** (11)
guy	**srác** (11)
gym	**kondicionálóterem** (8)

H

hair	**haj** (12)
hairdresser	**fodrász** (7)
hall, arena, marketplace	**csarnok** (14)
hand	**kéz** (12)
hand luggage	**kézipoggyász** (3)
handwriting	**kézírás** (14)
hands over	**átad** (7)
happens	**történik** (15)
happy	**boldog** (6)
Happy Holidays!	**Kellemes ünnepeket!** (6)
hard disk	**merev lemez** (8)
hard drive	**winchester** (8)
harms	**megárt** (15)
has	**megvan** (11)
has breakfast	**megreggelizik** (9)
has a craving for	**megkíván** (9)
has dinner	**vacsorázik** (3)
has an effect on	**hatással van** (11)
has a look at; watches	**megnéz** (9)

has lunch	megebédel (9)	hour	óra (5)
hates	utál (5)	house; building	ház (7)
Have a good	Jó pihenést! (3)	how?	hogy (2)
holiday		how big?	mekkora? (8)
Have a good trip	Jó utat! (5)	how do you	hogy tetszik ...?
Have a good	További jó utat! (3)	like ...?	(15)
(continuation of		How do you say in	Hogy mondják
your) trip!		Hungarian?	magyarul? (1)
having gigbytes	gigabájtos (8)	how many?	hány? (4)
having one bed	egyágyas (8)	how much?	mennyi? (4)
having paprika	paprikás (4)	How much do I	Mennyivel
having salami	szalámis (4)	owe you?	tartozom? (4)
he/she	ő (1)	How much does	Mennyibe kerül?
head	fej (4)	(x) cost?	(4)
hears	hall (11)	however	azonban (8)
heart	szív (12)	huge; powerful	hatalmas (3)
hello	haló (5)	Hungarian	magyar (1)
Hello!	csókolom! (2)	Hungary	Magyarország
Hello; Good day	Jó napot (2)		(6)
help	segítség (8)	hungry	éhes (4)
helps	segít (6)	hurries	siet (4)
here	itt (1)	hurts	fáj (12)
(here in the)	jelen (2)	hypocrite	képmutató (11)
present			
(here) at home	itthon (4)	I	
here you are	íme (5)	I	én (2)
Hi (informal)	szervusz (2)	I don't know	nem tudom (2)
hi (informal)	szia (2)	I wonder ...	vajon (2)
high, tall	magas (1)	ice cold	jéghideg (12)
high-heeled	magassarkú (12)	(if) ever	valaha is (15)
hip(s)	csípő(csont) (12)	if only	bárcsak (14)
historical	történelmi (10)	imagination	képzelet (7)
history	történelem (8)	Imagine!	képzeld! (7)
holds, keeps, lasts	tart (13)	imagines	képzel (13)
holiday	vakáció (12)	immediately	azonnal (5)
holiday, freedom	szabadság (10)		mindjárt (14)
homeland	haza (7)	important	fontos (8)
homework	házi feladat (6)	impossible	lehetetlen (13)
honestly	őszintén (12)	improves	javul (12)
hope	remény (10)	in front of	előtt (13)
hopes	remél (11)	in the meantime	közben (4)
hot, boiling	forró (15)	in the middle	középen (2)
hot dog	virsli (4)	in (x) minutes	(x) perc múlva (7)
hotel	szálloda (8)	in the name of (x)	(x) névre (5)
hotel concierge	szállodaportás (8)	in the	a közelben (8)
hotel guest	szállodavendég (8)	neighbourhood	

in an official capacity	**hivatalos keretek között** (15)	it seems that . . .	**úgy tűnik, hogy . . .** (12)
in my opinion	**szerintem** (1)	Italian	**olasz** (1)
in other words	**azaz** (8)	Italy	**Olaszország** (10)
individual	**egyéniség** (10)		
inexpensive	**olcsó** (1)	**J**	
information	**információ** (7)	jacket	**zakó** (7)
inner	**belső** (10)	Japanese	**japán** (1)
inside	**bent** (2)	jealous	**féltékeny** (14)
instead of	**helyett** (15)	join up with	**csatlakozik** (12)
interesting	**érdekes** (1)	jokes	**viccelődik** (13)
interests	**érdekel** (5)	jumps down	**leugrik** (15)
interprets	**tolmácsol** (13)	jumps in	**beugrik** (7)
introduces	**bemutat** (10)	just	**épp(en)** (5)
invitation	**meghívás** (14)	just like that!	**csak úgy** (13)
invites	**elhív** (12) **meghív** (14)		
		K	
iron	**vas** (12)	keeps secret	**titkol** (14)
is	**van** (2)	kefir yogurt	**kefir** (4)
is acquainted with	**ismer** (5)	key	**kulcs** (8)
is afraid	**fél** (14)	kiss	**csók** (8)
is amazed	**csodálkozik** (14)	kitchen	**konyha** (7)
is born	**születik** (10)	knee	**térd** (12)
is cold	**fázik** (15)	knife	**kés** (2)
is filled, passes	**telik** (10)	knows (how), can	**tud** (3)
is glad, happy	**örül** (6)		
is invited as a guest	**vendégségben van** (10)	**L**	
		lake	**tó** (14)
is late	**késésben van** (15) **késik** (5)	lamb (meat)	**bárány(hús)** (4)
		lamp (2) traffic light	**lámpa** (9)
is late for, misses	**lekésik** (15)	language	**nyelv** (1)
is missing	**hiányzik** (3)	language school	**nyelviskola** (13)
is necessary	**kell** (9)	late	**késő** (6)
(is) open	**nyitva** (10)	later	**később** (13)
is pleasing	**tetszik** (6)	laughs loudly	**kacag** (15)
is possible	**lehet** (9)	lawyer	**jogász** (1)
is at risk	**kockán forog** (14)	leads towards	**odavezet** (7)
is surprised	**meglepődik** (13)	leaves, goes off	**elmegy** (9)
is touched by	**meghatódik** (9)	leaves, lets	**hagy** (13)
island	**sziget** (7)	lemon	**citrom** (4)
isn't that so?	**ugye?** (5)	lemonade	**limonádé** (4)
(it) depends	**attól függ, hogy** (13)	let . . . !	**hadd** (14)
		lets go	**elenged** (13)
it looks as though	**úgy néz ki, hogy . . .** (13)	lets oneself go	**elengedi magát** (15)
(it) occurs to me	**eszembe jut** (10)	letter	**levél** (8)

letter writing	levélírás (10)	mark-down	árleszállítás (5)
light (in colour)	világos (3)	market	piac (5)
lights up (a	rágyújt (7)	marmot	mormota (15)
cigarette)		matching skirt and	kosztüm (12)
likes	kedvel (8)	jacket	
lilac	lila (3)	matter	ügy (15)
link, length, strand	szál (4)	May I please	Kérek
listens to	hallgat (5)	have . . .	szépen . . . (4)
listens to	meghallgat (12)	measures	mer (12)
(completely)		meat; flesh	hús (11)
literature	irodalom (8)	meat products	hentesáru (4)
a little	egy kicsit (6)	medicinal baths	gyógyfürdő (12)
live, in person	élőben (15)	medicine	gyógyszer (12)
lives	él (7)	meeting	találkozás (9)
lives/gets by on	megél (13)	meets	találkozik (3)
local	helyi (9)	memory	emlék (10)
long	hosszú (1)	menu	étlap (7)
looks around	körülnéz (7)	message	üzenet (6)
looks at, watches	néz (5)	meter	óra (5)
looks back	visszanéz (8)	metro	metró (7)
looks for	keres (4)	Mexican	mexikói (1)
looks for (and	megkeres (9)	midnight	éjfél (10)
finds)		milk	tej (4)
looks good	jól néz ki (12)	minds	bánik (11)
looks good on	jól áll valakinek	mineral water	ásványvíz (9)
someone	(12)	minute	perc (5)
looks here	idenéz (12)	mirror	tükör (11)
looks in	benéz (10)	misses (the mark)	eltéveszt (9)
looks into	belenéz (12)	model	modell (5)
loud	hangos (9)	moment	pillanat (5)
love	szerelem (8)	Monday	hétfő (10)
lover	szerető (8)	money	pénz (6)
loves	szeret (3)	month	hónap (14)
low	alacsony (1)	more; several	több (11)
luggage	csomag (6)	moreover	ráadásul (9) sőt
			(10)
M		morning	reggel (3)
machine; plane	gép (5)	mosaic	mozaik (15)
Madame	asszonyom (5)	mother	édesanya (6) anya
maiden name	leánykori név (12)		(1)
main course	főétel (9)	mountain	hegy (11)
main post office	főposta (9)	moustache	bajusz (13)
makes friends with	összebarátkozik	mouth	száj (12)
	(10)	moves	mozdul (12)
man	férfi (1)	moves in	beköltözik (13)
map	térkép (7)	Mrs	né (1)

much, a lot	**sok** (2)	notebook	**füzet** (1)
mug	**korsó** (9)	now	**most** (1)
multicoloured	**tarka** (3)	nowadays	**mostanában** (12)
mumbles	**mormog** (11)	number	**szám** (7)
museum	**múzeum** (7)		
music	**zene** (11)	**O**	
musical number	**zeneszám** (5)	occasion	**alkalom** (14)
musician	**zenész** (1)	occurs to	**rájön** (11)
		of (a certain)	**származású** (10)
N		heritage	
nail	**szög** (11)	of childhood	**gyermekkori** (10)
name	**név** (5)	of a colour	**színf** (3)
napkin	**szalvéta** (2)	of course	**persze** (1)
natural	**természetes** (15)	of course not	**dehogy** (5)
naturally	**természetesen** (8)	of/from youth	**fiatalkori** (10)
navel	**köldök** (12)	offers	**ajánl** (9)
nearby	**közeli** (6)	office	**iroda** (13)
neck	**nyak** (12)	official	**hivatalos** (8)
need	**szükség** (12)	often	**gyakran** (5)
neighbour	**szomszéd** (2)		**sokszor** (5)
neighbourhood	**környék** (9)	oh, dear	**jajj** (5)
(n)either	**se(m)** (8)	old	**öreg** (2) **régi** (2)
new	**új** (1)	older brother	**bátya** (6)
New Yorker	**New-Yorki** (1)	on/to the left	**balra** (2)
news	**hír** (9)	on the other hand	**viszont** (12)
newspaper; novelty	**újság** (1)	on the way	**útközben** (15)
next door	**szomszédban** (13)	on the way out	**kifelé menet** (11)
next to	**mellett** (13)	on time	**időben** (15)
next to (towards)	**mellé** (13)	once	**egyszer** (11)
nice	**szimpatikus** (15)	one	**egy** (1)
nice, kind	**kedves** (3)	one-bedroom	**kétszobás** (13)
night	**éjszaka** (8)	apartment	
no, not	**nem** (1)	one or two	**egy-két** (10)
no longer	**már nincs/már**	onion	**hagyma** (14)
	nem (5)	only	**csak** (3)
no problem	**Nincs mit** (2)	opens	**kinyit** (9) **nyílik** (15)
non-carbonated	**szénsavmentes** (9)	operating system	**operációs**
nose	**orr** (12)		**rendszer** (8)
not at all	**egyáltalán nem**	or, in other words	**vagyis** (12)
	(3)	orange	**narancs** (3)
not even	**meg . . . sem** (13)		**narancssárga**
	nem is (5)		(3)
not even I	**magam sem** (14)	orange-coloured	**narancsszínű** (3)
not out of the	**nem kizárt** (11)	orchestra, band	**zenekar** (11)
question		order	**rend** (4) **rendelés**
not yet	**még nem** (5)		(7)

orders	**megrendel** (9)	period	**szak** (10)
orders, commands	**parancsol** (4)	persecuted	**űzött** (11)
originally	**eredetileg** (10)	person	**személy** (14)
(the) other	**másik** (3)	person, human,	**ember** (6)
other, else	**más** (4)	man	
out of fashion	**divatjamúlt** (12)	person of Roma	**roma** (11)
outgrows	**kinő** (12)	origin	
outside	**kint** (2)	personally	**személyesen** (13)
outstanding	**kiváló** (8)	persuades	**rábeszél** (12)
own	**saját** (8)	photo	**fotó** (10)
		photograph	**fénykép** (2)
P		photographer	**fotóművész** (1)
package	**csomag** (6)	picks/takes up	**felvesz** (7)
pair, couple	**pár** (4)	picture	**kép** (15)
palm	**tenyér** (11)	piece	**darab** (12)
pancake (thin)	**palacsinta** (9)	pink	**rózsaszínű** (3)
pants	**nadrág** (12)	pitcher	**kancsó** (12)
paper	**papír** (1)	place	**hely** (9)
Pardon me!	**Pardon!** (2)	plan	**terv** (11)
parent	**szülő** (2)	plans	**eltervez** (9)
Paris	**Párizs** (8)	plate	**tányér** (2)
parks	**parkol** (13)	play	**darab** (15)
parrot	**papagáj** (15)	plays	**játszik** (11)
party	**buli** (7)	plays piano	**zongorázik** (3)
passenger	**utas** (2)	pleads	**könyörül** (11)
passing	**múló** (12)	pleasant	**kellemes** (10)
passport	**útlevél** (3)	pleasantly, in	**jókedvűen** (12)
passport control	**útlevélellenőrzés**	a good mood	
	(3)	please	**legyen szíves** (2)
passport officer	**útlevélellenőr** (3)	please; excuse	**tessék** (4)
past	**elmúlt** (13)	me?	
pastry	**sütemény** (9)	please; you're	**kérem** (2)
patient	**beteg** (12)	welcome	
pays	**fizet** (5)	plum	**szilva** (4)
pays for	**kifizet** (9)	pocket	**zseb** (7)
peach	**őszibarack** (4)	poem	**vers** (10)
pear	**körte** (4)	poet	**költe** (10)
pedestrian	**járókelő** (9)	point, essence	**lényeg** (14)
pen	**toll** (1)	point in time	**időpont** (13)
pencil	**ceruza** (1)	police officer	**rendőr** (5)
pen/flash drive	**pendrive** (8)	Polish	**lengyel** (1)
people; folk; nation	**nép** (11)	pool	**medence** (15)
performer, lecturer	**előadó** (11)	poorly, weakly	**gyengén** (3)
performs	**fellép** (11)	poppy seed roll	**mákos kifli** (4)
perhaps	**esetleg** (5) **netán**	pork	**sertéshús** (4)
	(13) **talán** (8)	portable	**hordozható** (5)

porter	**hordár** (8)	reaches	**elér** (10)
postbox	**postaláda** (13)	reads	**olvas** (3)
posts	**felad** (9)	reads (to the end)	**elolvas** (9)
(post)card	**lap** (9)	really	**tényleg** (6)
postcard	**képeslap** (9)	receives	**kap** (6)
post office	**posta** (7)	recognise	**felismer** (14)
potato	**burgonya** (4)	recognises	**megismer** (10)
	krumpli (4)	recommends	**ajánl** (9) **javasol** (5)
prepares	**elkészít** (9) **készít**	red	**piros** (3) **vörös** (3)
	(4)	reed(s)	**nád** (11)
presses	**nyom** (13)	relaxation	**kikapcsolódás** (12)
pretence	**színlelés** (15)	relaxes	**kikapcsolódik** (12)
pretends, acts	**színlel** (15)	reliable	**megbízható** (13)
price	**ár** (9)	remembers	**emlékszik** (13)
Prime minister	**miniszterelnök** (6)	renovation	**tatarozás** (13)
private	**magánügyi** (12)	reserves	**lefoglal** (7)
problem	**baj** (3); **probléma**	resides, lives	**lakik** (3)
	(12)	the rest, the others	**többiek** (7)
the problem is that	**az a baj, hogy** (15)	restaurant	**étterem** (7)
product	**termék** (5)	rests	**pihen** (7)
profession	**foglalkozás** (1)	revives	**magához tér** (12)
programme	**program** (11)	revolution	**forradalom** (8)
programme,	**műsorfüzet** (11)	ride	**fuvar** (5)
playbill		rises	**kel** (10)
proximity	**közelség** (14)	roll	**zsemle** (4)
pulse	**pulzus** (12)	roof; top	**tető** (11)
punctual	**pontos** (13)	room	**szoba** (8)
puts; does	**tesz** (7)	room reservation	**szobafoglalás** (8)
puts down	**letesz** (7)	rooster	**kakas** (11)
puts in	**betesz** (9)	rose	**rózsa** (3)
puts on	**felvesz** (12)	ruin	**rom** (7)
		'ruined' pub	**romkocsma** (7)
Q		ruins	**elront** (15)
question	**kérdés** (8)	runs down	**lemerül** (15)
queue, row	**sor** (9)	runs into	**összefut** (13)
quick	**gyors** (1)	rushes	**rohan** (5)
quits	**abbahagy** (12)		
		S	
R		sad	**szomorú** (1)
radio	**rádió** (9)	salad; lettuce	**saláta** (4)
railway station	**pályaudvar** (7)	salami	**szalámi** (4)
raised temperature	**hőemelkedés** (12)	sales clerk	**eladó** (4)
raspberry	**málna** (4)	same	**ugyanaz** (14)
rather, fairly	**elég** (1)	sandwich	**szendvics** (4)
rather, preferably,	**inkább** (3)	Saturday	**szombat** (10)
instead		sausage	**kolbász** (4)

says	elmond (14) mond (6)	silver	ezüst (6)
		similar	hasonló (5)
says, utters	szól (11)	simply	egyszerűen (6)
scares	megijeszt (12)	since then	azóta (12)
screen size	kijelzőméret (8)	singer	énekes (11)
searches,	kutat (13)	sings	énekel (3)
researches		sings to the end	elénekel (9)
secondary school	gimnázium (11)	sip	korty (12)
secret	titok (6)	Sir	uram (5)
secretary	titkárnő (15)	sits	ül (7)
see you tomorrow	holnap találkozunk (5)	sits down	leül (7)
		sits into	beül (13)
seems	látszik (11)	situation	helyzet (12)
sees	lát (5)	skewer	nyárs (14)
selects	kiválaszt (9)	skinny	sovány (1)
selects, chooses	válogat (12)	skirt	szoknya (12)
sends	küld (5)	skyscraper	felhőkarcoló (7)
sends (off)	elküld (9)	slams onto, gives quickly	rávág (13)
sends a message	üzen (14)		
Senegalese	szenegáli (1)	sleeps	alszik (6)
senses, guesses	sejt (15)	slip of paper	cetli (14)
serious	komoly (12)	slow	lassú (1)
sets out, starts off	elindul (10)	small	kicsi (2)
settles on, agrees to	megállapodik (15)	smart, intelligent	okos (3)
		smiles	mosolyog (7)
several	néhány (4)	smirks	somolyog (13)
shame	kár (7)	snack bar	büfé
shelf	polc (5)	snail	csiga (7)
shirt	ing (12)	so much	annyi (14)
shoes	cipő (12)	so much so	annyira (14) ennyire (15)
shoo!	hess (11)		
shopping	bevásárlás (4) vásárlás (5)	so	szóval (14)
		so, thus	így is (13)
shops	vásárol (5)	somehow	valahogy (15)
shore, embankment	part (14)	someone	valaki (14)
		something	valami (4)
short	rövid (1)	somewhere	valahol (4)
shoulder	váll (12)	song	dal (9)
shows	megmutat (10) mutat (5)	song, tune	nóta (9)
		soon	hamar (10)
sick	beteg (12)	soon, then	majd (8)
side dish	köret (9)	Sounds good!	Jól hangzik! (11)
sightseeing	városnézés (11)	sour cream	tejföl (4)
sign	felirat (13)	Spanish	spanyol (2)
signs	aláír (15)	speaking seriously	komolyra fordítva a szót (13)
silk	selyem (12)		

speaks	**beszél** (3)	suitcase	**bőrönd** (3)
speaks up	**megszólal** (9)	summer	**nyár** (9)
special	**különleges** (9)	summer house	**nyaraló** (14)
spinach	**spenót** (4)	Sunday	**vasárnap** (10)
spoon	**kanál** (2)	superintendent	**házmester** (13)
sport(s)	**sport** (3)	support	**támogatás** (8)
spring	**tavasz** (10)	sure(ly)	**bizony** (11)
squeezes, is tight	**szorít** (12)	surfs the web	**internetezik** (5)
stage	**színpad** (11)	surprise	**meglepetés** (7)
stairs	**lépcső** (7)	suspicious	**gyanús** (13)
stamp	**bélyeg** (9)	sweat	**veríték** (15)
stands/is near	**közel áll** (11)	all covered in	**csupa veríték** (15)
stands up	**feláll** (7)	sweat	
state power	**államhatalom** (8)	Swedish	**svéd** (1)
stays, remains	**marad** (10)	sweet	**édes** (15)
stays, sojourns	**tartózkodik** (9)	sweetens	**beédesít** (15)
steals	**lop** (11)	sweets, dessert	**édesség** (9)
steam	**gőz** (15)	swimming pool	**uszoda** (7)
steam bath	**gőzfürdő** (15)	swims	**úszik** (7)
steps in	**belép** (7)	Swiss	**svájci** (1)
steps out, exits	**kilép** (7)		
steps towards	**odalép** (11)	T	
still	**még mindig** (6)	table	**asztal** (1)
	még yet (3)	tactic	**taktika** (15)
still, even	**még . . . is** (3)	tailor	**szabó** (1)
stop, station	**megálló** (2)	takes (over)	**átvesz** (14)
store	**bolt** (5)	takes away	**elvesz** (9)
straight	**egyenesen** (9)	takes; carries	**visz** (7)
strange	**furcsa** (7)	takes; carries	**elvisz** (10)
strawberry	**eper** (4)	(away)	
street	**utca** (9)	takes a liking to	**megkedvel** (13)
strives, tries	**igyekszik** (12)	takes a	**megmér** (12)
strudel	**rétes** (9)	measurement	
student	**diák** (1)	takes off/down	**levesz** (12)
studies	**tanul** (3)	takes out	**kivesz** (7)
studio apartment	**egyszobás** (13)	takes a seat	**helyet foglal** (12)
studying	**tanulás** (11)	takes the side of	**fogja a pártját** (14)
sublet	**albérlet** (13)	tantalising	**ínycsiklandozó**
subway	**földalatti** (7)		(14)
succeeds	**sikerül** (11)	taps	**megtapogat** (12)
success	**siker** (10)	tastes (good)	**ízlik** (10)
such	**ilyen** (14)	taxi	**taxi** (2)
such, that kind of	**olyan** (5)	taxi driver	**taxis** (6)
suddenly	**hirtelen** (7)	taxi stand	**taxiállomás** (3)
suffers	**szenved** (11)	teacher	**tanár** (1)
sugar	**cukor** (8)	teaches	**tanít** (8)

teaching	**tanítás** (13)	title	**cím** (9)
tears off	**leszakad** (11)	titmouse	**cinege** (11)
technical	**műszaki** (5)	to/on the right	**jobbra** (2)
telephone	**telefon** (13)	to be on the safe	**biztos, ami biztos**
telephones, calls	**telefonál** (6)	side	(6)
telephone card	**telefonkártya** (6)	to what/such an	**mennyire** (14)
telephone number	**telefonszám** (5)	extent	
tells	**megmond** (9)	To your health!	**Egészségére!** (8)
tells, relates	**mesél** (13)	(*formal*)	
tells (the whole	**elmesél** (14)	today	**ma** (2)
story)		toe(s)	**lábujj** (12)
text	**szöveg** (10)	together	**együtt** (5)
text message	**SMS** (6)	tomato	**paradicsom** (4)
textbook	**tankönyv** (1)	tomorrow	**holnap** (7)
thank you	**köszönöm** (2)	tongue	**nyelv** (12)
thanks	**megköszön** (11)	too (excessively)	**túl** (12)
that	**az** (1)	tooth	**fog** (12)
that (conj.)	**hogy** (2)	tourist	**turista** (6)
that day	**aznap** (9)	tourist group	**turistacsoport** (10)
that reminds me	**apropó** (5)	towards home	**haza** (8)
that's why	**azért** (12)	towards there	**oda** (7)
the	**a(z)** (1)	towel	**törülköző** (15)
theme, topic	**téma** (13)	toy piano	**játékzongora** (6)
then	**akkor** (4)	train	**vonat** (7)
there	**ott** (1)	train platform	**vágány** (7)
(there) at home	**otthon** (2)	tram	**villamos** (2)
there isn't	**nincs** (2)	travelling	**utazás** (6)
thief	**tolvaj** (11)	travels	**utazik** (7)
thigh(s)	**comb** (12)	travels away	**elutazik** (10)
thin pancake	**palacsinta** (9)	travels through	**bejár** (14)
thing	**dolog** (6)	tree	**fa** (11)
thinks	**gondol** (10)	trembles	**reszket** (15)
thinks over	**elgondolkodik** (9)	tries	**megpróbál** (12)
	gondolkozik (13)		**próbál** (12)
this	**ez** (1)	tries out	**kipróbál** (12)
this much	**ennyi** (14)	trouble	**bah** (3)
thoroughly	**alaposan** (12)	true, real, genuine	**igazi** (5)
though	**bár** (5)	truly	**igazán** (10)
thought	**gondolkodás** (13)	truly, really	**valójában** (11)
Thursday	**csütörtök** (10)	truth	**igazság** (13)
thus	**így** (7)	Tuesday	**kedd** (8)
ticket clerk	**jegypénztáros** (7)	turkey (meat)	**pulyka(hús)** (4)
ticket office	**jegypénztár** (7)	turns	**fordul** (9)
tidies up	**rendet csinál** (4)	turns back	**visszafordul** (11)
time	**idő** (2)	turns in	**befordul** (7)
times flies	**szalad az idő** (15)	turns on	**bekapcsol** (9)

two	**két/kettő** (4)	walks, strolls	**sétál** (4)
types of meat	**húsfélék** (4)	walks the length of	**elsétál** (9)
types up	**legépel** (15)		**végigsétál** (7)
typical	**tipikus** (1)	wanderer	**csavargó** (11)
		wants	**akar** (4)
U		wares	**áru** (5)
ugly	**csúnya** (1)	warm	**meleg** (9)
unbelievable	**hihetetlen** (14)	warranty	**garancia** (8)
unbuttons	**kigombol** (12)	water	**víz** (12)
under	**alatt** (13)	waves	**integet** (6)
understands	**ért** (5) **megért** (12)	way, mode	**mód** (15)
undresses	**levetkőzik** (12)	WC	**mosdó** (2)
unexpected	**váratlan** (15)	weather report	**időjárásjelentés** (9)
unfortunately	**sajnos** (2)	web page	**honlap** (5)
university	**egyetem** (2)	Wednesday	**szerda** (10)
USB port	**USB csatlakozó** (8)	week	**hét** (8)
		weekend	**hétvége** (10)
used book store	**antikvárium** (5)	well	**jól** (3)
uses	**használ** (5)	well!	**na** (5)
usual	**szokásos** (9)	well . . .	**nos** (5) **hát** (3)
usually	**általában** (9)	well, well	**nocsak** (14)
		west African	**nyugat-afrikai** (11)
V		wet, damp	**nedves** (12)
vase	**váza** (9)	what; we	**mi** (1)
veal	**borjúhús** (4)	what colour	**milyen színű?** (3)
veal dish with paprika	**borjúpaprikás** (9)	what do you mean?	**hogy-hogy?** (7)
vegetable(s)	**zöldség** (4)	What do you say?	**Mit szólsz?** (12)
vending machine	**automata** (1)	what the heck?	**micsoda** (11)
very	**nagyon** (1)	what kind of?	
video camera	**videókamera** (6)	what kind of	**milyen** (1)
video clip	**videóklipp** (5)	when	**amint** (9)
visits	**meglátogat** (9)	when?	**mikor?** (4)
voice, sound	**hang** (11)	where	**hol** (2)
volume of poetry	**verseskötet** (10)	where, which way?	**merre?** (6)
		which?	**melyik?** (3)
W		while	**amíg** (11)
waist	**derék** (12)	whispers	**súg** (11)
waiter	**pincér** (7)	white	**fehér** (3)
waiting room	**váróterem** (12)	who	**ki** (1)
waits	**vár** (5)	who the heck	**kicsoda** (14)
waits for	**megvár** (9)	whole, entire	**egész** (10)
waits at length	**várakozik** (12)	why	**miért?** (6)
wakes up	**ébred** (12)	will be; becomes	**lesz** (4)
wakes (somebody) up	**felébreszt** (12)	wind	**szél** (15)
		window	**ablak** (1)

wine	**bor** (9)	wrist	**csukló** (12)
wine bottle	**borosüveg** (14)	writer	**író** (10)
wing(s)	**szárnya** (11)	writes	**ír** (6) **megír** (10)
winks	**kacsint** (15)		
winter	**tél** (10)	X	
winter salami	**téliszalámi** (4)	(x) inches	**X colos** (8)
without	**nélkül** (13)	(x) years old	**(x) éves** (7) (10)
woman	**nő** (1)		
wonder of wonders	**csodák csodájára**	Y	
	(13)	year	**év** (8)
wonderful	**csodás** (15)	yellow	**sárga** (2)
wonderful, beautiful	**gyönyörű** (1)	(yellow) onion(s)	**vöröshagyma** (4)
wooden bench	**fapad** (7)	yes	**igen** (1)
work	**munka** (13)	yesterday	**tegnap** (7)
workplace	**munkahely** (14)	yogurt	**joghurt** (4)
world	**világ** (8)	you (*formal*)	**ön** (2)
world music	**világzene** (11)	you (*informal*)	**te** (2)
worries	**aggódik** (12)	you're right	**igazad van** (12)
worry, care,	**gond** (11)	you're welcome	**szívesen** (2)
problem		young	**fiatal** (1)
wraps	**csomagol** (6)	younger sister	**húg**

Grammar index

Suffixes

Words, coverbs and expressions

Topic index